土 地 法 制 文 丛

司法部国家法治与法学理论研究项目（18SFB2033）

面向共同富裕振兴乡村的土地法制改革之路

耿卓等 著

撰稿人 | 耿 卓 王洪广
周崇聪 祝只舟

法律出版社
——北京——

图书在版编目(CIP)数据

面向共同富裕振兴乡村的土地法制改革之路 / 耿卓等著. -- 北京 : 法律出版社, 2024
ISBN 978-7-5197-8285-6

Ⅰ. ①面… Ⅱ. ①耿… Ⅲ. ①农村－土地法－中国②农村－住宅建设－土地管理法－中国 Ⅳ. ①D922.324

中国国家版本馆 CIP 数据核字(2023)第 163931 号

面向共同富裕振兴乡村的土地法制改革之路
MIANXIANG GONGTONG FUYU ZHENXING XIANGCUN DE TUDI FAZHI GAIGE ZHI LU

耿 卓 等著

责任编辑 郑怡萍
装帧设计 臧晓飞

出版发行 法律出版社
编辑统筹 法律教育出版分社
责任校对 王晓萍
责任印制 刘晓伟
经　　销 新华书店

开本 A5
印张 10　**字数** 259 千
版本 2024 年 1 月第 1 版
印次 2024 年 1 月第 1 次印刷
印刷 唐山玺诚印务有限公司

地址:北京市丰台区莲花池西里 7 号(100073)
网址:www. lawpress. com. cn
投稿邮箱:info@ lawpress. com. cn
举报盗版邮箱:jbwq@ lawpress. com. cn
销售电话:010-83938349
客服电话:010-83938350
咨询电话:010-63939796

书号:ISBN 978-7-5197-8285-6
定价:42.00 元

凡购买本社图书,如有印装错误,我社负责退换。电话:010-83938349

总　　序

土地作为人类赖以生存、发展的基本资料和宝贵资源，当属“财富之母”。土地问题既是当下中国最基础、最广泛、最复杂和最棘手的经济与社会问题之一，也是国家现代化建设中带有全局性、战略性的核心问题。在推进全面依法治国和治理能力现代化进程中，亟须运用法治思维深入研究和解决新型城镇化进程中城乡土地制度的重大理论和现实问题。土地法制问题的研究及其解决，理应坚持三大导向：第一，问题导向，以强烈的问题意识“探下身子”躬行实践，回应现实；第二，学术导向，汇聚土地制度的各方研究力量，不断实现学术思想的砥砺，探求真知、追寻真理；第三，目标导向，主动对接国家和区域土地法制的发展需求，力推中国土地法制的革新与进步。经济社会发展对土地法制建设的呼唤，蕴含着土地法制的理论和实务研究者的使命，激荡着其学术理想。广东外语外贸大学土地法制研究院在创设《土地法制科学》的基础上，又隆重推出“土地法制文丛”，热切期望能更加聚焦、更为充分地展示中国土地法律制度理论与实务之深度研究的硕果。

“土地法制文丛”实行开放的选稿方式、以质取胜的用稿标准，书稿在内容上不分公法与私法范畴，不计来自理论殿堂还是田野实务，亦不拒域外学者对本国土地法制的精彩研评。尤其是对深入反映土地法制研究中的新观念、新动向，对全面解析土地法治实践中的新问题、新情况，对聚焦社会热点、难点问题和学界的交叉性跨学科研究，对有质地的相关比较法研究，我们将给予极大的关注和鼓励，将投入更多的热情与力量。

与刚破土而出的《土地法制科学》一样，“土地法制文丛”亦为一株新苗，诞生于改革开放的热土和前沿，沐浴在全面推进依法治国、建设法治中国的“阳光雨露”中，在理论界和实务界的专家学者和广大读者的关心呵护下，其定会健康成长，无愧于这个伟大的时代。

广东外语外贸大学土地法制研究院
“土地法制文丛”编委会

前　言

一、研究目的和意义

党的十九大报告提出实施乡村振兴战略，2018 年中央一号文件对其进行了系统部署，党的二十大报告再次强调“全面推进乡村振兴”，这将是新时代我国做好“三农”（农业、农村和农民）工作的总抓手，也是到 21 世纪中叶把我国建成富强民主文明和谐美丽的社会主义现代化强国前处理工农城乡关系的行动指南。乡村振兴战略实施的路径在于进行体制机制创新，在城乡融合关系下活化农业、农民和乡村。为此，应当立足于“大国小农”的基本国情和农情，既需要深刻领会全面深化改革的法理意蕴，注重改革的协同性和体系性，深入推进各项土地制度改革进一步联动向纵深发展，以精准有效实施乡村振兴战略；也需要树立法治思维、权利思维和体系思维，遵循以土地制度为基点的“兴业—富农—活村”逻辑，探求乡村振兴战略实施路径选择的市场化、法治化制度保障。

本课题研究的主要目的就是充分考察新时代的新机遇和新挑战，在我国社会主要矛盾变化和世界百年未有之大变局的背景下，体认以土地法制改革为路径实施乡村振兴的重要意义，坚持以人民为中心，完整、准确、全面贯彻新发展理念，充分考虑改革的现实及未来需要，明晰农民农村共同富裕价值追求下以土地法制改革实施乡村振兴战略的理念方案和具体内容。本课题研究的意义在于：（1）理论意义。充分阐释农民农村共同富裕、乡村振兴战略和土地法制改革三者的内在关联，揭示新时代全面深化改革的理论意蕴，为学术研究、社会实践和政策制定提供指导和支撑，为实践的立法转化奠定理论基础，完善中国特色社会主义法治体系，推进中国特色哲学社会科学学术体系和话语体系构建。(2)现实意义。为乡村振兴战略实施和各项改革的协同推进提供抓手和切入点，避免乡村振兴实施单一化、重点错乱化、“三农”配角化等不良倾向，增强政策制度的针对性和有效性；同时，以乡村振兴战略总要求为目标导向，推进土地法制改革协同联动向纵深发展，创新具有中国特色的乡村振兴实施模式，助力中国式现代化。

二、主要内容

(一)基本思路

以“现实问题—解决方案”框架理解、定位新时代乡村振兴战略与“三农”研究；在此前提下，以乡村振兴战略总要求为统领，指导土地制度改革实践，遵循“实践考察—规范分析—制度完善”思路，总结现实困境、揭示制度疏漏、提出完善建议，以体系化、法治化、市场化保障乡村振兴战略有效实施。具体而言：(1)标定方位。在社会主义新时代，以共同富裕和新发展理念为价值指引，在乡村振兴战略实施框架下找准切入点，选好支点，而“三农”的连接点在于土地，且与“三农”的连接线最短，其他切入点也往往难以绕开土地。(2)明确进路。规则之治是秩序的内在要求，良法善治则是公正合理秩序的内在要求，是法治应有之义。实施乡村振兴战略以促进共同富裕的有效进路在于法治化，要充分发挥法治固根本、稳预期、利长远的保障作用。(3)夯实基础。以集体所有制为基础，坚持和落实集体土地所有权，增强农民主体可行能力，多元主体协力共进，有效融合自治法治德治，促进乡村治理，夯实乡村振兴战略实施的组织基础和权利基础。(4)突出重点。以市场为主导，以农业产业化、现代化为根本，以改革宅基地实现“住有所居”为基本，以集体经营性建设用地入市为动力，以耕地保护为支撑，以《乡村振兴促进法》实施为抓手，通过政策法律实施机制的完善和配套，创新乡村振兴战略实施机制。

（二）具体内容

1. 阐释选取实施乡村振兴战略突破口的理论基础，论证土地法制改革与实施乡村振兴战略的内在契合性，明确以土地法制改革为具体实施路径的优越性。

2. 阐释坚持和落实集体土地所有权的理论意义和现实意义，考察集体土地所有权制度的现状和问题，结合新时代对坚持和落实集体土地所有权的新要求，提出坚持和落实集体土地所有权的具体展开，夯实乡村振兴治理有效的制度基础。

3. 以深化承包地“三权分置”改革为路径，[1]巩固和完善农村基本经营制度，发展新型农业经营主体和社会化服务，重构农地权利和经营体系，助推中国式农业农村现代化，促进一、二、三产业融合发展，实现乡村振兴、产业兴旺。

4. 阐释宅基地制度的中国特色，总结宅基地制度改革的得失，揭示宅基地制度改革再出发的实践重点和难点，并明确改革和政策立法转化的根本遵循、具体方向和制度要点，通过宅基地整治和节约集约高效利用实现乡村布局优化，打造生态宜居之美丽乡村。

5. 根据集体建设用地用途不同，分为集体经营性建设用地和公益性建设用地。分别考察其现状和面临的问题及其具体成因，提出制度完善的建议，将集体建设用地市场化利用作为集体经济发展壮大的有效突破口，促进农民生活富裕。

6. 梳理党的十八大以来耕地保护政策和法律的历史演进，总结政策和实践得失，阐释落实最严格耕地保护的重要意义，以《耕地保护法（草案）》（征求意见稿）的制度改进为抓手，加强耕地保护政策的立

---

[1] 承包地“三权分置”的政策表述为“所有权、承包权、经营权三权分置”，参见 2014 年中共中央办公厅、国务院办公厅印发《关于引导农村土地经营权有序流转发展农业适度规模经营的意见》；这一政策表述最终被 2018 年修正的《农村土地承包法》法律化为“土地所有权、土地承包经营权、土地经营权”。

法转化,构建最严格耕地保护的长效机制,牢牢守住18亿亩耕地红线,弘扬农耕文明,为乡村振兴之乡风文明注入新的时代内涵。

7. 阐释乡村振兴政策法律实施的理论基础和构成,总结乡村振兴政策法律实施机制的缺陷,有针对性地完善促进乡村振兴政策法律实施的机制与保障制度体系,保证乡村振兴战略各项政策法律落地生效,扎实推动乡村产业、人才、文化、生态、组织振兴。

三、主要观点和建议

乡村振兴战略既需要顶层设计,也需要坚持法治理念,还需要协同土地制度改革。乡村振兴战略与土地制度改革在价值目标上具有内在的一致性,在基本制度内容上具有同一性,在推进步骤上具有相似性,具体表现为土地制度改革激发农民参与乡村振兴战略实施的积极性、强化农民在乡村振兴战略中的主体性。以土地法制改革作为乡村振兴战略实施的抓手和具体路径,有助于政策制定和改革措施的协调,形成改革合力。

以土地法制改革为实施乡村振兴战略突破口的理念和方案。在城乡关系变革的大背景下,以农民为中心,发挥农民乡村的主体性作用,遵循市场机制,加强乡村振兴战略实施的顶层设计,从承包地、宅基地、集体建设用地、耕地保护和集体土地所有权等方面落实乡村振兴战略的基本要求,将推进农业、农村、农民发展的系统性、全局性跃升和阶段性突破有机结合起来,并从理念、规则和技术层面提供法治保障。在农业方面,完善承包地制度、严格耕地保护,助推农业产业化、农业服务社会化、农业农村现代化,实现一、二、三产业融合发展;在农民方面,推进宅基地"三权分置"和集体建设用地制度改革,赋权强能,增强农民可行能力,增加农民财产收入;在农村方面,以集体所有权为纽带,进行组织再造,完善集体经济组织和自治组织,创新乡村振兴政策法律实施的机制,推动乡村治理现代化。

以土地法制改革实施乡村振兴战略主要包含以下内容:第一,巩固和完善农村基本经营制度,重构农地权利体系,适应中国式现代农业转型需求,构建促进农村产业兴旺的制度体系;第二,开展旧村庄改造、农村土地整治,推进宅基地"三权分置"改革,节约集约利用土地,以实现生态宜居;第三,改革集体建设用地制度以促进一、二、三产业融合,尽快推动集体经营性建设用地自由平等入市以兴业富农,将集体公益性建设用地纳入法治轨道以保障安农;第四,坚持和完善作为乡村治理载体的集体所有权,提高乡村基层治理能力和治理水平;第五,促进城乡互动融合,优化市场要素和生产要素的城乡配置,赋予农民更加充分的财产权益和城市权利,完善促进农民增收的保障机制与政策支持体系;第六,落实最严格的耕地保护制度,弘扬传统农耕文明,创新促进乡村振兴政策法律实施的机制与制度保障体系,法治化保障乡村振兴持续长效推进。

具体而言:(1)关于共同富裕、乡村振兴与土地法制改革的理论阐释。三者具有内在体系性和逻辑性,其中乡村振兴是促进共同富裕的有效手段;土地法制改革是乡村振兴战略有效实施的突破口;共同富裕的实现需要着重解决农业农村发展不平衡、不充分的问题,而该问题的解决亦离不开土地产权制度的创新和实现。所以,应以共同富裕为出发点和落脚点,加强三者政策设计的协同,构建科学有效、系统严密的制度框架。(2)关于集体土地所有权。坚持和完善集体土地所有权是保持农村土地产权关系基本面不变、保障农村社会结构稳定的基本要求,意义重大。然而,集体土地所有权在立法、实践和学术研究中呈现些许被轻视的态势,实践中存在主体地位不明、权能欠缺羸弱、法人化构造不清等问题。在新时代新要求新目标的指引下,应当坚持集体土地所有权的法律地位、充实强化其权能并构建配套保障措施。(3)关于承包地制度。承包地"三权分置"关涉多方利益、承载多元价值目标,应对其进行体系化理解,按照物权构造、物权体系和物权逻辑对土地权利进行符合形式理性的设计,明确权利的属性和体系定位。同时,以《农村土地承包法》为规范依托,以原有规则修改和新增制度为重点,既需做好与旧制度规范的衔接,也需做好新制度规则的细化,以落实承包地"三权分置"的制度追求。(4)关于宅基地制度改革。目前,宅基地具有多重属性和强烈的公法管制色彩,已不适应新时代新发展的需求,存在主体利益失衡、价值显化受限等困境,对此,“三块地”改革[1]的立法转化不足,实践和理论争议仍然较大。新一轮宅基地制度改革应当以结果实现、集约高效、价值显化为根本遵循,加强宅基地“三权分置”的体系化理解和外部协同,以宅基地使用权为主要抓手,辅以宅基地整治制度,推进改革进一步深化。(5)关于集体建设用地制度。集体建设用地改革是解决城乡差异问题的关键切入点,尽管在“三块地”改革中取得了重大进展,但仍然存在法律地位尚未明确、制度体系尚不健全等制度疏失和诸多现实障碍,特别是集体公益性建设用地被严重忽视,这既有观念羁绊,也受制度约束和传统影响。对此,应当更新集体建设用地改革的原则理念,以权利构造、权利流转和制度配套保障为重点加以规范。(6)关于耕地保护制度。耕地具有多维属性对应多重功能,党的十八大以来,通过政策规范,整体呈现“落实和完善最严格的耕地保护制度”态势,但政策转化受阻,存在依法治理、综合治理、源头治理不足等问题。《耕地保护法(草案)》(征求意见稿)虽然注重统筹集成、突出政策转化和强化责任落实,但相关制度规则仍有进步空间。对此,应更新传统耕地保护理念,健全以农民为中心的治理机制,发挥农民耕地保护的主体作用。(7)关于乡村振兴政策法律实施。《乡村振兴促进法》因其政策法性质,存在自实施机制欠缺、他实施机制作用不显的实施缺陷。对此,可以借鉴国家土地督察制度,以法治化、科学化和有效化为原则,以现有政策法律文本为基础明确制度要点,构建乡村振兴政策法律实施的督察机制,增强他实施力量;也可以更新国土空间规划、加强全域土地整治、优化土地供应与利用,完善乡村振兴政策法律实施的综合保障。

---

[1] 所谓“三块地”改革,是指农村土地征收、集体经营性建设用地入市、宅基地制度改革。参见中共中央办公厅、国务院办公厅印发《关于农村土地征收、集体经营性建设用地入市、宅基地制度改革试点工作的意见》。

文件列表

1984 年中央一号文件	中共中央《关于一九八四年农村工作的通知》
2012 年中央一号文件	中共中央、国务院《关于加快推进农业科技创新持续增强农产品供给保障能力的若干意见》
2013 年中央一号文件	中共中央、国务院《关于加快发展现代农业进一步增强农村发展活力的若干意见》
2014 年中央一号文件	中共中央、国务院《关于全面深化农村改革加快推进农业现代化的若干意见》
2015 年中央一号文件	中共中央、国务院《关于加大改革创新力度加快农业现代化建设的若干意见》
2016 年中央一号文件	中共中央、国务院《关于落实发展新理念加快农业现代化实现全面小康目标的若干意见》
2017 年中央一号文件	中共中央、国务院《关于深入推进农业供给侧结构性改革　加快培育农业农村发展新动能的若干意见》
2018 年中央一号文件	中共中央、国务院《关于实施乡村振兴战略的意见》

2019 年中央一号文件	中共中央、国务院《关于坚持农业农村优先发展做好“三农”工作的若干意见》
2020 年中央一号文件	中共中央、国务院《关于抓好“三农”领域重点工作确保如期实现全面小康的意见》
2021 年中央一号文件	中共中央、国务院《关于全面推进乡村振兴加快农业农村现代化的意见》
2022 年中央一号文件	中共中央、国务院《关于做好 2022 年全面推进乡村振兴重点工作的意见》
2023 年中央一号文件	中共中央、国务院《关于做好 2023 年全面推进乡村振兴重点工作的意见》

目　录

导　论

习近平总书记指出，全面深化改革，要有强烈的问题意识，以重大问题为导向，抓住重大问题、关键问题进一步研究思考，找出答案。[1]党的二十大报告也要求聚焦实践遇到的新问题、改革发展稳定存在的深层次问题，不断提出真正解决问题的新理念新思路新办法。找准问题并寻求解题破题的切入口，进而以现有文献和改革的实践需求为基础设计研究进路，是深入研究的前提和基础。

一、研究背景和意义

党的十九大报告提出实施乡村振兴战略。2018 年中央一号文件明确了新时代实施乡村振兴战略的重大意义，指出其“是决胜全面建成小康社会、全面建设社会主义现代化国家的重大历史任务，是新时代‘三农’工作的总抓手”，同时确定了乡村振兴的总体要求，并从乡村发展新动能、新格局、新体系、新风貌和制度供给、人才支撑、资金保障、党的领导等方面全面振兴乡村。2019 年中央一号文件确定了农村工作机制和“五级书记抓乡村振兴责任的实施细则”。2020 年中央一号文件立足于脱贫攻坚和全面建成小康社会，要求“抓紧研究制定

[1] 参见《深刻把握坚持问题导向的科学内涵和实践要求（深入学习贯彻习近平新时代中国特色社会主义思想）》，载央广网 2023 年 4 月 13 日，http://news.cnr.cn/native/gd/sz/20230413/t20230413_526216320.shtml。

脱贫攻坚与实施乡村振兴战略有机衔接的意见”。2021年中央一号文件再次提升乡村振兴战略的时代定位,提出“把全面推进乡村振兴作为实现中华民族伟大复兴的一项重大任务,举全党全社会之力加快农业农村现代化,让广大农民过上更加美好的生活”,以衔接巩固拓展脱贫攻坚成果和加快农业农村现代化为引导,以实施乡村建设行动为抓手,全面实施乡村振兴。为了贯彻重大改革于法有据的时代要求,法治化保障乡村振兴战略的顺利实施,2021年4月全国人民代表大会常务委员会通过了《乡村振兴促进法》。2022年中央一号文件从容应对百年变局和世纪疫情,明确了当前推进乡村振兴的重点任务,在党的二十大报告中再次强调“全面推进乡村振兴”。

从全面建成小康社会到农业农村现代化,从全面建设社会主义现代化国家到中华民族伟大复兴,乡村振兴战略的时代追求不断丰富和发展,最终目标指向共同富裕。乡村振兴战略的有效实施既需要合适的抓手和突破口,又应与各项改革协同联动。然而,现有研究对突破口的选取论证尚不充分,具体的路线图有待进一步明确,乡村振兴法治化制度保障方案有待落实。与此同时,作为农民、农业、农村发展空间载体和连接点的土地制度正在向纵深发展,因应社会主要矛盾的变化和新时代的新机遇新挑战:集体土地所有权需要进一步坚持和落实;承包地“三权分置”需要进一步深化;宅基地和集体建设用地制度经过“三块地”改革,在部分经验得到立法转化后,也面临再出发的时代需求;耕地保护形势仍然严峻,落实最严格的保护制度亦是时代之需。

需要进一步明确的问题是,乡村振兴战略、土地法制改革和农民农村共同富裕三者之间的法理关联,以及在农民农村共同富裕的价值导向下,以土地法制改革实施乡村振兴的理念方案、原则遵循、底线要求、具体路径和主要内容等。所需明确的问题的具体内容奠定了新时代实施乡村振兴战略和进行土地法制改革的理论基础。由此,充分考察新机遇和新挑战,在社会主要矛盾变化和百年未有之大变局的时代背景下,以习近平法治思想为指导,坚持以人民为中心,完整、准确、全面贯彻新发展理念，充分考虑改革的现实及未来需要，对上述问题做出合乎历史前进方向和人民诉求的回答具有重要意义。一方面，通过阐释乡村振兴战略、农民农村共同富裕和土地法制改革三者的内在关联，揭示新时代全面深化改革的理论意蕴，不仅可以为学术研究、社会实践和政策制定提供指导和支撑，也能为实践的立法转化奠定理论基础，完善中国特色社会主义法治体系。另一方面，明确乡村振兴战略实施的抓手和切入点，可以增强政策制度的针对性和有效性；亦有助于以乡村振兴总体要求为目标导向，推进土地法制改革协同联动向纵深发展，创新具有中国特色的乡村振兴实施模式，为乡村发展贡献中国智慧和中国方案。

二、文献评述

深化面向共同富裕振兴乡村的土地法制改革之路的学术研究，需要对农民农村共同富裕、乡村振兴战略和土地法制改革的已有研究进行充分的梳理总结，以求在既有文献的基础上，明确理论深化的重点，合理确定课题研究的内容，明晰后续研究的进路。

（一）促进农民农村共同富裕

总体而言，现有代表性成果在农业、农民和乡村“三位一体”和促进农民农村共同富裕法律体制机制研究的完整性、系统性方面，有必要进一步深度挖掘，加强经验总结分析，拓宽内容覆盖面，强化体系整合以及体制机制创新。

1. 关于促进农民农村共同富裕的历史考察与面临的挑战

一是共同富裕内涵有待补充法学视域的阐释。已有研究既有共同富裕的多元视角解读，也有乡村振兴等共同富裕子集的具体阐释，奠定了比较扎实的宏观理论基础。但共同富裕相关已有研究以政治学、经济学、社会学、哲学领域成果为主。法学作为调整人与人、人与社会之间冲突的学科，应当进入共同富裕基础理论体系。在全面依法治国背景下，有必要在已有研究基础上，补充法学领域对共同富裕内涵与意义的阐释。二是制度演进的实证分析有待继续丰富。已有研究盘点总结了共同富裕相关制度理论,归纳整理了具有典型性个别区域的实践经验。然而,已有研究仍以制度梳理和理论解析为主,辅以典型地区的实证分析,在实证分析的全面性、完整性、普适性方面尚存不足。因此,有必要进一步加强实践探索的归纳整理、分析研判,采用实证与制度实验参与分析、价值比较分析、新制度经济学与公共政策分析,进一步吸收精准扶贫、脱贫攻坚、建成小康、乡村振兴等有益经验。三是"三农"和共同富裕相关价值导向有待融合。已有研究在价值导向维度,从共同富裕和"三农"问题分别进行了完整的表述。然而,促进农民农村共同富裕,需要有机统一共同富裕和"三农"问题的价值目标,因此,有必要进一步抽象凝练统一的价值目标和导向。四是新时代新要求和新挑战有待进一步发现。已有研究注意到了新时代有新要求、新挑战,从经济学、社会学视角切入进行了深入剖析,或聚焦乡村振兴战略解析时代要求和挑战。然而,所涉方面在高度、广度、深度方面尚有继续挖掘空间,其尚未注意到历史传统影响的挑战,外部环境变化的挑战,百年未有之大变局、双循环、新科技、老龄化等带来的体制机制制约的挑战。

2. 关于促进农民农村共同富裕的主体制度研究

一是农民个体可行能力有待进一步增强。已有研究以点带面,从微观分析出发,设计农民权利体系,以增强农民个体可行能力。然而,农民个体可行能力的增强不限于权利内容的充实,还在于以制度公平和权利逻辑增值农民人力资本。比较研究方面,除俄罗斯、印度外,日本以耕作者主义强化农民个人主体地位的做法也有一定的启示意义,仍待进一步挖掘总结。二是主体结构有待从二元转向三元。已有研究关注农民个体和农民集体、集体经济组织的关系,从集体经济组织自身发展的角度,基于组织制度内在逻辑,发掘集体经济组织的内生改革动力;从国家主导集体的角度,明晰稳定外部环境对集体经济组织发展的促进作用。然而,已有研究主要着眼于农民个体和集体组织的二元关系体系,尚未在主体论范畴探讨市场主体的主体地位。集体经营性建设用地入市的推进,促进农民农村共同富裕主体将从农民、集体二元结构转向农民、集体、市场三元结构。因此，有必要在重视集体组织内部优化的基础上，重视市场主体加成力量，引导、动员和规范各类市场主体、社会主体合力促进农民农村共同富裕。

3. 关于促进农民农村共同富裕的产权制度研究

一是继续深化产权机制与促进共同富裕的制度研究。已有研究对产权理论基础要素进行了具体论述，对于农民财产性权益作出了细致的诠释。然而，在权利外延方面，有待在作为构成要素的权利种类、构造和定位，各权利之间的关系及其与相关权利的关系，权利运行的环境和条件、权利运行中的公私协调等方面进一步深入研究。域外有关产权理论的已有研究成果针对性较强。然而，相关文献比较陈旧，以理论阐释为主，缺少实证研究成果。因此，有必要继续搜集最新文献资料。二是继续深化以土地资源为中心的产权制度体系研究。已有研究对产权制度体系作出了丰富且深入的探讨。虽然产权制度的主体框架已经基本建成，但为顺应时代发展，其仍然有必要进一步深化，以应对土地财产权的价值化及其风险防范，土地承包经营权、宅基地使用权、集体经营性建设用地使用权的运行机理及其市场完善等问题。三是继续完善自益实现及共益分享机制研究。已有研究关于产权有效实现从多维度提出了建设性的意见建议，在制度创新层面积累了大量的素材。然而，关于自益实现及共益分享，特别是资本要素流动，土地、资金、技术以及组织构建等具体环节，尚存进一步挖掘的空间。在实证研究方面，同样有待进行更为系统全面、体系完整的调查研究。

4. 关于促进农民农村共同富裕的经营运作机制

一是农村基本经营体制机制奠定共同富裕基础机理有待理顺。已有研究在宏观层面锚定农村基本经营体制机制的发展目标，注意到农业现代化和农村现代化的关联性。立足于目标导向、问题导向的整体研究尚不充分，特别是针对中国式农业现代化所面对的现实困难，有待进一步深入研究。二是集体资产股份化充实集体经济促进共同富裕的积极作用值得凸显。已有研究从经济制度层面设计了实现共同富裕的经济制度蓝图,在宏观层面作出了全面研究。然而,已有研究没有在微观层面关注充实农村集体经济的具体措施,忽视了集体经济发展自身对共同富裕的促进作用。有必要聚焦集体资产股份化,彰显其充实集体经济的积极作用。三是"三治"(自治、法治、德治)融合治理促进共同富裕的综合性阐释有待深入。已有关于乡村治理的研究,紧扣城乡融合、产业兴旺、"三治"融合,对农村集体内部治理以及外部支撑作出了建设性分析研究。然而,"三治"融合治理所需各要素的勾连有待进一步详细阐释,并且有必要补充新型农村集体经济组织成为中国式农业农村现代化的重要支撑、衔接小农户和现代农业发展的重要纽带、承接各类资源下乡的重要平台,推动双循环格局下城乡融合各类要素的体系性研究。

5. 关于促进农民农村共同富裕的政策支持与制度保障

一是继续探索从基本公共服务均等化促进共同富裕的政策。已有对化解城乡发展不平衡不协调的研究,主要集中在经济、管理等领域,侧重分配制度的优化。虽然有部分研究在制度设计层面涉及基本公共服务均等化,但是以工业和农业、城市和乡村作为一个整体统筹谋划为内容的研究尚不完备,有必要补充以促进城乡在规划布局、要素配置、产业发展、公共服务、生态保护等方面相互融合和共同发展为内容的研究成果。此外,相关已有研究缺乏从法学领域对保障机制的解读,特别是社会保障制度的兜底性尚未得到凸显,有必要进一步加强公共权力法治化的研究。二是继续深化制定社会政策促进共同富裕保障的机制。已有研究对公共政策集成化作出了丰富阐释,然而,关于体制机制创新的原理及应用、域外比较与借鉴、公私协调与合作等有为政府作为要素的具体机制,仍有待进一步深入挖掘。

(二)乡村振兴战略实施

实施乡村振兴战略,是新时代我国做好"三农"工作的总抓手,也是到21世纪中叶把我国建成社会主义现代化强国前处理工农城乡关系的行动指南。乡村振兴战略实施路径在于城乡关系下活化农业、农民和乡村,并进行体制机制创新,提供市场化、法治化制度保障。

对于乡村振兴战略实施的路径单一化和“一刀切”倾向,应着力推进乡村全面、有机振兴和多样化、特色化振兴。乡村振兴方式单一化,较为突出的表现是乡村振兴简化为乡村建设,即把实施乡村振兴战略的过程简单等同于推进村庄建设的过程,热衷于房屋、道路和设施建设,轻视推进产业兴旺对农民就业增收的影响,轻视社区治理、文明乡风和公共服务能力建设,导致乡村振兴的过程难以有效体现“以人为本”和可持续发展。同时,乡村振兴不等于地域空间意义上所有乡村“一刀切”地振兴。随着工业化、信息化和城镇化的深入推进,人口和经济布局的适度集中化是难以避免的趋势。部分村庄的萎缩或消亡,可以为另一部分村庄更好、更可持续地振兴创造条件。如果揠苗助长、盲目提速,“一刀切”地要求所有乡村都实现振兴,可能事与愿违,甚至对农村的可持续发展带来严重的负面影响。

对于研究和实施重点错乱化和“三农”配角化倾向,应有效辨识乡村振兴的引领者、参与者和侵蚀者。离开了农民增收致富,离开了农民全面发展,实施乡村振兴战略的必要性就会受到动摇。有些经营主体在参与乡村振兴时,力图代替“三农”而非依靠“三农”,很可能导致农民由乡村振兴的“主角”变成“配角”。这不仅会导致农民主体地位“缺位”,还会侵蚀“三农”的自我发展能力和农民共商共建共享乡村振兴的可能性,甚至导致“三农”成为工商资本谋取利益的“装饰品”。例如,有人以推进农村一、二、三产业融合发展或推进农业与养老休闲产业融合等名义,推进“农业+房地产”等所谓的商业模式创新,发展农业只是挂挂牌子、当当点缀,被当作争取优惠政策的“装饰”,真正的用意在于发展房地产。实际上,这是本末倒置,换来的很可能不是农业脱胎换骨的改造,而是农业沦落为房地产业的附庸或随从。

深化乡村振兴战略有效实施的学术研究,可以从以下两方面重点突破。一方面,分析乡村振兴的制度制约、制度供给与需求。城乡关系的历史和实证研究结果显示,影响乡村振兴与城乡融合发展的体制机制与制度问题可归纳为五点:一是赶超战略、城市偏向下的乡村从属地位；二是农民的城市权利被忽视；三是二元土地制度造成的乡村发展权丧失；四是农业发展方式历史转型进程中农地制度的不适应；五是乡村分化背景下的宅基地制度滞后。同时，经济发展阶段、城乡关系与乡村本身的重大变化将产生新的制度需求，从而将成为实施乡村振兴战略的主要制度供给领域。另一方面，提供乡村振兴战略实施路径的市场化、法治化制度保障。基于重塑城乡关系、破除城乡二元体制、实现城乡发展和“活业、活人、活村”的总体思路，以及实现促进乡村发展、实现城乡互动和城乡融合，顺应农业转型和村庄转型，推动农民城市化的目标模式，课题组提出，必须从重塑城乡关系、改革城乡土地配置制度、重构农地权利和经营体系、推动宅基地制度改革、构建公共服务和农民城市权利体系以及建立生产要素城乡配置等方面构建制度框架。在此基础上，建立完善城乡基本公共服务均等化、促进农村产业现代化、实现乡村宜居空间规划和建设、促进农民增收保障支持、完善新型农业支持保护和巩固脱贫攻坚成果的政策体系，提出农业、农村和农民“三位一体”“业—人—村”活化依次进行等配套措施。

总之，应立足“大国小农”的基本国情农情，走中国特色社会主义乡村振兴道路，即城乡关系互动融合下的兴业、富农和活村之路。具体包括重塑城乡关系的城乡融合发展之路、深化农业供给侧结构性改革的质量兴农之路、巩固脱贫攻坚成果的防止返贫之路、巩固和完善农村基本经营制度的共同富裕之路、坚持人与自然和谐共生的乡村绿色发展之路、创新乡村治理体系的乡村善治之路、传承发展提升农耕文明的乡村文化兴盛之路。

（三）土地法制改革

自改革开放以来，农村土地制度改革一直是我国深化改革和对外开放的重要领域，特别是党的十八大以来，党和国家高瞻远瞩，基于新时代面临的机遇和挑战提出了一系列土地制度改革的重大举措，形成了承包地“三权分置”、集体经营性建设用地入市、宅基地“三权分置”和土地征收制度改革等重大改革实践。不仅优化了土地权利结构、提高了土地利用效率，而且完善了中国特色社会主义土地制度。在政策引领和实践发展的带动之下，关于土地制度改革的法学学术研究也越发繁荣，以土地制度改革的进程为主线，主要围绕政策阐释、实践总结、立法转化和解释等层面展开。

1. 关于承包地“三权分置”的研究

“落实集体所有权，稳定农户承包权，放活土地经营权，充分发挥‘三权’的各自功能和整体效用，形成层次分明、结构合理、平等保护的格局”[1]是承包地“三权分置”改革的政策目标。2018年修正的《农村土地承包法》和2020年颁布的《民法典》对“三权分置”改革的政策要求和实践经验进行了转化和吸收，一定程度上巩固了承包地“三权分置”的改革成果。但是，相关学术探讨仍在继续，整体上是依托既有法律规范，对集体土地所有权、农户土地承包经营权和其他经营主体的土地经营权进行体系化的解释研究。关于集体土地所有权，新近文献主要集中于对其性质和权能的阐释上，并以此探讨用益物权的生成机制，形成了权利行使理论和权能分离说等不同观点，对深刻理解具有中国特色的社会主义集体土地所有权和完善传统用益物权理论均有助益。在农村集体产权制度改革的背景下，结合集体股权管理和收益分配等制度创新集体土地所有权的占有、使用、收益权能成为可行路径，除传统所有权权能外，保有和管理权能也受到了学界的重点关注。

2018年修正的《农村土地承包法》重构了农地权利体系，对土地承包经营权进行了科学分解，强化了土地承包经营权的身份属性，从而出现了人地分离趋势下土地承包经营权退出机制的问题。对此，学界展开了广泛探讨，但切入角度各异，有的以土地二轮延包的主体资格为视角探讨，有的以整户消亡后的土地安排为视角论述，还有的以

---

[1] 中共中央办公厅、国务院办公厅《印发〈关于完善农村土地所有权承包权经营权分置办法的意见〉》，载中国政府网，http://www.gov.cn/xinwen/2016-10/30/content_5126200.htm。

土地承包关系的自主调整为视角阐释。土地承包经营权的户内共有关系是学界另一关注主题，该主题下的内容有共有性质、法律实现以及户内成员权利冲突的解决等。土地经营权是承包地“三权分置”后的新生权利类型，也是承包地“三权分置”学术研究的重点，相关主题主要集中于土地经营权的性质定位和融资担保的法律实现等方面。关于土地经营权的性质在原有学说之外，还出现了以期限为判断标准的物债二元说。此说又有诸多细分，表现了该问题的复杂性和重要性。土地经营权的定性不仅关系其权利的体系定位，还关乎融资担保的法律实现。有关融资担保问题的研究，多以土地经营权的定性为前提，进而探讨融资担保的法理基础、实现方式和约束解构等问题。整体而言，尽管现有文献表现出了对承包地“三权”的整体关注，但仍需对如集体土地所有权本质和土地经营权性质等基础性问题进行更深层次的法理阐释，对如土地承包经营权退出和土地经营权融资担保等现实性问题进行更加周密的制度设计，以夯实理论基础，加强权利体系的融贯性和可行性。

2. 关于宅基地“三权分置”的研究

“三块地”改革中形成的宅基地制度立法经验有限，导致修正后的《土地管理法》和《民法典》中有关宅基地的制度规范几乎未有创新。新一轮宅基地制度改革继续在宅基地流转、有偿使用和退出、保障农民“住有所居”、价值显化、集约高效利用等方面展开实践探索，亦为学界所关注。在此现实下，相关研究更加偏向立法论。新近文献主要集中在以下几方面：第一，对宅基地“三权分置”权利表达和制度完善进行阐释，如宅基地集体所有权的权能和实现、宅基地资格权的性质和内容、宅基地使用权的界定和体系设置均有相当多的论述；第二，对宅基地价值显化的具体路径进行探讨，主要围绕宅基地有偿使用制度、流转制度、有偿退出制度、抵押担保等制度的设计，彰显宅基地的财产属性；第三，总结改革中宅基地利用的具体实践模式，探索“户有所居”的多种实现形式，在保障农民居住利益的前提下集约高效利用宅基地。整体而言，关于宅基地“三权分置”权利体系和价值显化等方面的研究不断深入,对立法转化提供了一定的智力支持,但是相关研究仍有进一步深化和拓展的空间。后续关于宅基地“三权分置”的研究应正视现实约束,严守基本遵循,继续在保障农民权益的前提下探索充实强化宅基地财产属性的多元路径,同时以集约高效为价值目标加强宅基地整治和利用规则的研究,还要注重探索宅基地制度改革与集体经营性建设用地入市、集体土地征收等相关改革的协同机制,以发挥改革的加乘效应。

3. 关于集体建设用地入市的研究

集体经营性建设用地入市是“三块地”改革的重要内容,修正后的《土地管理法》和《土地管理法实施条例》对改革形成的立法经验进行了转化,明确了集体经营性建设用地入市的条件、方式、程序等问题,学界新近的研究重点主要集中在入市的具体实践模式、可入市的范围、入市后的利益分配机制和集体建设用地使用权规则等方面。首先,在实践中形成的集体经营性建设用地统筹入市、“分割登记”入市、“集地券”入市和“土地整备”入市等实践模式,成了学者总结和分析的样本;其次,对于宅基地转性后、城市规划区内和用作乡村旅游用地的集体经营性建设用地能否入市,学者各持己见,关于集体经营性建设用地入市后能否用于商品房开发亦存在争论;再次,收益分配机制是学者关注的重点,有学者结合土地发展权论述集体经营性建设用地入市收益分配机制的基础,有学者以改革的差异化实践为基础探讨农民内部分配机制的构建,还有学者以利益格局理论建构为分析框架,探讨如何通过制度规范将不同主体之间的利益冲突降到最低;最后,关于集体建设用地使用权规则,学界的研究视角突破了私法领域,出现了从宪法学和公法角度切入的研究文献,主要围绕《宪法》关于土地制度的既有规范,以及《土地管理法》和《民法典》的协调联动展开。整体而言,当前的学术研究既关注集体经营性建设用地已入法相关规则的解释论问题,又关注尚未入法相关规则的立法论问题,并呈日渐深化之势。但是,当前的学术研究缺少对集体公益性建设用地的关注,相对于集体经营性建设用地入市兴业富农而言,集体公益性建设用地同样具有保障安农的不可替代作用，甚至后者是前者的基础，因此也需及时跟进并深化相关研究。

上述私法领域的土地制度改革和学术探讨，构成了我国土地法制研究的主体内容。除此之外，关于土地征收、耕地保护、国土空间规划、集体产权制度的改革实践也是我国土地法制改革研究的重要组成，其主题下的内容也较为丰富和深入，为完善中国特色社会主义土地制度提供了理论支撑。

（四）总结

习近平总书记指出："当前，我国发展不平衡不充分问题仍然突出，城乡区域发展和收入分配差距较大，促进全体人民共同富裕是一项长期任务。"〔1〕实现全体人民共同富裕，难点在农村、关键在农村、核心在农村。乡村振兴战略的提出正是立足于全体人民共同富裕的社会主义理想，是党中央在新时代顺应国情促进农民农村共同富裕的有力举措，而土地制度改革则是乡村振兴战略实施的有效突破口。通过对农民农村共同富裕、乡村振兴和土地法制改革三者现有学术研究的文献考察，可以发现相关理论在研究视野、内容和方法上均有进一步深化的空间。

一是研究视野：从分化到整合，从交叉到融通。促进农民农村共同富裕、实施乡村振兴和土地法制改革是一项系统工程，涉及马克思主义理论、法学、经济学、管理学、社会学、政治学等学科，现有研究大多集中在某个领域或某个具体问题，跨学科交叉研究还有待加强，复杂问题与有限目标之间难以有效对接。本研究将研究立场回归到农村和农民本身，加强共同富裕、乡村振兴、土地法制改革三者之间的理论阐释；坚持系统化的思维，做到农民、农业、农村一体考虑、农民与新型经营主体整合研究、乡村振兴与城市建设、区域发展统筹规划，进一

〔1〕 习近平：《关于〈中共中央关于制定国民经济和社会发展第十四个五年规划和二〇三五年远景目标的建议〉的说明》，载中国政府网，http://www.gov.cn/xinwen/2020-11/03/content_5556997.htm。

步强调课题研究的多学科交叉融通，以法学、经济学为基础，以管理学为保障，融合其他理论与应用学科的相关成果，提高体制机制创新的综合性和可行性。

二是研究内容：从原理到实践，从宏观到微观，从其他学科到法学。一方面，现有研究侧重于一般原理层面，对农民农村共同富裕、乡村振兴和土地法制改革具体特点的认识还有待加强。农民农村首先是发展不充分，然后才是不平衡，是两者的叠加。前者更具有基础性和紧迫性。本研究主要不在于提出问题而在于找准问题，更在于解决问题，针对具体特点和特殊要求，参考借鉴已有研究，努力做到理论研究与解决方案的可操作性，以期指导我国农民农村共同富裕、乡村振兴和土地法制改革实践。另一方面，现有研究偏重理论正当性的分析，侧重宏观的、政策层面的分析，针对具体问题的微观研究尚显不足，突出农民农村共同富裕、乡村振兴和土地法制改革的体制机制研究仍有待深化。从根本上说，农民农村发展、以土地法制改革实施乡村振兴实现共同富裕都离不开市场机制作用的发挥，离不开完善的制度保障。既涉及政府与市场的边界划定和作用发挥，又牵涉对国家、集体和农民等多方主体的利益冲突与协调；既需要制度设计的市场化、法治化、体系化，又需要制度运行的全程化、动态化、协同化；既需要公法、私法的合作交融，又需要立法、司法和执法的通力配合。因此，应进一步强化促进农民农村共同富裕、乡村振兴和土地法制改革体制机制的协同设计。其中，共同富裕的法律规范意蕴有待进一步揭示。共同富裕是社会主义原则的集中表达和核心要义，构成社会主义原则的有机组成部分，对于整个法律体系都具有价值贯彻和规范诫命的意义，对“民主”“市场经济”“法治”都有实质性限定。在共同富裕规范意蕴明确的前提下，进一步阐发与乡村振兴和土地法制改革的逻辑关联，并以其为价值导向，加强乡村振兴和土地法制改革的协同共进。

三是研究方法：多元实证分析与制度主义分析并重，加强实证特别是田野实证分析。目前的研究仍以现象描述和理论演绎的定性研究为主,作为一个涉及多学科、多领域、多重角度的综合性课题,既要着眼于理论、政策支持,又要着重考察现行制度的社会、经济、政治效果,还要在国际视角下借鉴有益经验,并在此基础上提出制度完善建议。如果田野实地调查不足,对研究问题的复杂性认识不足,将影响结论和建议的可行性。因此,应强调以实证分析方法审视时代要求与现实制约,并强调研究方法的综合性,全面保障研究成果的科学性、可行性与现实性。现有研究或者强调理论基础的铺垫和贯通,却对理论指导下制度运行的可行性关注不够,或者做了部分实证调查,但是其综合性和空间代表性不足。因此,本研究将以历史实证方法梳理历史演变,总结正反经验;以规范实证分析法对现行法制及中央政策等规范性文件进行系统解读,在田野实证中客观探讨乡村振兴、土地法制改革和共同富裕面临的现实困境及成因,同时,采用价值分析方法,以功能主义视角对乡村振兴战略实施路径之土地法制改革的重点和难点加以辨析,对改革和现实之需作出制度回应,以期在农民农村共同富裕和新发展理念的引领下,为市场化、法治化、制度化保障乡村振兴奠定基础。

三、主要研究内容

土地制度是农民、农村、农业三者的连接点,是乡村振兴战略最为合适的实施路径,乡村振兴战略的顺利实施,迫切要求土地制度改革跟进,亟须土地法制改革予以保障。

(一)研究思路和内容

1. 研究思路:价值目标与实践问题导向相结合

以"现实问题—解决方案"理解、定位新时代乡村振兴战略与"三农"问题的研究。在此前提下,以乡村振兴战略的总体要求为统领,指导各项土地法制改革实践,遵循"实践考察—规范分析—制度完善"的思路,总结现实困境、揭示制度疏漏、提出完善建议,推进各项土地制度协同联动向纵深发展,以体系化、法治化、市场化保障乡村振兴战略有效实施。具体而言:(1)标定方位。在社会主义新时代,以共同富裕和新发展理念为价值指引,在乡村振兴战略实施框架下找准切入点,选好支点,而“三农”的连接点在于土地,且与“三农”的连接线最短,其他切入点也往往难以绕开土地。(2)明确进路。规则之治是秩序的内在要求,良法善治则是公正合理秩序的内在要求,是法治应有之义,实施乡村振兴战略以促进共同富裕的有效进路在于法治化。(3)夯实基础。以集体土地所有制为基础,坚持和落实集体土地所有权,增强农民主体的可行能力,多元主体协力共进,有效融合自治法治德治,促进乡村治理,夯实乡村振兴战略实施的组织基础和权利基础。(4)突出重点。以市场为主导,以农业产业化、现代化为根本,以改革宅基地实现“住有所居”为基本,以集体建设用地入市为动力,以耕地保护为支撑,以《乡村振兴促进法》的实施为抓手,通过政策法律实施机制的完善和配套,创新实施乡村振兴战略的制度化、法治化保障。

2. 研究内容

第一,阐释选取实施乡村振兴战略突破口的理论基础,论证土地法制改革与实施乡村振兴战略的内在契合性,明确以土地法制改革为具体实施路径的优越性。第二,阐释坚持和落实集体土地所有权的理论意义和现实意义,考察集体土地所有权制度的现状和问题,结合新时代对坚持和落实集体土地所有权的新要求,提出坚持和落实集体所有权的具体展开,夯实乡村振兴治理有效的制度基础。第三,以深化承包地“三权分置”改革为路径,巩固和完善农村基本经营制度,发展新型农村集体经济,发展新型农业经营主体和社会化服务,重构农地权利和经营体系,助推中国式农业农村现代化,促进一、二、三产业融合发展,实现乡村振兴产业兴旺。第四,阐释宅基地制度的中国特色,总结宅基地制度改革的得失,揭示宅基地制度改革再出发的实践重点和难点,并明确改革和政策立法转化的根本遵循、具体方向和制度要点,通过宅基地整治和节约集约高效利用实现乡村布局优化,打造生态宜居之美丽乡村。第五,根据集体建设用地的具体用途,分为集体经营性建设用地和公益性建设用地制度,分别考察其现状和面临的问题,以及具体成因,提出改革和制度完善的建议,将集体建设用地的市场化利用作为集体经济发展壮大的有效突破口,实现农民生活富裕。第六,梳理党的十八大以来耕地保护政策和法律的历史演进,总结政策和实践得失,阐释落实最严格耕地保护政策的重要意义,以《耕地保护法(草案)》(征求意见稿)的制度改进为抓手,加强耕地保护政策的立法转化,构建最严格耕地保护的长效机制,以弘扬农耕文明,为乡风文明注入新的时代内涵。第七,阐释乡村振兴政策法律实施的理论基础和构成,总结乡村振兴政策法律实施机制的缺陷,有针对性地完善促进乡村振兴政策法律实施的机制与保障制度体系,保证乡村振兴战略各项政策法律落地生效。

(二)研究重点和难点

以农民农村共同富裕为价值追求,深化乡村振兴战略实施的突破口之土地法制改革的相关研究,其重点和难点可以归结为如何回答"为什么—做什么—怎么做"的逻辑之问。

"为什么",即选择土地法制改革作为乡村振兴战略实施突破口的主要原因,这是研究重点。乡村振兴战略的实施是系统工程,涉及的领域、主体和内容极为广泛,其基本要求和目标多元且具有内在的体系性和逻辑性,有效实施要求突出重点,从合适的突破口切入。无论是以农业、农民还是以乡村为突破口,都难以直接有效串联三者。但土地制度是三者的共通连结点,使得三者在逻辑和实践上构成一个共同体。加上各项土地制度改革正在全面推进,以土地法制改革为乡村振兴战略实施的具体路径,有助于政策制定和改革措施协调,形成改革合力,实现乡村全面可持续发展,促进城乡互动融合。

"做什么",即以土地法制改革为实施乡村振兴战略突破口的具体内容,这是研究的重点和难点。一是适应中国式农业农村现代化的农地权利和经营体系重构,构建促进农村产业兴旺的政策体系;二是乡村振兴与宅基地制度改革,优化生态韧性的乡村宜居空间规划和建设体系;三是集体建设用地在乡村振兴中地位重要,将集体经营性建设用地自由平等入市以兴业富农,将集体公益性建设用地纳入法治轨道以保障安农;四是构建促进城乡互动与融合的生产要素城乡配置制度,完善促进乡村振兴政策法律实施机制与综合保障体系;五是提高农村治理水平,夯实集体土地所有权和耕地保护制度体系,以实现治理有效和乡风文明。

"怎么做",即以土地法制改革实施乡村振兴战略的方案和具体步骤,这是研究的难点。在城乡关系变革大背景下,以农民为中心,发挥农民、乡村的主体性作用,遵循市场机制,加强乡村振兴战略实施的顶层设计,从承包地、宅基地、集体建设用地、耕地保护、集体土地所有权以及乡村振兴政策法律实施机制等角度落实乡村振兴战略的基本要求,将推进农业、农村、农民发展的系统性、全局性跃升和阶段性突破有机结合起来,并从理念、规则和技术层面提供法治保障。总之,在城乡关系演变的时代背景下,围绕乡村振兴战略总体要求,以土地制度为着力点和突破口,健全法治保障,推进城乡良性互动、融合发展。

四、研究遵循

党的二十大报告要求提高各类思维能力,为前瞻性思考、全局性谋划、整体性推进党和国家各项事业提供科学思想方法。新时代面向农民农村共同富裕,以土地法制改革为乡村振兴战略实施的突破口和抓手,既要全面贯彻创新、协调、绿色、开放、共享和农业农村优先发展新理念,也要在底线思维、体系思维、科学思维和权利思维的指导下,坚持规划先行和改革底线等诸多原则要求。

(一)新发展理念的阐释与贯彻

以人民为中心是指导各项事业的根本理念,人民性也是马克思主义的本质属性。乡村振兴是农业农村农民的全面发展,根本上是人的发展,就是要从根本上解决城乡发展的不平衡,解决农业农村农民发展的不充分。乡村振兴工作千头万绪,在发展中面临着各种各样的难题,亟须完整、准确、全面贯彻新发展理念予以破解。用地难是其中的一个节点问题,牵涉面甚广,更需要增强整体性、系统性和协调性。

我们需要正确阐释“创新、协调、绿色、开放、共享”的新发展理念,并在破解乡村振兴用地难中精准贯彻。(1)就创新理念而言,科学技术的创新、生产经营的创新是基础性要求,而体制机制创新尤应得到重视,是创新理念新的更高层次的要求。在破解乡村振兴用地难时要更加重视从制度上着手,避免临时性、突击性和个案性的解决方案,要提供制度化、规范化、程序化的解决方案,避免出现各环节各主体不联通不联动的脱节、缺位、错位问题,健全完善问题解决方案的运行机制。(2)就协调理念而言,协调发展既是发展理念,也是方法论,是驾驭复杂局面的思维工具。只有协调才可能和谐。乡村振兴用地难的破解需要协调城镇乡村用地、工业农业用地、生态产业发展用地、乡村一、二、三产业用地、传统与现代农业用地、农业生产与农业设施用地等等。(3)就绿色理念而言,建设生态文明、建设美丽中国,就是要坚持绿水青山就是金山银山理念,在乡村振兴中就是生态宜居乡村美。这要求我们在破解乡村振兴用地难时对用地产业的筛选和引入要把绿色原则作为基本考量因素,更加重视土地的节约集约使用,从农业乡村的特质出发依托、补充和增强扩展农业的发展动能从而发挥协同放大效应。(4)就开放理念而言,开放的实质是事物特别是市场要素的有序自由流动,既包括一般意义上的对外开放,也包括对内开放,还应统筹两个开放。在乡村振兴战略实施中,要开门修路架桥拆墙。破解乡村振兴用地难在观念上要避免自我设限,不盲目排斥某种事物和做法;在思维上注重双向互动而不是单向流动;在路径上拆除土地之间的藩篱积极整合,既要扩展增量更要挖掘存量。(5)就共享理念而言,是以人民为中心的发展思想的根本要求和集中体现。乡村振兴的主体是农民,是乡村,但农民和乡村并非乡村振兴的全部,需要置于城乡融合发展、高质量发展和新发展格局中。乡村振兴用地难背后的成因是利益失衡、利益短缺,因此破解之道是“做大蛋糕”“分好蛋糕”,前者是基础,后者是关键。

(二)农业农村优先发展理念的内涵与实现

农业农村优先发展有着深刻内涵,需要处理好各类矛盾和各种关系。“优先”发展至少具有以下内涵：[1]一是发展理念优先。构建和形成对“三农”问题的现代认知观，包括对农业多种功能、农民多重属性、农村多元价值的认知。二是制度创新优先。在理念和行为上瓦解城乡二元体制机制，建立健全城乡融合发展体制机制和政策体系。三是政策安排优先。着眼于促进财政税收、金融信贷、农业保险、基础设施、公共服务、人才等各类资源要素向农业农村倾斜，调整政策思路和政府行为，构建农业农村优先发展的长效机制。

“优先”发展至少需要处理好以下几对关系：[2]一是城乡融合和乡村优先发展的关系。两者不是替代与排斥的关系，而是具有内在的一致性，乡村优先应置于城乡融合的时代架构中推进。二是长期目标和阶段任务的关系。在政策制定和落实中，既要注重阶段性，又要虑及连续性，在长期目标指引下确定并完成阶段任务。三是总体要求和重点突破的关系。各地实施乡村振兴的总体要求一致，阶段目标和要求以及相应的突破重点因地制宜、因时制宜、路径方式多元，避免遍地开花、齐步走。四是市场机制与政府行为的关系。要充分发挥市场机制在资源配置中的决定性作用，完善产权制度和要素市场化配置改革，同时更好地发挥政府作用，强化乡村振兴的制度性供给，防止“唯市场论”等错误论调、“等靠要”等依赖思想和“运动式”“盆景式”“撒胡椒面式”等不良做法。五是实践创新与政策设计的关系。不能为了创新而创新，创新要能落地生效进而上升为政策制度设计。

从城市偏向到农业农村优位。城市偏向是以非均衡增长理论为基础的，是指政府为实现特定目标而实施的一系列偏向于发展城市部门的政策。城市偏向理论是均衡发展理论的代表，是学术界对城市偏向政策的理论反思，是在反思城市—工业化发展模式的过程中提出

[1] 参见张红宇：《坚定不移推进农业农村优先发展》，载《中国党政干部论坛》2019年第3期。

[2] 参见韩长赋：《坚持农业农村优先发展　大力实施乡村振兴战略》，载《农村工作通讯》2019年第8期。

的,旨在倡导实现城乡协调发展,为分析城乡关系提供了有效的分析框架。[1] 在我国,城市偏向不仅体现在价格扭曲,还体现在公共服务领域,[2] 并扩展至各种规划特别是国土空间规划等领域。农业农村优先发展总方针要求各种资源、要素优先向农业农村配置。

国土空间规划对农业农村发展有重要影响,必然要求贯彻农业农村优先发展的总方针。这具体体现为规划理念、规划重点、规划编制和调整、民主决策和公众参与等各个环节和层次。农业农村优先发展的目标是城乡平等发展融合发展,城乡互动互助,因此也要求国土空间规划摒弃城乡对立分割的旧观念,以城乡融合一体发展为追求目标:一是针对我国长期存在的城乡二元结构,从"城乡相互作用"等新视角审视规划理论和实践进而寻找突破口;二是针对我国过去城市规划与村镇规划分割或厚此薄彼带来的城乡规划不协调现状,综合考虑城乡要素,克服城乡规划分割,注重城乡区域协调发展角度创新区域规划方法;三是既要考虑到农村的发展离不开城市的辐射和支持,农村区域的规划建设不应脱离城市、区域发展背景,也不能仅仅从城市角度自上而下地规划农村发展,而应结合农村实际、分类指导。[3] 农业农村优先发展是破解用地难的"尚方宝剑",需要在国土空间规划和土地用途管制、土地供应(数量、区域、层次)、土地集约节约利用、土地使用审批、土地执法和监督、相关配套保障制度等方面贯彻和体现。

(三)科学思维的把握与坚持

正确的指导思想是科学制定政策及有效实施政策的基本保证,而在理论研究和实务工作中必须要有科学的思维和正确的方法。

---

[1] 参见王国梁:《城市偏向问题及其解决路径:一个理论综述》,载《浙江社会科学》2011 年第 7 期;王颂吉、白永秀:《城市偏向理论研究述评》,载《经济学家》2013 年第 7 期。

[2] 参见楚成亚、刘祥军:《当代中国城市偏向政策的政治根源》,载《当代世界社会主义问题》2002 年第 4 期。

[3] 参见王华、陈烈:《西方城乡发展理论研究进展》,载《经济地理》2006 年第 3 期。

底线思维,也是红线思维,不能突破,不能变通,不能讨价还价。在乡村振兴战略实施中特别是在保障乡村振兴用地时必须坚持以下底线和原则:一是农村土地集体所有权的基础性地位不可动摇,[1]即坚持和强化集体所有权,并视之为一切农村制度改革的前提。二是严格落实保护耕地这一基本国策。在我国,人地矛盾一直非常突出,防止非农用地挤占耕地是相关制度设计所首要考虑的问题。相关制度设计应“围绕农民土地权利的实现和社会公共政策之间的平衡而展开”[2]。三是保护农民合法权益。农民是乡村振兴战略实施的出发点和落脚点,任何损害农民合法权益的行为都是对乡村振兴战略本身的违反。四是生态环境可持续发展。绿水青山就是金山银山,生态宜居就是生态环境,与可持续发展具有内在一致性。五是农村基本经营制度和农业综合生产能力,关涉我国的粮食安全,对此的违反或损害就是对中国人饭碗的破坏。

法治思维是一种制度性思维、规则性思维、程序性思维、平衡性思维。[3] 法治就在于具有固根本、稳预期、利长远的制度保障作用。制度建设具有根本性和全局性,制度文明往往体现并制约物质文明和精神文明建设。对乡村振兴用地需求及供给的政策方案和地方试点经验要及时转化上升为法律以成制度进行固化。法治思维是一种规则性思维,即尊重既定法律规则,表现出稳定性、确定性的刚性色彩。对乡村振兴所需用地的供应,应以法律规则保证稳定性和可预期性。法治思维是一种程序性思维,即通过法律预先设定行为方式和行为步骤,获得确定性法律后果。对土地需求的了解、满足及运行保障应符

---

〔1〕 参见韩松、廉高颇:《论集体所有权与集体所有制实现的经营形式——从所有制的制度实现与经营实现的区分认识集体所有权的必要性》,载《甘肃政法学院学报》2006年第1期。

〔2〕 韩松、廉高颇:《论集体所有权与集体所有制实现的经营形式——从所有制的制度实现与经营实现的区分认识集体所有权的必要性》,载《甘肃政法学院学报》2006年第1期。

〔3〕 参见周尚君:《提高运用法治思维和法治方式的能力》,载《光明日报》2019年7月17日,第6版。

合程序,既听取尊重各方意见又营造对话平台以保证可执行性。法治思维是一种平衡性思维,就是要实现权利与义务平衡、权利与权力平衡,并在此基础上实现法律利益平衡、公法与私法平衡、实体法与程序法的平衡,以实现乡村振兴用地供给的稳定性和持续性。

权利思维方式强调权利优先于义务和责任。权利思维方式的展开路径是:权利的合理性优先于权利的合法性、权利的现实性优先于权利的理想性;权利的实现优先于权利的救济;权利的保障优先于权利的设定;实体权利与程序权利并重。[1] 乡村振兴战略实施中的土地使用在法律上即表现为权利,切实赋予供地人以权利是破解"有得用"的根本之道,有效保障用地人的权利则是"用得好"的基本要求。对于合理不合法的用地现象要以改革的精神对法律进行立改废。

体系是法律的正当性之所在。[2] 在设计方案时,我们要坚持体系思维,特别是体系的融贯。乡村振兴用地难的破解具有综合性,涉及政府、用地人和供地人等地位不同、目标各异的多方主体,牵涉不同层级、效力和功能的权利,在政策尚不明朗以及向法律转化的阶段,尤须满足体系化要求,重视来自历史传统和社会现实形塑的制度环境和既定约束条件,提出系统性解决方案。

乡村振兴是一项长期战略和系统性工程,用地难的根本化解绝非一朝一夕就能实现,而且经济、社会形势不断变化,不能毕其功于一役,而应具有久久为功的信念和"功成不必在我"的胸怀。

(四)新时代的原则与要求

土地制度改革再出发,不仅要在之前改革的基础上吸取经验教训,提出针对性的解决方案,更重要的是要坚持正确的原则要求,以指导改革实践和制度设计。

1. 坚持以人民为中心

实施乡村振兴战略,开展乡村建设是核心工作之一。从我国以往

---

〔1〕 参见尹奎杰:《权利思维方式论》,载《法制与社会发展》2004 年第 1 期。

〔2〕 参见易军:《中国民法继受中的体系性瑕疵与协调》,载《法商研究》2009 年第 5 期。

的土地制度改革来看，为振兴乡村，地方政府会集中投入大量的项目资金到某个具体的乡村，期望通过资源整合来实现农村全面发展。由于这些项目分散落地到特定的村镇，没有形成内在联系，不少项目成了所谓的“项目积木”，难以形成内生驱动力。而且在此过程中，政府参与乡村治理通常采用的“塔式治理结构”导致政府和农民之间往往形成一种单向的管理和被管理的关系，农民与政府之间的地位不平衡，农民的主体意识逐渐降低。[1] 这些情况都会导致乡村建设的内生力量严重不足，故进一步推进土地制度改革，必须坚持以农民为本位，以农民为主体。

2. 坚持规划先行

实施乡村振兴战略，推进土地制度改革，最重要的不是设计而是落实。然而，我国村庄众多，且具体情况迥异，如何针对各个村庄的不同发展现状和地方特色制定个性化的实施战略，使顶层设计能够具体落实到所有农村地区是必须探索和解决的重点问题。同时，《土地管理法》第 63 条规定，集体经营性建设用地要想入市交易，必须符合土地规划及用途管制。这也从侧面表明了规划先行的重要性。开展乡村建设，必须以科学规划为先导，总体上把握乡村发展的总趋势，并结合乡村振兴战略“产业兴旺、生态宜居、乡风文明、治理有效、生活富裕”（以下简称“二十字总要求”）制定总体规划。在总规划的基础上，各地区要根据实际情况制定好既有指导性又易于落实的地方性规划，同时要实现彼此之间的有效衔接。

3. 坚持改革底线

底线思维不仅在于指出什么是不可跨越的底线，还要通过系统性的思考使人们了解如何做到防患于未然。具体到乡村振兴和推进土

---

[1] 参见刘利利、杨英姿：《美丽乡村建设中的主题角色定位探究》，载《福建师范大学学报（哲学社会科学版）》2019 年第 6 期。

地制度改革中,底线思维主要体现为坚守“三区三线”[1]。在规划先行原则指引下,地方在制定国土空间规划时,必须严格遵守“三区三线”标准要求,建立刚性的控制线,也要因地制宜,突出地方特色。[2]比如,“符合规划和用途管制”作为集体经营性建设用地入市的重要前提,改革和完善相关制度时,必然要坚持底线思维,将对集体经营性建设用地进行开发建设的行为严格控制在底线以内,从而防范相应风险。

---

〔1〕“三区”是指明确划分好城镇空间、农业空间及生态空间,“三线”是指城镇开发边界、永久基本农田保护和生态保护三条红线。

〔2〕参见黄慧茵:《国土空间规划背景下乡村振兴实施路径研究》,载《城市住宅》2021年第7期。

第一章　乡村振兴、共同富裕与土地法制改革的理论阐释

党的二十大报告提出增强均衡性和可及性，扎实推进共同富裕。共同富裕要求实现城乡融合发展，解决城乡发展不平衡问题。[1] 乡村振兴战略是共同富裕的子集，是做好新时代"三农"工作的总抓手。[2] 要以乡村振兴战略统领未来国家现代化进程中的农业农村发展，[3]而土地法制改革则是其重要突破口。

第一节　"三农"问题与乡村振兴战略的提出

党的十九大报告提出的实施乡村振兴战略，是"三农"领域理论创新、决策制定、政策实施、政府工作的基本定位，意味着"三农"作为

---

[1] 参见韩文龙、祝顺莲：《新时代共同富裕的理论发展与实现路径》，载《马克思主义与现实》2018年第5期。

[2] 参见韩俊、高云才等：《新时代乡村振兴的政策蓝图》，载《人民日报》2018年2月5日，第4版。

[3] 参见叶兴庆：《农村改革的历史脉络与未来趋势》，载《经济日报》2018年11月8日，第14版。

农业、农民、农村“三位一体”的回归。乡村是农业和农民的空间与载体,以乡村振兴为抓手有望真正解决中国久拖未决的“三农”问题。

一、“三农”问题的生成:背景、成因与具体表现

研究“三农”问题,既要从大局大势着眼,从城乡关系的变迁来体认,也要从具体要素着手,研究乡村振兴战略的基本要素——农业、农民和农村。

(一)“三农”问题的背景

我国“三农”问题的产生具有深厚的历史背景,其与城乡关系的互动相伴而生。列宁曾有城市地位的经典论述,即城市是经济、政治和人民精神生活的中心,被作为前进的主要动力。[1] 都市化是人口从乡村向城市运动,并在都市中从事非农业工作,是乡村生活方式向城市生活方式的转变。但是,后发经济体实施的城市偏向政策往往导致农业、农村发展被忽视。形成城市倾向政策的手段通常是实行“工农业产品价格的剪刀差”政策,即通过扭曲产品和生产要素价格,创造偏向城市而不利于农业、农村和农民的政策,获取农业剩余以补贴工业化。中国城乡分割的根源就在于中央计划经济采取了重工业优先的发展策略,需要提取农业剩余以增加城市资本积累以及对城市进行补贴,[2]并形成城市利益刚性,[3]导致巨大的城乡收入差距,对于中国未来的经济增长不利。[4] 直到20世纪90年代中期,农村总体上仍处于为城市和工业部门提供资金的阶段。1998年国家提出“坚持多予少取,让农民得到更多的实惠”、2002年国家确立“多予少取放活”的方针前后,情况才有所缓解,但是农村、农业受扶持的力度

---

〔1〕 参见《列宁全集》(第19卷),人民出版社1959年版,第264页。

〔2〕 参见王永钦等:《十字路口的中国经济:基于经济学文献的分析》,载《世界经济》2006年第10期。

〔3〕 参见刘守英、熊雪锋:《我国乡村振兴战略的实施与制度供给》,载《政治经济学评论》2018年第4期。

〔4〕 参见章元等:《一个农业人口大国的工业化之路:中国降低农村贫困的经验》,载《经济研究》2012年第11期。

仍非常有限。[1]

“三农”问题的现实背景是新时代的新要求新挑战。党的十八大以来，我国社会主要矛盾发生了变化，农村体制改革进一步深化，新冠疫情的反复性持续影响国际粮食市场的稳定，[2]这都催生了完善和创新“三农”领域各类体制机制的迫切需求。特别是在实施乡村振兴战略和土地法制改革的背景下，原有的农业、农村、农民制度规则已经不适应市场化和法治化的改革方向，也不满足发展壮大集体经济、促进农民持续增收、实现中国式农业农村现代化和农民农村共同富裕等目标追求，亟须在政策引导、实践先行和立法转化的制度演进逻辑下，因应社会主要矛盾的变化和社会发展的现实需要通过革新获得新的生命力。

（二）“三农”问题的成因

我国“三农”问题的成因呈现多元化的特点，除上述计划经济以来的城市偏向政策外，农地公有制、农业弱质性和政府的政策理解偏差亦是“三农”问题的重要成因。

首先，农地等生产资料公有制是社会主义经济的基础和特征，而在公有制属性的农地之上又存在复杂的私权体系，包括集体土地所有权、土地承包经营权、土地经营权和债权性的土地权利。农地的公有制属性既决定了农地要承担多重社会公益，又决定了国家对农地利用的必要管控，因此在农地利用过程中，不可避免地产生国家利益、公共利益、集体及其成员利益的冲突与协调，使“三农”问题变得更为复杂。

其次，所谓农业的弱质性是指农业与其他产业相比由于生产率劣

---

〔1〕参见李明等：《城乡一体化的国际经验及其对中国的启示》，载《中国农村经济》2014 年第 6 期。

〔2〕参见朱坤林、殷菡笑：《新形势下国际粮食资源利用风险及其防范研究》，载《世界农业》2022 年第 7 期。

势所产生的比较收益低。[1] 自新中国成立特别是改革开放以来，尽管党和国家一直都在通过制度改革和其他手段促进农业生产效益的提高，但农业的弱质性一直存在且是我国农业发展不可回避的障碍，从某种意义上讲，改变农业的弱质性正是农业改革的内在动力之一。

最后，农地的公有制属性决定了农地利用过程中政府或者自治组织参与的正当性，可以说改革开放以来农地制度的每一次演进都是自上而下和自下而上的统一。[2] 而在党和国家依据政策自上而下指导"三农"问题时，个别基层政府对政策的理解存在偏差，甚至出现了消极应付考核要求或追求政绩而功利化推进改革任务的现象，结果则因缺乏系统而长远的规划只能短暂形成改革成效，形成改革积累。

（三）"三农"问题的具体表现

对"农民"的界定体现了制度变迁的历时性，学术界主要从职业和身份两个维度展开。在计划经济年代，我国农村劳动力基本务农，农民具有制度身份、职业、收入、空间"四维合一"的"农"的特征；改革开放以后我国农民分化为务农农民、非农农民和兼业农民三种基本类型；[3] 2012 年中央一号文件首次提出"大力培育新型职业农民"。[4]

制度变迁的历时性使路径依赖成为社会演化的阻碍性力量，而制度变迁的共时性又使不同的因素（如人力资本、户籍制度等）相互作用，从而使原有制度体系赖以存续的路径依赖"累积"成一种难以摆脱的制度困境。[5] 首先，农民作为乡村振兴的主体力量，面临诸多现

---

[1] 参见高帆：《中国农业弱质性的依据、内涵和改变途径》，载《云南社会科学》2006 年第 3 期。

[2] 参见陈晓枫、陈瑞旭：《新中国 70 年农地经营权制度演进的逻辑与经验》，载《马克思主义与现实》2020 年第 1 期。

[3] 参见傅晨：《城市化进程中我国农业转移人口市民化研究》，载《城市观察》2014 年第 1 期。

[4] 参见朱启臻：《新型职业农民培养及其成长环境》，载《农民科技培训》2013 年第 5 期。

[5] 参见青木昌彦、周黎安：《为什么多样性制度继续在演进？》，载《经济社会体制比较》2001 年第 6 期。

实困境，主要有法律过度约束、法律不够完善、法律意识缺失等。[1]其次，由于农村土地产权制度设计上的缺陷，农民的土地财产权益没有得到充分的尊重和保障：第一，农地生产经营规模小，不利于农民土地财产性收入的形成；第二，农村土地产权制度的缺陷制约着农民土地财产性收入的增长；第三，不合理的征地补偿体系制约失地农民土地财产性收入提升。[2]

农村作为农民和农业的空间与载体，自身的发展也存在诸多问题。一是农村区域发展不平衡。我国大部分农村有待充分发展。二是农村发展没有合理有效规划的引导。乡村如果缺少发展思想和思路、没有制定可行的规划，发展就是混乱的、无序的、不可持续的。三是农村居民缺乏动员和组织。人是最能动的资源，但是这种资源需要得到动员和组织，才能发挥出建设和发展农村的力量。个别村庄村民委员会和经济组织形同虚设，丧失了公信力，无法领导和组织农民投身乡村的发展，更别提实现乡村的振兴。四是乡村经济动能没有充分挖掘。在市场经济条件下，各个组织依靠经济实力说话，有没有经济实力决定了乡村能否发展。一些村庄没有形成自身的经济发展动能，没有依托自身资源，打造出主导产业，经济实力长期衰落，不足以支持乡村的发展。五是农村发展缺乏公共服务的充分支持。农村基础设施建设不完善、公共服务供给不到位，导致农村生产生活不便利，农村的人气自然会衰落。[3]

二、乡村振兴战略的提出：意义、内容和路径

在中国近百年的乡土重建探索中，无论是乡村建设运动、社会主义新农村建设还是乡村振兴战略，始终离不开对“发展”议题的关注，

---

[1] 参见陈明等：《农民土地财产权保护现状与法制良性变革——以江苏省苏北为例》，载《改革与开放》2015 年第 23 期。

[2] 参见望晓东、江华、魏玲：《收入结构、土地财产与农民增收——基于广东农民土地财产性收入增长的实证研究》，载《广东农业科学》2012 年第 14 期。

[3] 参见刘合光：《乡村振兴战略的关键点、发展路径与风险规避》，载《新疆师范大学学报(哲学社会科学版)》2018 年第 3 期。

追随“发展”议题的切换，乡村振兴战略已经调整“城市主义”的发展模式，而重视城乡融合基础上的农业农村优先发展，乡村振兴战略也以“升级版”的内容要求对“三农”各子系统作出总体部署。[1]

（一）乡村振兴战略的意义和内容

1. 乡村振兴战略的意义

党的二十大报告在充分肯定党和国家事业取得举世瞩目成就的同时，指出我国发展不平衡不充分问题仍然突出，当前我国最大的发展不平衡是城乡发展不平衡，最大的发展不充分是农村发展不充分。发展不平衡表现为城乡的经济社会发展不平衡、城乡基础设施建设和公共服务供给不平衡、城乡居民收入水平和社会保障水平差异显著；发展不充分表现为农业发展不充分、农村发展不充分和农民发展不充分。现阶段我国社会发展的不平衡不充分，突出反映在农业和乡村发展的滞后上。[2] 解决社会主义新时代的主要矛盾，一个非常重要的路径就是要解决农村的平衡发展和充分发展问题，[3]而乡村振兴战略是解决中国社会主要矛盾的重大举措。[4] 党的十九大报告提出：“建立健全城乡融合发展体制机制和政策体系，加快推进农业农村现代化。”随着农业机械化的普及和农业社会化服务体系的健全，农民在大宗作物生产上的劳动强度逐步降低，劳动时间不断减少，使农民利用好比以往更充裕的非农业劳动时间，在农村创造新的供给、满足城镇居民新的需求，正是实施乡村振兴战略的本意所在。[5]

---

[1] 参见叶敬忠：《乡村振兴战略：历史沿循、总体布局与路径省思》，载《华南师范大学学报（社会科学版）》2018 年第 2 期。

[2] 参见陈锡文：《从农村改革四十年看乡村振兴战略的提出》，载《农村经营管理》2018 年第 5 期。

[3] 参见李先军：《智慧农村：新时期中国农村发展的重要战略选择》，载《经济问题探索》2017 年第 6 期。

[4] 参见刘合光：《乡村振兴战略的关键点、发展路径与风险规避》，载《新疆师范大学学报（哲学社会科学版）》2018 年第 3 期。

[5] 参见陈锡文：《实施乡村振兴，走出一条中国特色的农业现代化道路》，载《中国人大》2018 年第 16 期。

2. 乡村振兴战略的内容

乡村振兴战略既是适应新时代我国社会主要矛盾变化的必然选择，又是解决当前社会主要矛盾的重大举措。乡村振兴战略的内涵在于从城乡一体化发展转向坚持农业农村优先发展、从推进农业现代化转向推进农业农村现代化、从生产发展转向产业兴旺、从村容整洁转向生态宜居、从社会主义新农村建设要求的乡风文明转向乡村振兴要求的乡风文明、从管理民主转向治理有效、从生活宽裕转向生活富裕的七大根本性转变。实施乡村振兴战略的着力点则在于顺应和把握社会主要矛盾和"三农"主要矛盾的变化，统筹推进农村经济、政治、文化、社会、生态文明建设，走中国特色乡村振兴之路，从而有效破解农业农村发展不平衡不充分的问题，不断满足广大农民日益广泛的美好生活需要。具体来说，可以从坚持和完善农村基本经营制度的底线，深化农村土地制度改革，构建现代农业产业体系、生产体系、经营体系，培育新型农业经营主体，健全自治、法治、德治相结合的乡村治理体系，加强"三农"工作队伍建设六条关键路径入手重点突破。[1] 实施乡村振兴战略需要坚持的原则可以概括为以下七项：坚持党管农村工作，坚持农业农村优先发展，坚持农民主体地位，坚持乡村全面振兴，坚持城乡融合发展，坚持人与自然和谐共生，坚持因地制宜、循序渐进。[2] 乡村振兴应当包含美好产业、美好家园、美好风尚、美好秩序和美好生活等五个方面。[3] 关于乡村振兴意义和内容的论述为我们分析乡村振兴的关键点提供了一定研究基础和启发，不过需要从战略得以成功实施的关键点进行深入判断和分析，以集中解决乡村振兴应当理顺的关键性问题。

---

〔1〕 参见蒋永穆：《基于社会主要矛盾变化的乡村振兴战略：内涵及路径》，载《社会科学辑刊》2018 年第 2 期。

〔2〕 参见顾益康：《实施乡村振兴战略的创新路径与改革举措》，载《浙江经济》2018 年第 6 期。

〔3〕 参见陈文胜：《以产业兴旺为根本实施乡村振兴战略》，载《中国乡村发现》2018 年第 2 期。

(二)乡村振兴战略的路径保障

任何战略的实施,均须精准施策,找准路径,方可成功。战略路径就是战略实施的推进方向,是战略实施阻力最小的路线图。

1. 乡村振兴战略的路径

乡村振兴的发展路径是乡村振兴战略实施的关键。顾益康提出,实施乡村振兴战略就是要坚持改革创新精神,按照“七个必须”的要求走中国特色社会主义乡村振兴道路:一是必须重塑城乡关系,畅通城乡要素流动,走城乡融合发展之路;二是必须巩固和完善农村基本经营制度,走共同富裕之路;三是必须深化农业供给侧结构性改革,走质量兴农之路;四是必须坚持人与自然和谐共生,走乡村绿色发展之路;五是必须传承发展提升农耕文明,走乡村文化兴盛之路;六是必须创新乡村治理体系,走乡村善治之路;七是必须打好精准脱贫攻坚战,走中国特色减贫之路。[1] 刘守英、熊雪锋从以下五个方面阐述乡村振兴的路径:一是完整理解乡村振兴战略,改变重农业增产、农民增收而轻农村现代化的倾向;二是从城乡统筹转向城乡融合,实现人、地、资本等要素的城乡互动,实现城市和乡村文明共荣共生;三是农业农村优先发展和农业农村现代化;四是改革农村土地产权和农业经营制度;五是乡村治理,重建乡村秩序和制度。[2] 乡村振兴战略可以从以下四大战略路径推进:一是全面深化农村改革,通过机制创新路径推进农村振兴;二是加快振兴农村产业,通过产业发展路径助力农村振兴;三是发挥科技引领作用,通过科技创新路径高效振兴乡村;四是打造乡村人才队伍,通过人才培育路径引领乡村振兴。[3] 乡村振兴特别需要注意巩固和完善农村基本经营制度、深化农村集体产权制度改

---

〔1〕 参见顾益康:《实施乡村振兴战略的创新路径与改革举措》,载《浙江经济》2018 年第 6 期。

〔2〕 参见刘守英、熊雪锋:《我国乡村振兴战略的实施与制度供给》,载《政治经济学评论》2018 年第 4 期。

〔3〕 参见刘合光:《乡村振兴战略的关键点、发展路径与风险规避》,载《新疆师范大学学报(哲学社会科学版)》2018 年第 3 期。

革、实现小农户和现代农业发展有机衔接等制度性问题。[1] 可以判定的是现有关于乡村振兴实施路径的研究，没有分析选取乡村振兴突破口的依据，没有筛选出阻力最小的发展路线图。

郑风田提出实施乡村振兴战略的基本要求：一是乡村建设要坚持规划先行、慎重推进村庄撤并、因地制宜分类指导三个原则；二是要通过合理手段推进人、财和物向乡村流动，赋予农民资产性权益等，增强农村发展动力；三是从坚持农民主体地位、以农民为本位、建立农民意愿表达机制、工作考核增加所在社区民众满意度调查四个方面，建立以农民为主体的乡村振兴发展机制。[2] 党国英提出五个建立健全城乡融合制度保障体制：一是必须建立城乡统一的要素市场，进一步扩大要素在城乡之间的自由流动；二是必须抛弃将农村视为两个"蓄水池"的陈旧思想；三是必须将农业竞争力提高战略纳入国民经济整体竞争力提高战略；四是必须使各项经济政策推动中国人口布局大调整；五是必须完成现行农村政策在实施对象上的转变。除此之外，还应当实现农业技术进步模式转变、农地保护模式转变、城乡区划模式转变、城乡社会治理模式转变、土地产权制度以及农业经营制度变革。[3]

2. 乡村振兴战略实施要注意的问题

乡村振兴战略实施的路径如果选择不当，就会走入歧途，以致后患无穷，[4]因而规避乡村振兴的潜在风险确有必要。陈锡文曾给出以下提醒：(1)关于巩固和完善农村基本经营制度，坚持农村土地农民集体所有，坚持家庭经营的基础性地位，坚持稳定土地承包关系，实

---

[1] 参见陈锡文：《从农村改革四十年看乡村振兴战略的提出》，载《农村工作通讯》2018 年第 9 期。

[2] 参见郑风田：《实施乡村振兴战略应注意的几个问题》，载《中国党政干部论坛》2018 年第 4 期。

[3] 参见党国英：《乡村振兴长策思考》，载《农村工作通讯》2017 年第 21 期。

[4] 参见郭晓鸣：《乡村振兴战略的路径选择与突破重点》，载《中国乡村发现》2018 年第 1 期。

行承包地“三权分置”;(2)关于深化农村集体产权制度改革,落实农民集体土地承包权、宅基地使用权和集体资产收益分配权,明确农村集体经济组织的基本性质;(3)关于实现小农户和现代农业发展有机衔接,在有条件也符合农民意愿的地方,应当引导承包耕地的经营权流转、集中,发展适度规模经营。[1] 但是,并非所有的耕地都适合规模经营,关键是要向小农户提供优良品种、栽培技术、储运营销和其他各种适合他们的服务。把握好土地经营权流转、集中及规模经营的度,要与城镇化进程和农村劳动力转移规模相适应,与农业科技进步和生产手段改进程度相适应,与农业社会化服务水平提高相适应。

实施乡村振兴战略要避免四种误区:一是避免“揠苗助长”。乡村振兴需要循序渐进,乡村振兴不是要振兴所有乡村,应该有所为有所不为,要在一定标准下筛选出值得振兴的乡村来。二是避免无参与。乡村振兴要激活村民,务必发挥农民的主动性,激活村民的活力和潜力,采取自下而上和自上而下相结合的方式制定具体村庄的振兴规划和方案。三是避免太单一。乡村振兴要因地制宜,不能千村一面,不能大范围复制有限的乡村样板,不能形成单调的乡村发展局面。四是避免增加负担。乡村振兴要精进解压,要匹配好战略资源与目标,不好大喜功。[2] 在具体落实乡村振兴战略时应注意坚守“五不”原则,即乡村振兴不是“去小农化”、不是乡村过度产业化、不能盲目推进土地流转、不能消灭农民生活方式差异、不能轻视基层“三农”工作,应在坚持乡村和农民主体地位的基础上实现农业农村与现代化发展的有机结合。[3]

---

〔1〕 参见陈锡文:《从农村改革四十年看乡村振兴战略的提出》,载《农村工作通讯》2018 年第 9 期。

〔2〕 参见刘合光:《乡村振兴战略的关键点、发展路径与风险规避》,载《新疆师范大学学报(哲学社会科学版)》2018 年第 3 期。

〔3〕 参见叶敬忠:《乡村振兴需坚持“五不”原则》,载《农村工作通讯》2018 年第 17 期。

第二节　乡村振兴战略实施与实现共同富裕

促进农民农村共同富裕是实施乡村振兴战略的出发点和落脚点，需要加强两者政策设计的协同，制定科学系统有效的制度框架，突出以全面推进乡村振兴实现农民农村共同富裕的法治保障。

一、乡村振兴战略实施现状考察

实施乡村振兴战略是建设现代化经济体系的重要基础，是建设美丽中国的关键举措，是传承中华优秀传统文化的有效途径，是健全现代社会治理格局的固本之策，是实现全体人民共同富裕的必然选择，对解决新时代我国社会主要矛盾，实现中华民族伟大复兴中国梦，具有重大的现实意义和深远的历史意义。

（一）乡村振兴战略的基本内涵和总体要求

中国特色社会主义进入新时代，我国社会主要矛盾已转化为人民日益增长的美好生活需要和不平衡不充分的发展之间的矛盾。人民对美好生活的向往决定了党的使命、战略目标，主要表现为乡村振兴、共同富裕。解决社会主要矛盾必须坚持以人民为中心的发展思想，维护人民根本利益，增进民生福祉，不断实现发展为了人民、发展依靠人民、发展成果由人民共享，让现代化建设成果更多更公平惠及全体人民，促进人的全面发展，实现全体人民共同富裕。坚持以人民为中心的发展思想是习近平新时代中国特色社会主义思想的重要组成部分，是出发点和落脚点，是判断社会主要矛盾变化的价值准则，进而内在决定了新时代的任务、部署和战略。

要在社会主要矛盾变化的时代背景下体认乡村振兴战略。城乡发展不平衡是最大的不平衡，农业农村发展不充分是最大的不充分。乡村振兴战略正是针对城乡发展不平衡和乡村发展不充分现实的时代回应，是平衡发展的必由之路，是充分发展的必然要求，是坚持以人民为中心的发展思想的生动体现,体现了中央对农业农村农民问题的根本性地位的判断和全党工作重中之重的部署。乡村振兴战略是应时之举,是中央在新发展理念框架下,对“三农”工作的整体性、全面性部署,是一项系统性、综合性工程。乡村振兴战略作为党中央为实现中国式农业农村现代化而提出的重要农业发展战略,其本身蕴含着一系列深刻内涵。从乡村振兴战略的主体来看,广大农民群众既是促使其实现的根本动力,又是农业发展成果的基本受益主体。从乡村振兴战略的发展客体来看,农业农村现代化是其基本发展内容。从乡村振兴战略的实现方式来看,以渐进发展方式实现我国农业农村的科学发展。从乡村振兴战略的最终旨向来看,以实现全体农业人口的“解放”来更好地推动中华民族的全面复兴。[1] 从乡村振兴战略实施的关键来看,除了对过去成功做法的借鉴与延续,其实施的关键在于体制机制创新和法治保障乡村振兴的伟大目标如期实现。

乡村振兴战略“二十字总要求”是从我国当前最核心、最根本、最急需解决的矛盾和问题出发,提出的极具现实针对性的目标要求。因此,这“二十字总要求”不仅是乡村振兴的总目标,也是解决当前诸多深层次矛盾的总抓手。乡村振兴,产业兴旺是重点。产业是发展的根基,产业兴旺,农民收入才能稳定增长。乡村振兴,生态宜居是关键。“生态宜居”蕴含了人与自然之间和谐共生的关系,是“绿水青山就是金山银山”理念在乡村建设中的具体体现。乡村振兴,乡风文明是保障。乡村是优秀农耕文明的载体,乡村振兴可以直接解决亲情乡情缺失、熟人社会消失、人与人信任危机问题,也间接清除自由市场经济带来的糟粕,提升社会整体道德水平。乡村振兴,治理有效是基础。乡村振兴可以有效解决基层组织虚化、基层自治缺失、基层法治缺失、基层德治失灵问题,也可缓解因农村人口大规模、无秩序流动带来的诸多社会问题。乡村振兴,生活富裕是根本。实现乡村“生活富裕”是

---

〔1〕 参见万信、龙迎伟:《论乡村振兴战略的基本内涵、价值及实现理路》,载《江苏农业科学》2018 年第 17 期。

农民的基本向往。乡村振兴是缩小城乡差距、贫富差距,最终实现共同富裕的重要举措,也是中国共产党人立党初心和执政目标的题中之义。

（二）乡村振兴战略的实施及进展

党的十九大报告指出,“实施乡村振兴战略”。农业农村农民问题是关系国计民生的根本性问题,必须始终把解决好“三农”问题作为全党工作的重中之重。2018 年中央一号文件提出,各地区各部门要编制乡村振兴地方规划和专项规划或方案。加强各类规划的统筹管理和系统衔接,形成城乡融合、区域一体、多规合一的规划体系。2018 年 9 月《乡村振兴战略规划(2018—2022 年)》提出,顺应村庄发展规律和演变趋势,根据不同村庄的发展现状、区位条件、资源禀赋等,按照集聚提升类村庄、城郊融合类村庄、特色保护类村庄、搬迁撤并类村庄的区分思路,分类推进乡村振兴,不搞“一刀切”。2019 年中央一号文件提出,实行中央统筹、省负总责、市县乡抓落实的农村工作机制,制定落实五级书记抓乡村振兴责任的实施细则,严格督查考核,加强乡村振兴统计监测工作。2019 年 2 月中共中央、国务院印发《关于促进小农户和现代农业发展有机衔接的意见》进一步明确了促进小农户和现代农业发展有机衔接是实施乡村振兴战略的客观要求,要充分发挥小农户在乡村振兴中的作用。2019 年 4 月 15 日中共中央、国务院《关于建立健全城乡融合发展体制机制和政策体系的意见》提出,以协调推进乡村振兴战略和新型城镇化战略为抓手,坚决破除体制机制弊端,加快形成工农互促、城乡互补、全面融合、共同繁荣的新型工农城乡关系,加快推进农业农村现代化。2020 年中央一号文件提出“加强解决相对贫困问题顶层设计,纳入实施乡村振兴战略统筹安排。抓紧研究制定脱贫攻坚与实施乡村振兴战略有机衔接的意见”,继续“强化五级书记抓乡村振兴责任”。2021 年、2022 年和 2023 年中央一号文件均以“全面推进乡村振兴”为主题,对乡村振兴进行了专门部署。党的二十大报告再次要求“全面推进乡村振兴”,“扎实推动乡村产业、人才、文化、生态、组织振兴”。

我国区域经济差异明显，在乡村振兴方面，不同区域根据各自的经济发展现状和资源特点制定了不同的政策。作为农村改革前沿阵地，浙江以乡村振兴发展为目标，推进农业产业转型升级，促进农民致富增收；提升美丽乡村建设水平，改善农村人居环境；建设农村精神文明，群众乐享文化生活；在激活农村发展潜力同时，打造美丽乡村风景线、建设农民精神家园。广东省制定《关于推进乡村振兴战略的实施意见》，广东省委、省政府印发《广东省实施乡村振兴战略规划（2018—2022 年）》，广东省人民政府办公厅印发《农业农村部　广东省人民政府共同推进广东乡村振兴战略实施 2019 年度工作要点》，梅州市、惠州市、江门市、清远市和佛山市三水区成为广东省开展乡村振兴综合改革试点。2022 年 8 月，上海市人大常委会通过《上海市乡村振兴促进条例》，从产业、人才、文化、生态、组织五方面细化了乡村振兴的具体要求，乡村振兴战略落地实施正在不断探索中。

二、共同富裕目标的历史考察与时代要求

在新发展理念指引下体认促进农民农村共同富裕的多维意蕴，深刻理解其与促进全体人民共同富裕的关系，夯实理论基础；同时，在新时代背景下，面对百年未有之大变局，客观评估促进农民农村共同富裕面临的挑战，有利于在城乡关系历史性变革中聚焦体制机制创新。

（一）共同富裕的理论阐释与制度演进

中国特色社会主义进入新时代，习近平总书记强调：“共同富裕是社会主义的本质要求，是中国式现代化的重要特征”。[1]

不仅如此，还有学者引入“共同富裕”观，论证“社会主义”作为我国宪法基本原则的规范地位，并在学理上加以明确，认为以促进有尊严的人类生活为目标的“社会平衡”理念是现代各国宪法的社会国、

---

〔1〕 参见习近平：《扎实推动共同富裕》，载《求是》2021 年第 20 期。

社会主义等原则的稳定内核，而“共同富裕”是其中国表达。[1]

1. 概念内涵

只有掌握共同富裕的准确内涵，才能把握共同富裕的重点任务、实现路径和战略举措，进而全面准确地理解共同富裕，明晰中国式现代化新道路，把握新发展机遇。[2] 共同富裕社会的内涵在于：共同富裕社会所强调的是“美好生活”和较高水准的“生活品质”；共同富裕社会所看重的是全体人民“共同”的富裕，[3]即关键应是厘清共同与富裕的关系。[4] 从经济增长角度看，这要求中低收入者从增长中获得的收益大于高收入者，即实现益贫式增长。[5] 共同富裕应是一个相对概念，可从多个方面剖析共同富裕不同层次的含义、实现途径以及发展步骤与过程。[6] 共同富裕也指各区域的共同富裕，本质含义是协调区域发展中的效率和公平，以实现区域利益的“分享式改进”。[7]

2. 理论渊源

中国共产党将马克思主义理论和中国特色社会主义建设实践充分结合，形成了中国特色社会主义共同富裕理论体系，[8]彰显了 21

---

〔1〕 参见张翔：《“共同富裕”作为宪法社会主义原则的规范内涵》，载《法律科学（西北政法大学学报）》2021 年第 6 期。

〔2〕 参见黄奇帆、厉以宁、刘世锦：《共同富裕：科学内涵与实现路径》，载《当代电力文化》2022 年第 1 期。

〔3〕 参见吴忠民：《论“共同富裕社会”的主要依据及内涵》，载《马克思主义研究》2021 年第 6 期。

〔4〕 参见陈燕：《中国共产党的共同富裕：理论演进与实现路径》，载《科学社会主义》2021 年第 3 期。

〔5〕 参见范从来、谢超峰：《益贫式经济增长与中国特色社会主义共同富裕的实现》，载《中国经济问题》2018 年第 2 期。

〔6〕 参见卫兴华：《坚决走共同富裕之路》，载《红旗文稿》2013 年第 3 期。

〔7〕 参见王琴梅：《区域协调发展的实现机制——制度创新视角的分析》，载《思想战线》2008 年第 2 期。

〔8〕 参见王婷、苏兆霖：《中国特色社会主义共同富裕理论：演进脉络与发展创新》，载《政治经济学评论》2021 年第 6 期。

世纪马克思主义的理论境界与思想智慧。[1] 中国人民向往和追求的美好生活和共同富裕,以科学社会主义基本原则和以公有制为主体的社会主义市场经济条件为基础,是对民主社会主义的全面超越,将获得新的历史内涵。[2] 在价值向度上,应围绕共同富裕目标及分配正义原则的实现,在政策层面处理好税收调节、土地产权改革、基本公共服务均等化等问题,在精神层面实现伦理道德与制度正义良性互动。[3] 实现共同富裕需要处理好的关系包括理论上维护均衡和打破均衡的关系、快变量与慢变量的关系、需求和欲望的关系,制度上科学研究和意识形态的关系、一般性和特殊性的关系、全球化和本土化的关系,[4] 也需要确保与分配正义的内在统一,在基本制度层面完善和发展具有中国特色的政治协商制度、市场经济体制及社会保障制度。[5] 中国共产党百年共同富裕实践所形成的"中国经验",不仅丰富了马克思主义关于共同富裕的相关理论,也为世界各国发展贡献了中国智慧和中国方案。[6] 共同富裕的理论基础与党的经济理论体系具有内在一致性,[7] 社会主义政治权力理论对共同富裕目标的实践也有指导价值。[8]

3. 原则理念

共同富裕作为一个系统过程,共享发展是其新阶段,需要体现发

---

[1] 参见顾海良:《共同富裕是社会主义的本质要求》,载《红旗文稿》2021 年第 20 期。
[2] 参见沈斐:《"美好生活"与"共同富裕"的新时代内涵——基于西方民主社会主义经验教训的分析》,载《毛泽东邓小平理论研究》2018 年第 1 期。
[3] 参见贾可卿:《共同富裕的正义维度》,载《黑龙江社会科学》2018 年第 3 期。
[4] 参见李周:《中国走向共同富裕的战略研究》,载《中国农村经济》2021 年第 10 期。
[5] 参见贾可卿:《共同富裕的正义维度》,载《黑龙江社会科学》2018 年第 3 期。
[6] 参见刘旭雯:《新时代共同富裕的科学意蕴》,载《北京工业大学学报(社会科学版)》2022 年第 3 期。
[7] 参见白永秀:《中国共产党经济理论体系的逻辑结构——以共同富裕为主线》,载《社会科学辑刊》2021 年第 6 期。
[8] 参见李娟:《新时代中国特色社会主义政治权力关系模式的内在逻辑与功能意义》,载《云南社会主义学院学报》2021 年第 3 期。

展性、共享性和可持续性的统一。[1] 实现共同富裕，应当贯彻习近平新时代中国特色社会主义思想中的新发展理念，遵循以下五项原则：收入分配激励创业创新，把按劳分配和按生产要素分配相结合，容忍收入差距扩大与遏制两极分化，运用系统工程思维构建分配制度体系，增加有效制度供给。[2] 从系统哲学视域下推动先富向共富的阶段性转变，需要在顶层设计上更加注重统筹推进，在任务实施上更加注重协同推进，在政策导向上更加注重稳步推进。[3]

4. 战略框架

为实现共同富裕，应以让全体人民公平获得、积累人力资本和参与共创共建的机会、公平地共享发展成果为主要思路，夯实共同富裕的制度保障，构建科学的指标体系加以测度和引领。[4] 战略框架包括基于全国统一的市场体系、纳入生态价值的国民经济核算体系、全国统一的政策制度体系的全域发展，各个产业、城市乡村和中国世界的融合发展，公有产权和私有产权、经济效益和生态效益、公平和效率的耦合发展。[5]

5. 实现路径

一方面，需要从解决社会主要矛盾入手创新途径，坚持党的集中统一领导和中国特色社会主义发展道路，[6]坚持公有制为主体，不断壮大包括集体经济在内的公有制经济。[7] 另一方面，应从初次分

---

[1] 参见郁建兴、任杰：《共同富裕的理论内涵与政策议程》，载《政治学研究》2021年第3期。

[2] 参见贾康：《共同富裕与全面小康：考察及前瞻》，载《学习与探索》2020年第4期。

[3] 参见李瑞军、董晓辉：《新时代共同富裕的深刻内涵和实现路径：回顾与展望》，载《晋阳学刊》2021年第1期。

[4] 参见刘培林、钱滔等：《共同富裕的内涵、实现路径与测度方法》，载《管理世界》2021年第8期。

[5] 参见李周：《中国走向共同富裕的战略研究》，载《中国农村经济》2021年第10期。

[6] 参见韩文龙、祝顺莲：《新时代共同富裕的理论发展与实现路径》，载《马克思主义与现实》2018年第5期。

[7] 参见张建刚：《论社会主义现代化的科学内涵与实现路径》，载《学理论》2021年第7期。

配、再分配和三次分配方面着手,完善和强化社会保障体系;[1]加快建立先富带共富制度,综合推进财税改革;[2]完善贫富监测和调控制度。[3] 不过,“共同富裕”的贯彻,需要与宪法同样保护的自由、人权、民主、市场等价值相协调。[4]

6. 制度演进

中国共产党百年共同富裕的实践经历了初步探寻、破旧立新、曲折发展、转型探索、深入推进、强化提升等六个发展阶段,共同富裕在不同历史阶段动态演进,[5]具有继承性与创新性。[6] “共同富裕”理念中的“富裕”和“共同”两个侧面在我国现行宪法中都有所表达,历次宪法修改也体现了侧重上的微调。[7] 作为共同富裕一部分的乡村振兴,我国在土地、集体经济组织制度,乡村治理、农业支持和保护体系,城乡融合发展体制机制、粮食购销体制等方面发生了巨大变化。[8] 共同富裕的问题是经济、社会、政治问题的复合体。[9] 共同富裕是一项系统工程,涉及方方面面的工作,体现出新的目标性、关联

---

[1] 参见李实:《共同富裕的目标和实现路径选择》,载《经济研究》2021 年第 11 期。

[2] 参见张占斌、吴正海:《共同富裕的发展逻辑、科学内涵与实践进路》,载《新疆师范大学学报(哲学社会科学版)》2022 年第 1 期。

[3] 参见郑志国:《共同富裕的制度设计与安排》,载《马克思主义研究》2015 年第 9 期。

[4] 参见张翔:《“共同富裕”作为宪法社会主义原则的规范内涵》,载《法律科学(西北政法大学学报)》2021 年第 6 期。

[5] 参见刘旭雯:《新时代共同富裕的科学意蕴》,载《北京工业大学学报(社会科学版)》2022 年第 3 期。

[6] 参见王婷、苏兆霖:《中国特色社会主义共同富裕理论:演进脉络与发展创新》,载《政治经济学评论》2021 年第 6 期。

[7] 参见张翔:《“共同富裕”作为宪法社会主义原则的规范内涵》,载《法律科学(西北政法大学学报)》2021 年第 6 期。

[8] 参见陈锡文:《农村改革四十年的突破、成就和启示》,载《中国农业文摘-农业工程》2019 年第 2 期。

[9] 参见张占斌、吴正海:《共同富裕的发展逻辑、科学内涵与实践进路》,载《新疆师范大学学报(哲学社会科学版)》2022 年第 1 期。

性、差异性和动态性特征。[1]

(二)新时代的要求和挑战

我国尚处于社会主义初级阶段,收入差距、城乡差距、区域差距决定了共同富裕目标实现的长期性和艰巨性。[2] 当前,促进共同富裕面临多种问题,包括收入分配差距大、收入分配制度不完善,基本公共服务水平不高、发展不平衡,机会均等仍有待提高,健康水平及健康机会的公平性有待改善,精神文明与文化普惠发展还存在短板等。[3] 未来,还面临来自经济转型发展、人口老龄化、新型城镇化、技术进步、财富差距扩大、传统文化与现代文明和中西方文明冲突、社会诉求多元化和社会矛盾多样化、外部发展环境复杂化等多方面挑战。[4]

从乡村实践来看,共同富裕和乡村振兴的实现面临乡村治理层面的挑战,存在多种逻辑如党组织逻辑、国家逻辑、市场逻辑和公司逻辑,需要与原生宗族逻辑融合。[5] 全社会所有制结构中公有制经济较快下降、私有制经济大幅上升的根本性变化,是贫富分化的首因或根本原因。[6] 农民和农村既是共同富裕的重点,也是共同富裕的主要抓手,共同富裕的难点在于突出农业农村的优先发展、脱贫攻坚成

---

〔1〕 参见李瑞军、董晓辉、周长峰:《系统论视域下新时代共同富裕的思想意蕴和实现路径》,载《系统科学学报》2021 年第 2 期。

〔2〕 参见李培林等:《要点、重点与堵点:从脱贫攻坚到共同富裕》,载《探索与争鸣》2021 年第 11 期。

〔3〕 参见李实:《共同富裕的目标和实现路径选择》,载《经济研究》2021 年第 11 期;杨静、陆树程:《习近平共同富裕思想及其重大价值》,载《唯实(现代管理)》2018 年第 6 期。

〔4〕 参见张来明、李建伟:《促进共同富裕的内涵、战略目标与政策措施》,载《改革》2021 年第 9 期。

〔5〕 参见徐凤增、袭威、徐月华:《乡村走向共同富裕过程中的治理机制及其作用——一项双案例研究》,载《管理世界》2021 年第 12 期。

〔6〕 参见程恩富、张建刚:《坚持公有制经济为主体与促进共同富裕》,载《求是学刊》2013 年第 1 期。

果的巩固与拓展、新型城镇化对农民农村的带动与融合。[1]

共同富裕要求实现城乡融合发展，解决城乡发展不平衡的问题。[2] 乡村振兴战略是做好新时代“三农”工作的总抓手，[3]要以乡村振兴战略统领未来国家现代化进程中的农业农村发展。[4] 实施乡村振兴战略的重点包括推进“二十字总要求”和深化体制机制改革，难点包括打好乡村振兴攻坚战、强化人才支撑和投入保障机制，基点则是加强和改善党对“三农”工作的领导。[5] 乡村振兴战略的实现是一个长期过程，需要确立城乡统一的要素市场，创新振兴乡村产业，建立健全城乡统一的公共服务体系。[6] 农业现代化和农村现代化是实现乡村振兴的两大关键举措，需实现两者之间的有效连接、转换和相互支持。[7] 实现共同富裕还需要巩固和完善农村基本经营制度。[8]

三、促进农民农村共同富裕

习近平总书记的重要文章《扎实推动共同富裕》，强调共同富裕是社会主义的本质要求，是中国式现代化的重要特征，并把促进农民

[1] 参见黄祖辉、叶海键、胡伟斌：《推进共同富裕：重点、难题与破解》，载《中国人口科学》2021 年第 6 期。

[2] 参见韩文龙、祝顺莲：《地区间横向带动：实现共同富裕的重要途径——制度优势的体现与国家治理的现代化》，载《西部论坛》2020 年第 1 期。

[3] 参见韩俊、高云才等：《新时代乡村振兴的政策蓝图》，载《人民日报》2018 年 2 月 5 日，第 4 版。

[4] 参见叶兴庆：《农村改革的历史脉络与未来趋势》，载《经济日报》2018 年 11 月 8 日，第 14 版。

[5] 参见姜长云：《准确把握乡村振兴战略的内涵要义和规划精髓》，载《东岳论丛》2018 年第 10 期。

[6] 参见张海鹏、郜亮亮、闫坤：《乡村振兴战略思想的理论渊源、主要创新和实现路径》，载《中国农村经济》2018 年第 11 期。

[7] 参见王春光：《迈向共同富裕——农业农村现代化实践行动和路径的社会学思考》，载《社会学研究》2021 年第 2 期。

[8] 参见毛婷婷：《实现共同富裕是中国式现代化的重要特征》，载《江南论坛》2022 年第 8 期。

农村共同富裕作为重要任务目标。

(一)促进农民农村共同富裕的主体制度研究

建构促进农民农村共同富裕的主体制度,规范相关权利行使的主体,是农民农村共同富裕得以有效实现的逻辑起点,即农民农村共同富裕要得以有效实现,就必须借助于有效率的主体。

1. 农民个体可行能力

阿马蒂亚·森(Amartya Sen)提出“可行能力”这一概念,以能力和自由为衡量标准,体现出“以人为本”宗旨,对解决中国农民贫困、教育不公等问题不无启示。[1] 要彻底解决“三农”问题,必须从改善农民能力贫困状况,培育农民的自我发展能力或可行能力入手,[2]应将我国农民可行能力贫困问题纳入制度化、规则化、程序化的体系之中。[3] 随着城市经济发展,农村外出务工的劳动力比例逐年升高,促进了农村人力资源的开发,[4]应积极进行人力资本的投资与开发,从而实现增值并保持其连续性。[5] 富人村干部能够在资源输入欠缺的情况下“以私助公”,激活农村生产要素内生活力,从而带领农民致富、发展农村经济,[6]应建立先富农民传帮带后富的体制机制。[7]

---

〔1〕 参见胡道玖:《可行能力视野下的公共财政制度改革思路》,载《商业时代》2007年第33期。

〔2〕 参见李冰:《农村贫困治理:可行能力、内生动力与伦理支持》,载《齐鲁学刊》2019年第3期。

〔3〕 参见吴丽萍:《中国农民可行能力贫困研究——以阿马蒂亚·森可行能力理论为视角》,载《西安石油大学学报(社会科学版)》2015年第3期。

〔4〕 参见储节旺、刘秉玉:《乡村振兴战略背景下农村人力资源开发研究》,载《理论建设》2019年第6期。

〔5〕 参见刘汉辉:《经济增长、人力资本增值与人力资本的终身开发》,载《宏观经济研究》2009年第2期。

〔6〕 参见曾建霞、杨锦秀、廖开妍:《富人治村能实现“先富带动后富”吗?——基于四川省867个村庄的实证分析》,载《农林经济管理学报》2020年第6期。

〔7〕 参见杨勇、李士燃、杨春宇:《从精准扶贫到乡村振兴:逻辑与路径》,载《蚌埠学院学报》2019年第6期。

关于农民个体的已有研究从家户制、成员权、农民权利体系等角度切入,对农民农村相关主体理论进行深度剖析。家户制是中国社会本源型传统,其构成了现代社会发展的基础性制度,构成当下及未来农村发展的制度底色。[1] 农民权利目前仍有虚化和缺失,应予重构,实现由平等保护向倾斜保护转变,由身份概念向职业概念转换,由现实性权利向目标性权利迈进,针对生存型、保障型和发展型进行分类保护。[2] 成员集体所有是完善我国集体土地所有权制度的途径,也是保护农民权益的制度基础,应建立成员权制度。[3]

2. 农民的组织问题

农民组织化涉及组织农民和农民自组织,[4]需要改进农民自组织的外部约束条件和内部条件,规范其公共参与行为,[5]可以通过农民组织化发挥资本下乡的建设性作用。[6] 可以通过以公共性生长为核心促进农村传统组织现代转型。[7] 为实现村民组织的再组织化,要矫正现有村社组织,剔除其"异化"因素,使之变为社区居民的"自我"组织,增强社区自治组织的对话能力并使之与既有村社组织对接。[8] 实现村民组织的再组织,可以从村民自治组织与宗族合

---

[1] 参见徐勇:《中国家户制传统与农村发展道路——以俄国、印度的村社传统为参照》,载《中国社会科学》2013 年第 8 期。

[2] 参见赵万一:《中国农民权利的制度重构及其实现途径》,载《中国法学》2012 年第 3 期。

[3] 参见王利明、周友军:《论我国农村土地权利制度的完善》,载《中国法学》2012 年第 1 期。

[4] 参见李文杰、何炜:《农民自组织:涵义、缘起、类型、障碍及其发展路径》,载《山东农业大学学报(社会科学版)》2012 年第 1 期。

[5] 参见汪杰贵:《农民自组织公共参与行为失范与改进路径》,载《兰州学刊》2018 年第 7 期。

[6] 参见王海娟:《资本下乡与乡村振兴的路径——农民组织化视角》,载《贵州社会科学》2020 年第 6 期。

[7] 参见郑永君:《农村传统组织的公共性生长与村庄治理》,载《南京农业大学学报(社会科学版)》2017 年第 2 期。

[8] 参见邱国良:《多元与权威:农村社区转型与居民信任》,载《国家行政学院学报》2014 年第 6 期。

作制、与宗族彻底分离制两种路径出发。[1]

(1)再造集体经济组织。农村社会形成了“三位合一”的村社组织,还代表政府执行国家政策。[2] 在“政府干预”到“政府引导”的转变下,创新农村集体经济有效实现形式。[3] 农村集体经济组织演变可以划分为合作化运动时期、人民公社时期、家庭联产承包时期,[4] 以及土地流转以来的新时期。[5] 集体经济组织的发展由其特殊的动因和规模的效率决定,应厘清其与市场、政府的关系,针对性进行激励机制设计。[6] 乡村振兴的主体是组织起来的农民,组织农民的最重要制度基础是建立在农民集体土地制度之上的农民集体经济。[7] 要重视乡村集体经济组织与合作社的治理问题,[8] 可构建“土地经营—社情民意—治理组织”三重分析框架,[9] 重构农村集体经济组织股权结构和治理结构。[10]

---

〔1〕 参见赵文杰:《互动与互构:乡村社区记忆建构中的宗族与国家基层治理》,载《山西农业大学学报(社会科学版)》2020 年第 6 期。

〔2〕 参见王海娟:《资本下乡与乡村振兴的路径——农民组织化视角》,载《贵州社会科学》2020 年第 6 期。

〔3〕 参见郝亚光:《政府引导:农村集体经济有效实现形式的外部条件》,载《东岳论丛》2015 年第 3 期。

〔4〕 参见项贤国:《农村集体经济组织的历史变迁与改制前瞻研究》,载《河北北方学院学报(社会科学版)》2017 年第 4 期。

〔5〕 参见赵意焕:《中国农村集体经济 70 年的成就与经验》,载《毛泽东邓小平理论研究》2019 年第 7 期。

〔6〕 参见罗必良:《经济组织形成的原因:对企业性质的理解》,载《扬州大学学报(人文社会科学版)》2000 年第 1 期。

〔7〕 参见贺雪峰:《改革开放以来国家与农民关系的变迁》,载《南京农业大学学报(社会科学版)》2018 年第 6 期。

〔8〕 参见冀鹏:《传统城镇化向新型城镇化过渡期的农民组织化》,载《学术交流》2021 年第 6 期。

〔9〕 参见张树旺、谢小兰、杨秋婷:《乡村振兴战略实施背景下村民自治制度的完善路径与演进逻辑——基于 184 份政策文本的内容分析》,载《中国发展》2020 年第 5 期。

〔10〕 参见陆雷、赵黎:《从特殊到一般:中国农村集体经济现代化的省思与前瞻》,载《中国农村经济》2021 年第 12 期。

(2)创新农民专业合作组织、新型经营主体制度。当前农民合作的问题突出,如合作广度、深度及组织运行均有待完善,[1]传统的专业合作经济组织作用有限。[2] 要统筹推进专业合作社、村级集体经济组织、农业新型经营主体规范发展,[3]在此方面,日本集落营农组合对我国有启发意义。[4] 另外,国家对农民合作组织起主导作用,天然倾向国家扶持;政府应加强合作社立法建设、制定经济扶持政策、提供公共物品,避免微观介入。[5]

(3)完善村民自治组织。已有研究围绕共同富裕语境下的乡村治理,主要从城乡融合角度进行阐释。实现共同富裕首要的任务是在发展中促进社会流动,推动以农民为主体的社会转向以市民为主体的社会。[6] 我国已进入乡土变故土、告别过密化农业、乡村变故乡、城乡互动的"城乡中国",这有必要成为理解转型中国结构形态的一个重要范式。[7] 可以采用"制度—组织"的分析框架,[8]注重赋予农民民主协商的权利,通过制度赋权的方式让农民组织起来,应对公共物品供给过程中的结构性困境;[9]可以将治理单位下移,利用自然

---

[1] 参见吴重庆、张慧鹏:《以农民组织化重建乡村主体性:新时代乡村振兴的基础》,载《中国农业大学学报(社会科学版)》2018 年第 3 期。

[2] 参见王海娟:《资本下乡与乡村振兴的路径——农民组织化视角》,载《贵州社会科学》2020 年第 6 期。

[3] 参见贺雪峰:《农民组织化与再造村社集体》,载《开放时代》2019 年第 3 期。

[4] 参见刘余、沈金虎、周应恒:《农协改革下日本集落营农组合的发展与组织化功能定位》,载《农村经济》2021 年第 3 期。

[5] 参见苑鹏:《中国农村市场化进程中的农民合作组织研究》,载《中国社会科学》2001 年第 6 期。

[6] 参见刘尚希:《论促进共同富裕的社会体制基础》,载《行政管理改革》2021 年第 12 期。

[7] 参见刘守英、王一鸽:《从乡土中国到城乡中国——中国转型的乡村变迁视角》,载《管理世界》2018 年第 10 期。

[8] 参见甘颖:《组织化再造:基层组织能力提升的制度嵌入机制研究》,载《华中农业大学学报(社会科学版)》2022 年第 1 期。

[9] 参见晏俊杰:《传统小农的组织化形态及其当下启示——基于河村"办会"的历史考察》,载《广西大学学报(哲学社会科学版)》2017 年第 6 期。

村或者小组等社会行动单元组织农民实现自我管理与自我服务。[1] 多元共治是治理现代化的要义,也是管理与治理的主要区别所在。[2]

3. 主体结构分析

推动农业农村现代化发展,离不开各类经营主体的协同发展,应培育新型农业经营主体,健全农业社会化服务体系。[3] 我国对"小农户"的定义无统一的标准。[4] 小农户分化成兼业农户和专业农户,[5]规模大收入却非常低,对农业失去信心。[6] 家庭农场作为农业规模经营主体之一最早出现于2008年党的十七届三中全会报告中,其发展受到诸多限制,[7]出现佃农化问题。[8] 乡镇企业经历了"脱农""离村""回乡"的演变。[9] 工商资本下乡促进农业现代化和推动中国城市化进程,[10]但也带来了"小农挤出效应"、"公共利益损

---

〔1〕 参见吕德文:《找回群众:重塑基层治理》,载《云南行政学院学报》2017年第6期。

〔2〕 参见方帅:《村民自治重心下移的结构与困境》,载《求实》2020年第3期。

〔3〕 参见陈锡文:《落实乡村振兴战略,需要从三方面推进农业农村现代化》,载《中国果业信息》2018年第2期;李明贤、刘美伶:《社会化服务组织、现代技术采纳和小农户与现代农业衔接》,载《农业经济》2020年第10期。

〔4〕 参见陆福兴:《小农户社会化的依托是新型农业经营主体》,载《农村经营管理》2019年第6期。

〔5〕 参见赵佳、姜长云:《兼业小农抑或家庭农场——中国农业家庭经营组织变迁的路径选择》,载《农业经济问题》2015年第3期。

〔6〕 参见司明宇、金紫薇:《论中国小农户的前景与出路》,载《农业经济》2019年第9期。

〔7〕 参见赵佳、姜长云:《兼业小农抑或家庭农场——中国农业家庭经营组织变迁的路径选择》,载《农业经济问题》2015年第3期。

〔8〕 参见余晓洋、刘帅、郭庆海:《家庭农场佃农化:经营困境、形成机理与破解思路》,载《农村经济》2021年第5期。

〔9〕 参见庄晋财、尹金承、庄子悦:《改革开放以来乡村创业的演变轨迹及未来展望》,载《农业经济问题》2019年第7期;于正松等:《中国乡镇企业生产效率格局及重心轨迹演变》,载《经济地理》2019年第5期。

〔10〕 参见杨雪锋:《资本下乡:为农增利还是与农争利?——基于浙江嵊州S村调查》,载《公共行政评论》2017年第2期。

害”和“产业安全挑战”等负面影响,[1]从而难以有效阻止乡村人口、产业的外流。[2] 因此,应立足“农”的发展定位、突出“企”的发展主题、遵循“融”的发展路径,[3]投资适合产业化、规模化、集约化经营的农业领域。[4] 进入新的发展阶段,农业社会化服务的服务主体呈现多元化,[5]农业生产托管组织方式在实践中存在多种类型。[6]

(二)促进农民农村共同富裕的经营运作机制

促进农村农民共同富裕要靠高质量发展。高质量发展是全面建设社会主义现代化国家的首要任务,必须发挥市场配置资源的决定性作用,创新经营运作机制。

1. 农村基本经营体制的基础性地位

从概念内涵、集体成员获得的土地权能、农业经营的具体形态等维度来看,我国以农户家庭承包经营为基础、统分结合的双层经营体制经过40年发展得以形成,[7]并日趋完善。[8] 双层经营体制可基于统分关系将其发展分为五个阶段,即农民私有家庭经营、农民私有

---

〔1〕 参见涂圣伟:《工商资本下乡的适宜领域及其困境摆脱》,载《改革》2014年第9期;周敏、雷国平、李菁:《资本下乡、产权演化与农地流转冲突》,载《中国土地科学》2015年第8期。

〔2〕 参见张丙宣、任哲:《创新驱动内生发展的乡村振兴路径》,载《南通大学学报(社会科学版)》2020年第1期。

〔3〕 参见战振海、姜会明:《社会资本下乡助力乡村振兴的路径研究》,载《东北农业科学》2020年第6期。

〔4〕 参见彭超、张效榕:《乡村产业振兴中的市场主体发展及启示》,载《农村经营管理》2019年第8期。

〔5〕 参见张红宇、胡凌啸:《构建有中国特色的农业社会化服务体系》,载《行政管理改革》2021年第10期。

〔6〕 参见杜洪燕、陈俊红、李芸:《推动小农户与现代农业有机衔接的农业生产托管组织方式和利益联结机制》,载《农村经济》2021年第1期。

〔7〕 参见叶兴庆:《农村改革的历史脉络与未来趋势》,载《山西农经》2018年第21期。

〔8〕 参见蒋永穆、王运钊:《新中国成立70年来农村基本经营制度变迁及未来展望》,载《福建论坛(人文社会科学版)》2019年第9期。

合作经营、集体所有统一经营、家庭承包统分结合、家庭承包多层经营,[1]各个阶段的历史经验都值得总结。最重要的一条经验是,我国农村基本经营制度的演进变革紧紧围绕着追求共同富裕这一目标,巩固和完善农村基本经营制度是实施乡村振兴战略、实现共同富裕的必然要求。

农业现代化是国家现代化的重要构成,农业现代化进程直接关系中国特色社会主义现代化目标实现的进度和质量成色,[2]是迈向共同富裕的要求。由于我国农业发展的资源约束条件日益严峻,农业稳定发展和农民持续增收难度加大,迫切需要加快农业现代化进程,破解农业发展过程中的农业增效问题和阻碍农业可持续发展的农业生产结构、区域结构、品质结构、纵向结构等难题,[3]为农业增产、农民增收、农村繁荣注入强劲动力。[4] 农业现代化的路径,可以从新型农业经营主体、农村社会保障、农村文化教育、乡村治理模式、美丽乡村建设等着手,[5]其中,农村基本经营体制的坚持和发展是改革的出发点。

实施乡村振兴战略,必须巩固和完善农村基本经营制度,走共同富裕之路。新时期"三农"工作应坚持农村土地集体所有,坚持家庭经营基础性地位,[6]抓住"人""地""钱"等关键要素,统筹推进乡村"五位一体"建设,[7]促进规模农业、土地托管以及经营权流转、抵

---

[1] 参见周振、孔祥智:《新中国70年农业经营体制的历史变迁与政策启示》,载《管理世界》2019年第10期。

[2] 参见胡春华:《加快农业农村现代化》,载《农业工程技术》2020年第36期。

[3] 参见周洁红、黄祖辉:《农业现代化评论综述——内涵、标准与特性》,载《农业经济》2002年第11期。

[4] 参见陈锡文:《中国特色农业现代化的几个主要问题》,载《改革》2012年第10期。

[5] 参见孔祥智:《推进农业农村现代化　实现城乡融合发展》,载《智慧中国》2021年第5期。

[6] 参见崔友平:《新发展理念的主线脉络与实践要求》,载《人民论坛》2021年第7期。

[7] 参见廖彩荣、陈美球、姚树荣:《资本下乡参与乡村振兴:驱动机理、关键路径与风险防控——基于成都福洪实践的个案分析》,载《农林经济管理学报》2020年第3期。

押、贷款,不断拓宽农民增收渠道,不断丰富完善强农惠农富农政策体系,[1]实现共同富裕。

2. 农村集体资产经营与产权制度改革

集体经济是我国社会主义基本经济制度的重要组成部分。[2]要充分发挥这一社会主义制度的突出优势,确保更好更稳定地实现农村共同富裕的目标。[3] 在农村,只有通过组织化抱团发展,实行专业化、集约化、规模化、企业化的经营,才能真正向共同富裕的方向迈进。[4]

新中国成立后,毛泽东从具体国情出发,探索了一条先农业集体化,再到农业机械化和农村工业化,最终实现全体农民共同富裕的农村发展道路。[5] 实践发展说明它反映了我国农业经济发展的客观规律,符合农民切身利益,成为广大农民实现共同富裕的迫切要求。[6] 探索农村集体经济的多种有效实现形式以发展壮大农村集体经济,是实现农业规模经营,进而实现中国特色农业现代化和共同富裕的重大命题,是当前农村集体经济摆脱困境、加强基层政权经济基础的关键。[7]

---

[1] 参见宋洪远、金书秦、张灿强:《强化农业资源环境保护　推进农村生态文明建设》,载《湖南农业大学学报(社会科学版)》2016 年第 5 期。

[2] 参见魏宪朝:《改革开放 30 年的农村集体经济》,载《中国集体经济》2008 年第 27 期。

[3] 参见辛贤:《实现共同富裕最大的难点在农村　根本出路在发挥农村集体所有制优势》,载《农村工作通讯》2021 年第 18 期。

[4] 参见林光彬:《农村集体经济:发展历程与未来思路》,载《国家治理》2019 年第 31 期。

[5] 参见邓世平:《乡村振兴:习近平对毛泽东农村发展思想的继承与发展》,载《广西师范大学学报(哲学社会科学版)》2018 年第 3 期。

[6] 参见何干强:《农民实现共同富裕的必经之路——邓小平农业集体经济“两个飞跃”思想研究》,载《毛泽东邓小平理论研究》2014 年第 5 期。

[7] 参见朱有志、陈文胜:《中国特色农业现代化新型农村集体经济发展研究》,载《求索》2010 年第 1 期;王娜、胡联:《新时代农村集体经济的内在价值思考》,载《当代经济研究》2018 年第 10 期。

发展农村集体经济既要利用市场优化资源配置，更要防范资本对农民根本利益的侵蚀，[1]要从更新思想观念和引进人才、建立现代化管理体制、创新农村集体经济发展方式着手。[2]农村集体资产股份化就是在村经济合作社的基础上，按照股份合作制的原则，构建适应现代市场经济发展要求的新型合作经济组织与运行机制，[3]应该分为对农村集体资产股份化与对农村土地股份化两个层次。[4]集体经济组织成员资格界定、集体经济组织股份化改革后如何规范股权管理，以及改制后的集体经济组织如何发展，成为农村集体资产股份化改革所面临的重点和难点。[5]对此应加强法治建设，实现共同富裕。[6]

3. 双循环下要素流动与城乡融合发展

以国内大循环为主体、国内国际双循环相互促进的新发展格局，是根据我国发展阶段、水平、条件作出的战略决策，是事关全局的系统性深层次变革。[7]我国经历了从“偏向”型到“依附”型城乡关系，再到“互惠”型城乡经济循环新发展格局的转变。我国长期存在的城乡二元结构制约了生产力的发展，抑制了农村地区的消费潜力，导致城

---

[1] 参见朱有志、肖卫：《发展农村集体经济要深化“五个认识”》，载《毛泽东邓小平理论研究》2013年第2期。

[2] 参见李碧茹：《乡村振兴战略背景下我国农村集体经济发展存在的问题及对策》，载《乡村科技》2020年第33期。

[3] 参见黄红华：《股份合作制意义再探讨——农村集体资产股份合作制改革的三重意义》，载《毛泽东邓小平理论研究》2004年第9期。

[4] 参见卢向虎、张正河：《我国农村集体土地、资产股份化问题研究》，载《调研世界》2006年第11期。

[5] 参见钟桂荔：《当前农村集体经济的现状与改革路径——基于吴忠市盐池县20个村的调查》，载《华北电力大学学报（社会科学版）》2017年第4期；闵师、王晓兵等：《农村集体资产产权制度改革：进程、模式与挑战》，载《农业经济问题》2019年第5期。

[6] 参见段浩：《农村集体经营性资产股份制改革的法治进路》，载《法商研究》2019年第6期。

[7] 参见余林徽：《以城乡融合发展助力构建“双循环”新格局》，载《国家治理》2021年第31期。

乡差距较大。[1] 为此,我国需要秉持“城乡共存共荣”理念,深化“城乡一体化”“城乡融合”等理念,[2]逐步打通城乡要素自由流动制度性通道,[3]以区域融合发展带动城乡融合发展,积极推进城乡基础设施一体化建设,[4]激发城乡融合发展的创新产业模式,发挥企业主体作用,以第三产业联动一、二产业,发展创新型、都市型农业产业集群。[5]

第三节 乡村振兴、共同富裕与土地制度改革

乡村振兴、共同富裕和土地制度改革三者具有内在的体系性和逻辑性。乡村振兴不仅是共同富裕的子集,更是促进共同富裕的有效手段;而土地制度改革则是乡村振兴战略实施的突破口,二者具有一定的耦合性;共同富裕的实现则需要着重解决农业农村发展不充分的问题,而其解决又离不开土地产权制度的创新和实现。

一、乡村振兴与土地制度改革

如何在促进农民农村共同富裕视域下制度化回应乡村振兴战略实施的体制保障需求,土地制度改革是核心和关键,二者存在一定的耦合。

---

〔1〕 参见吴振方、李萍:《畅通城乡经济循环:生成逻辑、现实梗阻与实现路径》,载《农村经济》2021 年第 10 期。

〔2〕 参见江红霞、王赞新:《构建国内国际双循环相互促进的新发展格局——基于经济理论史和改革开放史的考察分析》,载《湖南社会科学》2021 年第 2 期。

〔3〕 参见高强、曾恒源:《“十四五”时期农业农村现代化的战略重点与政策取向》,载《中州学刊》2020 年第 12 期。

〔4〕 参见李兰冰、刘秉镰:《“十四五”时期中国区域经济发展的重大问题展望》,载《管理世界》2020 年第 5 期。

〔5〕 参见李实、陈基平、滕阳川:《共同富裕路上的乡村振兴:问题、挑战与建议》,载《兰州大学学报(社会科学版)》2021 年第 3 期。

(一)土地制度改革是乡村振兴战略实施的突破口

土地制度作为农业、农民和乡村三者的共通连接点,使得三者在逻辑和实践上构成一个共同体。具体表现在:首先,土地制度改革激发了农民参与乡村振兴战略实施的积极性。其次,土地制度改革强化了农民在乡村振兴战略中的主体性。最后,土地制度改革拓宽了乡村振兴战略实施的路径。[1]

土地制度改革作为实施乡村振兴战略突破口的具体内容,应主要包括以下几点:一是适应农业转型的农地权利和经营体系重构,构建促进农村产业兴旺的政策体系;二是乡村振兴与宅基地制度改革,完善乡村宜居空间规划和建设政策体系;三是将集体经营性建设用地自由平等入市以兴业富农,将集体公益性建设用地纳入法治轨道以保障安农;四是坚持和完善集体所有权制度,夯实乡村治理的法权基础;五是激发农民作为耕地保护主体的内生动力,赓续农耕文明;六是创新完善乡村振兴政策法律的实施机制和保障制度。

(二)乡村振兴战略背景下土地制度改革的机遇和挑战

乡村振兴战略的总体要求就是坚持农业农村优先发展,按照“二十字总要求”,推动城乡融合发展,畅通城乡要素流动,推进中国式农业农村现代化。要实现这些要求和目标,必须引导和推动更多的资本、技术、人才等要素向农村流动,而土地制度改革正好覆盖这三个要素并主要落实在农村。因此,在推动乡村振兴战略这个国家战略的大背景之下,土地制度改革必将得到进一步的深化,迎来更多的发展机遇。首先,土地制度改革在农业农村事业中的重要性将得以加强。其次,土地制度改革实践在前期已经取得的成绩,获得广大农民的认同,得以巩固。在以实施乡村振兴战略为方向的新时代,土地制度改革可抓住这一时代机遇,进一步释放土地红利,将改革成果更广更深地惠及农民。

---

〔1〕 参见张翔:《土地制度改革:乡村振兴的突破口》,载《人民论坛》2019 年第 6 期。

面对乡村振兴这一历史机遇，面对乡村振兴过程中出现的新业态、新主体和农村发展的新模式，以及农村"沉睡的资产"即将逐步盘活等新形势，土地制度改革在抓住机遇的同时，其改革成效也要接受乡村振兴这一试金石的检验。[1] 如何以土地制度改革助推乡村振兴战略的实施，是土地制度改革面临的新考题和新挑战。首先，从总体要求来看，乡村振兴战略的指导思想、目标任务、基本原则是新时期的"最高音"和"最强音"，而土地制度改革措施的设计初衷和要求因时代的不同而有所区别，如何积极调整土地制度改革路径，使其更符合乡村振兴战略的部署要求，是一项挑战。其次，乡村振兴战略既有经济建设的要求，又有政治建设的要求，既要城乡一体、融合发展，又要提高民生保障、塑造美丽乡村，还要统筹与巩固脱贫攻坚成果的有效衔接，保障工作机制和政策体系的平稳过渡和循序渐进，提升农业发展质量、培育乡村发展新动能等。但土地制度的局限性也是不可忽视的，要想在新时期新形势下使土地制度改革作用得以最大限度发挥，改革成果得以普遍惠及，须服从或服务于乡村振兴战略之大局，更新发展观念，确保与乡村振兴战略相向而行，融合发展。

二、共同富裕与土地制度改革

新时代应进一步深化土地制度改革，以土地经营权、宅基地使用权、集体建设用地使用权为主要类型，以生态、文化资源为新类型，以集体所有权为连接的农民与集体关系为具体支撑，设计面向法治化的促进农民农村共同富裕的土地产权机制。

（一）共同富裕与土地产权及其制度体系

产权就是财产权，[2] 既是一束权利，也是一组社会关系。[3]

---

〔1〕 参见夏柱智：《乡村振兴背景下的农村土地制度改革——以对土地增减挂钩的反思为切入点》，载《贵州大学学报（社会科学版）》2018 年第 3 期。

〔2〕 参见王洪平：《农村集体产权制度改革的"物权法底线"》，载《苏州大学学报（哲学社会科学版）》2019 年第 1 期。

〔3〕 参见高强、孔祥智：《新中国 70 年的农村产权制度：演进脉络与改革思路》，载《理论探索》2019 年第 6 期。

“富裕”在“共同富裕”中反映了社会对财富的拥有，是社会生产力发展水平的集中体现。[1] 产权在农村集体经济中涉及的问题最广泛、最复杂，主要包括农村土地的产权、农村集体资产的产权、农村集体经济组织成员权、农民个体收益权等。[2] 财产权是公民的基本权利，农民的财产权利主要包括土地承包经营权、土地经营权、宅基地使用权和集体收益分配权，各类权利的享有情况不同。[3] 土地制度在保护产权人权利和制订土地利用规划等方面存在不少问题，市场配置资源的机制只能在依规划而分类的土地市场中才能起决定性作用，要正确理解“赋予农民更多财产权利”[4]。新时代农村产权制度必须坚持土地集体所有和土地承包经营；[5]稳步推进农村集体产权制度改革，对于探索农村集体所有制有效实现形式，创新农村集体经济运行机制，增加农民财产性收入具有深远意义。[6]

关于土地产权制度体系。社会主义政治权力应当立足于解放生产力、发展生产力，致力解决人民群众实际生活问题。[7] 一是产权的赋予。这决定了土地所有制必然是公有制。[8] 二是产权的享有。这是土地产权制度的核心设置，[9]需用物权化的方式保护土地要素

---

[1] 参见王泽应：《共同富裕的伦理内涵及实现路径》，载《齐鲁学刊》2015 年第 2 期。

[2] 参见赵德起、沈秋彤：《我国农村集体经济“产权—市场化—规模化—现代化”发展机制及实现路径》，载《经济学家》2021 年第 3 期。

[3] 参见孔祥智、刘同山：《赋予农民更多财产权利：必要性、内涵与推进策略》，载《教学与研究》2014 年第 1 期。

[4] 陈锡文：《土地制度改革的三个关键问题》，载《学习月刊》2014 年第 15 期。

[5] 参见孟勤国：《论新时代农村土地产权制度》，载《甘肃政法学院学报》2018 年第 1 期。

[6] 参见房绍坤、任怡多：《论农村集体产权制度改革中的集体股：存废之争与现实路径》，载《苏州大学学报(哲学社会科学版)》2021 年第 2 期。

[7] 参见宋德孝、王桂枝：《中国共产党百年思想建设的历史进程、基本经验及当代价值》，载《江苏大学学报(社会科学版)》2022 年第 1 期。

[8] 参见钟晓萍、于晓华、唐忠：《地权的阶级属性与农地“三权分置”：一个制度演化的分析框架》，载《农业经济问题》2020 年第 7 期。

[9] 参见吴昭军：《农村集体经济组织“代表集体行使所有权”的法权关系界定》，载《农业经济问题》2019 年第 7 期。

流转,[1]也应承认农村集体经济组织对土地所有权的独立地位,这体现集体成员对农村集体经济组织行为的直接控制。[2] 三是产权的回归。要实现共同富裕,就要求产权制度改革从理论走向实践。[3]“三权分置”保障农民土地产权,盘活土地资源要素,[4]对于不同的土地实行不同的管制制度并加以细化,[5]要通过充实集体产权和农民对集体土地的成员权发展新型农村集体经济。[6]

包括农地在内的土地制度是农村社会经济发展的基本制度支撑,而土地产权制度则是土地制度之核心。[7] 农民的财产性收入是农民收入增长中极具潜力的部分,但增加农民财产性收入面临着资源禀赋、制度安排等多方面的制约,其中制度性制约又是主要因素。[8] 要厘清土地权利与农民利益和资源配置效率的关系问题,应深入土地制度运作的具体语境和处境中,认真理解土地权利的内在逻辑。[9] 当前,农民土地财产权益的保障仍然受困于农地使用权频繁变动、农地财产征用中补偿偏低、社保等公共产品缺失,严重影响土地财产性收入。[10]

---

〔1〕 参见黄健雄、郭泽喆:《“三权分置”改革回顾、研究综述及立法展望——以农村集体土地权利体系的分层解构为视角》,载《农业经济问题》2020 年第 5 期。

〔2〕 参见宋志红:《论农村集体经济组织的本质内涵》,载《团结》2021 年第 5 期。

〔3〕 参见郑振源、蔡继明:《城乡融合发展的制度保障:集体土地与国有土地同权》,载《中国农村经济》2019 年第 11 期。

〔4〕 参见朱继胜:《落实集体土地所有权:〈农村土地承包法〉检讨与改进》,载《河北法学》2021 年第 11 期。

〔5〕 参见高圣平:《农村土地承包法修改后的承包地法权配置》,载《社会科学文摘》2020 年第 1 期。

〔6〕 参见侯银萍:《农地“三权分置”改革对共同富裕的制度保障》,载《中国特色社会主义研究》2021 年第 5 期。

〔7〕 参见叶剑平、田晨光:《转型深化期中国农村土地产权结构考察与思考——基于 2005 年和 2011 年中国 17 省调查的实证分析》,载《财经科学》2012 年第 9 期。

〔8〕 参见何绍周、彭博、马也:《农民财产性收入增长面临的制度性约束——基于市场和法治的视角》,载《农业技术经济》2012 年第 6 期。

〔9〕 参见贺雪峰:《为什么说中国土地制度是全世界最先进的——答黄小虎先生》,载《湖南科技大学学报(社会科学版)》2018 年第 3 期。

〔10〕 参见李永安:《乡村振兴战略须破解“持续高度关注”与“长期问题严峻”的“三农”悖论——基于“三农”支持政策碎片化的反思》,载《学术交流》2019 年第 2 期。

土地财产权转让是增加农民土地财产性收入的重要渠道,但存在制度障碍。[1] 构建有利于完善初次分配的要素市场化机制,能为实现共同富裕创造基础条件。[2]

(二)共同富裕目标下土地产权的实现机制

"治国之道,富民为始。"促进共同富裕,最艰巨、最繁重的任务仍然在农村。[3] 当前,农村的主要矛盾已不是农民生存问题,而是集体所有权、家庭承包权和经营主体的经营权之间的关系问题,[4] 以及使农村原先难以流动的生产要素真正流动起来,进行有效配置。[5] 我国农民集体资产主要有三类:一是具有高度"市场性"的经营性资产,二是具有高度"社区性"的资源性资产,三是具有高度"国家性"的公益性资产。[6] 应对不同类型资产采取具有针对性的农村集体产权制度改革方案。[7] 我国大部分农村集体经济组织的经济基础薄弱,而以资本混合的农村混合所有制经济的优势明显。[8] 各地凭借各自的区位、资源、人才等地区条件对壮大集体经济进行了不同的探

---

〔1〕 参见刘国臻、周翔:《论增加农民土地财产性收入的制度障碍与克服》,载《法学评论》2014 年第 5 期。

〔2〕 参见曾铮:《共同富裕过程中,政府和市场能做什么?》,载《经营管理者》2021 年第 9 期。

〔3〕 参见孙长学、刘晓萍:《坚持共同富裕导向　推进城乡融合发展》,载《宏观经济管理》2021 年第 11 期。

〔4〕 参见何朝银:《不利于新时代中国农业现代化的土地问题探析》,载《毛泽东邓小平理论研究》2021 年第 3 期。

〔5〕 参见王春光:《迈向共同富裕——农业农村现代化实践行动和路径的社会学思考》,载《社会学研究》2021 年第 2 期;王俊超:《农村集体资产确权到户的法律路径设计》,载《农村经济》2020 年第 11 期。

〔6〕 参见陈涛:《复合产权的"裂变":农村集体产权改革的权力配置效应——以 T 省三种集体产权改革路径为例》,载《农村经济》2021 年第 3 期。

〔7〕 参见刘同山、陈晓萱:《农村集体产权制度改革:总体目标、阶段进展与后续挑战》,载《中州学刊》2020 年第 11 期。

〔8〕 参见赵翠萍、王瑾瑜:《农村混合所有制的多元探索:实施、障碍与建议》,载《中州学刊》2020 年第 11 期。

索,形成了姜堰模式、永联模式、吴中模式和江宁模式等。[1] 未来的改革路径,一是适应农村新型合作化的发展要求,拓展农地权能合作;二是完善农地承包权退出机制,提高农村人均耕地资源占有量;三是改革农村土地集体所有制的封闭属性,构筑城乡要素双向流通机制。[2]

明确产权实现的根本目的在于增加农民收入,土地产权实现机制是农民农村共同富裕的必经之路。解决“三农”问题,破除城乡二元结构,应通过产权的有效分割和清晰界定,赋予农民包括排他的使用权、独享的收益权和自由的转让权在内的更加完整的土地权利。[3] 农民增收越来越受到国民经济和全球一体化发展的深刻影响,应深化农村土地制度、农业经营制度、人力资本创新和农村产权制度等改革;完善农业投入、农产品价格、农业补贴、农村金融、农业保险以及城镇化等政策。[4] 为了增加农民财产性收入,应赋予农民公平分享土地增值收益的权利。[5] 土地经营权流转能促进农民收入进一步增长,它的推广可能是促进我国农民收入增长和完善农地制度的新途径。[6] 农民收益的高低与其获得的财产权利强弱紧密相关,在确权基础上进行集体土地流转可以提高农民财产性收入,让农民以土地权利参与工业化可以增加其收益,统筹城乡发展。[7] 政策的具体落实

---

[1] 参见高强:《农村集体经济发展的历史方位、典型模式与路径辨析》,载《经济纵横》2020 年第 7 期。

[2] 参见楚德江、张玥:《为了共同富裕的目标:中国共产党农村土地政策的百年探索与展望》,载《理论月刊》2021 年第 10 期。

[3] 参见韩俊:《赋予农民更加完整的土地财产权》,载《文史博览(理论)》2013 年第 6 期。

[4] 参见张红宇:《新常态下的农民收入问题》,载《农业经济问题》2015 年第 5 期。

[5] 参见叶兴庆:《实施好乡村振兴战略的原则与抓手》,载《农村工作通讯》2018 年第 7 期。

[6] 参见冒佩华、徐骥:《农地制度、土地经营权流转与农民收入增长》,载《管理世界》2015 年第 5 期。

[7] 参见蒋省三、刘守英:《让农民以土地权利参与工业化——解读南海模式》,载《政策》2003 年第 7 期。

需要综合的配套措施,需要进一步协调中央政府与地方政府之间、政府与农民之间的利益关系。[1] 加快社会公共产品城乡一体化进程,赋予农民更加自由的迁徙权和平等享有基本公共服务的权利,实现传统土地保障向社会保障的转型,夯实农民自主自由创业创富的基础。[2]

三、土地法制改革及其展望

乡村振兴战略的顺利实施,迫切要求土地制度改革跟进,需要在法治框架下进行。未来土地法制改革,应在已有经验的基础上,面向乡村振兴解决乡村发展不平衡不充分的问题。

(一)土地制度改革需要法治保障

党的十八届四中全会提出必须全面推进依法治国。全面推进依法治国意味着农村土地改革与治理应在法治的轨道内进行,需要在"法治改革观"导向下形成"试点先行,适时立法"的特色路径模式,对农村土地改革进行适时立法或修法,实现法律对实践的积极回应并降低政策的不稳定性,对展开的试点依据法律程序获得法律授权,取得在形式上的合法性,凸显农村土地治理与改革中法治的应有之义。

中国的改革肇始于农村,法律法规虽规范着农村土地问题,但在更多情况下政策仍是被依赖的重要因素。[3] 实现农村依"法"治地,首先要反思我国主要依靠政策来推动农村各项土地制度形成发展的传统路径,在论证法律与政策、法治与改革关系的基础上,形成我国农村依"法"治地的特色路径。[4] 农村依法治地路径模式应"从政策博

---

〔1〕 参见张晓山:《推动城乡融合发展　促进乡村全面振兴——学习〈乡村振兴促进法〉》,载《农业经济问题》2021 年第 11 期。

〔2〕 参见温锐、李永安:《十六大以来农民土地财产权益保障改革的进程与展望》,载《中共党史研究》2012 年第 7 期。

〔3〕 参见齐恩平:《我国农村土地政策的历史演进与比较分析》,载《天津师范大学学报(社会科学版)》2014 年第 1 期。

〔4〕 参见唐欣瑜、梁亚荣:《土地政策与法律治理:我国农村依法治地路径模式博弈》,载《广西社会科学》2017 年第 9 期。

弈转向立法博弈”,这种新的路径模式较之过去,最为关键的区别在于改革是不是一个运用政策去寻找正当规则的过程。具体到当下的土地制度改革,虽然各地都在创新探索改革的各种方式做法,但无论怎么改,农村集体土地制度不容动摇。农村集体土地制度是农村集体经济组织制度、基本经营制度、村民自治制度等基本制度的依托,因此立法保障深化农村土地制度改革,要为保证农村集体土地所有制的旺盛生命力保驾护航,而通过授权试点让土地制度改革探索也应符合法治要求。〔1〕

此外,要充分发挥立法在乡村振兴中的保障和推动作用,保证改革的方向不动摇、改革的目标不落空。一方面,立法需要及时修改、废止与改革目标不相适应的法律法规,推动乡村要素自由流动,把农民从土地上解放出来进一步激发其创造活力。另一方面,立法也需要提前排除改革过程中可能遭遇的问题,如防止非法改变土地用途甚至通过炒作、买卖土地来谋取利益,在规模经营后保证农地不流失、不污染、不破坏,更好地保护耕地等。

(二)土地制度改革的动因、进展与成效

1. 土地制度改革的动因

改革开放以来,我国土地制度经历了确立、完善和深化三个阶段。〔2〕在这个过程中,我国社会主要矛盾也发生了变化,由人民日益增长的物质文化需要同落后的社会生产之间的矛盾,转化为人民日益增长的美好生活需要和不平衡不充分的发展之间的矛盾。这一主要矛盾的变化,对我国土地制度的发展也提出了新的要求。土地制度要因应新时代社会主要矛盾的变化,作出相应的调整,以解决人民日益

---

〔1〕 参见宋志红:《农村土地“三权分置”改革:风险防范与法治保障》,载《经济研究参考》2015 年第 24 期。

〔2〕 三个阶段具体指:一是改革开放之初至 20 世纪 80 年代中后期,走出一条独具中国特色的农村土地制度创新之路。二是 20 世纪 90 年代初至 21 世纪初,农村基本经营制度得以巩固和完善。三是党的十八大以来,确立农村改革“四梁八柱”的框架。

增长的美好生活需要和不平衡不充分的发展之间的矛盾,包括解决人民对生态宜居、乡风文明、治理有效等的需求和最为突出的乡村发展不平衡不充分问题。除此之外,由于中国城市和乡村发展的巨大鸿沟,土地制度长期处于城乡二元分割状态,内在缺陷不断显现,与城乡融合发展和经济快速增长的社会现实不协调之处也越发明显,这些一并成为土地制度改革的动因。

2. 承包地"三权分置"的进展与成效

自党的十八大以来,新一届党中央和政府已加大了农村土地制度改革的步伐,作出了一系列重要部署,改革措施密集出台:2014 年中共中央办公厅、国务院办公厅印发《关于引导农村土地经营权有序流转发展农业适度规模经营的意见》,原农业部(现为农业农村部)、中央农办、原国家林业局出台《积极发展农民股份合作赋予农民对集体资产股份权能改革试点方案》。前者正式提出农村土地"三权分置",定调了农业用地经营制度的改革方向;后者则鉴于集体所有权在集体资产中的重要地位,为完善集体土地所有权制度提供了有益探索。2015 年国务院出台《关于开展农村承包土地的经营权和农民住房财产权抵押贷款试点的指导意见》,为稳妥有序开展农村承包土地(指耕地)的经营权和农民住房财产权抵押贷款业务提供了政策规范。在经过 3 年试点、一次延期之后,该抵押贷款试点至 2018 年年底期限届满,且不再延期,该抵押贷款试点取得了一定成效。当前,承包地"三权分置"和农村承包土地经营权抵押贷款问题都已被写入 2018 年修正的《农村土地承包法》中。相比之下,农民住房财产权抵押贷款问题更为复杂,全面推开还有赖于宅基地改革的深化和突破。[1]

3. "三块地"改革的进展与成效

2015 年中共中央办公厅、国务院办公厅联合印发《关于农村土地

---

[1] 参见国务院《关于全国农村承包土地的经营权和农民住房财产权抵押贷款试点情况的总结报告》,载中国人大网,http://www.npc.gov.cn/zgrdw/npc/xinwen/2018-12/23/content_2067610.htm。

征收、集体经营性建设用地入市、宅基地制度改革试点工作的意见》,标志着"三块地"改革正式拉开序幕。2017年中央一号文件提出统筹推进农村各项改革后,征地制度和集体经营性建设用地入市改革推广到33个县。2017年"三块地"改革具有推进层次更高、改革底线明确、强调依法稳步推进的特点。〔1〕各试点地区认真落实党中央、国务院决策部署,坚持问题导向,因地制宜,解放思想,大胆探索,坚持顶层设计与基层探索的良性互动,加强统筹协调,形成了一批可复制、可推广、利修法的制度创新成果。〔2〕同时,"三块地"改革也提升了农村土地利用和治理水平,如多个试点地区建立了村民事务理事会,通过集体讨论、集体决策、集体执行,激发了农民自主管理农村土地的主动性和责任心。2019年修正的《土地管理法》及其实施条例对试点经验进行了一定的立法转化,但是整体上仍显不足,特别是宅基地制度。正因如此,2020年6月,中央全面深化改革委员会第十四次会议通过了《深化农村宅基地制度改革试点方案》;同年10月,中央农村工作领导小组办公室、农业农村部批复全国104个县(市、区)和3个设区市为新一轮农村宅基地制度改革试点地区,着重从完善宅基地集体所有权行使机制在内的九个方面探索。

(三)土地法制改革的方向和任务

土地制度是我国政治经济制度的基础性安排,〔3〕是中国特色社会主义制度的重要组成部分,〔4〕是主宰中国社会兴起与衰败、和谐

〔1〕 参见宋志红:《中国农村土地制度改革研究:思路、难点与制度建设》,中国人民大学出版社2017年版,第4-5页。

〔2〕 如浙江省德清县已入市集体经营性建设用地183宗,1347亩,农村集体经济组织和农民获得净收益2.7亿元,惠及农民18万余人,覆盖面达65%。

〔3〕 参见刘守英:《土地制度与中国发展》,中国人民大学出版社2018年版,第3页。

〔4〕 参见宋志红:《中国农村土地制度改革研究:思路、难点与制度建设》,中国人民大学出版社2017年版,第1页。

与冲突的首要逻辑。[1] 新中国成立以来，城乡土地制度经历多次变革，经过长期的实践探索，“逐步形成了以公有制为基础，以保护耕地和节约用地为主线，以产权保护、用途管制和市场配置为主要内容的中国特色土地制度”[2]，奠定了土地法制改革的根基。

1. 坚持和完善集体土地所有制。集体土地所有制、所有权塑造了乡村的基本风貌，是最大的制度背景，是乡村治理的制度基础，是乡村自治的载体，是组织村民、农民的纽带。实施乡村振兴战略需要坚持集体土地所有制，要求充实集体土地所有权，还要求再造集体土地所有权主体，建立成员权制度。

2. 完整落实农村基本经营制度。农是底色，是基础，无农不稳，无农也就无所谓农村乡村，更谈不上振兴。基本经营制度是关键，是乡村稳定的制度基础，既要坚持又要完善。巩固和完善农村基本经营制度，继续完善承包地“三权分置”制度。保持土地承包关系稳定并长久不变，细化第二轮土地承包到期后再延长 30 年规则。构建现代农业产业体系、生产体系、经营体系，完善农业支持保护制度，发展多种形式适度规模经营，培育新型农业经营主体，健全农业社会化服务体系，实现小农户和现代农业发展有机衔接。

3. 稳妥推进农村宅基地制度改革。毋庸置疑，仅仅依靠农业是无法实现乡村振兴，既要完善宅基地制度，增加农民财产性收入，打造生态宜居现代乡村，又要建立城乡融合、一体化的土地制度，建立集体公益性建设用地制度，完善集体经营性建设用地向宅基地转化的制度。探索显化宅基地的财产功能的制度路径，增加宅基地的权能，拓宽宅基地的用途。健全宅基地的取得特别是消灭制度，积极开展规划整治，解决“空心村”等土地无效低效利用问题。

---

〔1〕 参见胡穗：《中国共产党农村土地政策的演进》，中国社会科学出版社 2007 年版，第 2 页。

〔2〕 参见陈利根、龙开胜：《新中国 70 年城乡土地制度演进逻辑、经验及改革建议》，载《南京农业大学学报（社会科学版）》2019 年第 4 期。

4. 全面推进集体建设用地制度改革。公益性建设用地担负着为公共事业、公共设施供应土地的重任,是维持、发展生产,改善生活环境和提高生活品质的重要物质基础。集体经营性建设用地将为兴旺产业、经济腾飞提供不竭动力,需要深化改革、科学设计相关制度,实现土地的集约高效利用,促进农村一、二、三产业融合发展,支持和鼓励农民就业创业,拓宽增收渠道。

5. 系统推进耕地保护和城乡土地利用规划。首先,耕地保护法治化要以回应和服务乡村振兴战略为基本要求。法治化思路有多种:一是从社会主义法治的主要环节如科学立法、严格执法、公正司法、全民守法展开;二是以法律部门为视角,从私法、公法,公私法合作的角度展开;三是根据法律关系理论,从法律关系的主体角度展开。其次,土地制度改革有序推进,必须强化城乡规划、土地利用规划、环境保护、林地与耕地保护、水资源、文化与生态旅游资源、综合交通、社会事业规划等各类规划的衔接,以实现优化空间布局、有效配置土地资源、提高国土空间规划水平和治理能力。

总而言之,今后土地法制改革应当以乡村振兴战略的实施为基本遵循,服务和服从于乡村振兴的大局,尊重中国乡村的实际和发展规律,按照“二十字总要求”,走中国特色社会主义乡村振兴道路。

第二章　坚持和完善集体土地所有权,固本强基

无论是从党的十九大报告中还是从 2018 年以后历年中央一号文件中都可以看出,党和国家高度重视集体在落实乡村振兴战略中的主体作用。坚持和完善集体所有权,是保持农村土地产权关系基本面不变、保障农村社会结构稳定的基本要求。由集体对集体事务进行管理时的意思表示形成过程,也是组织实践基层民主的过程,与中央“深化村民自治实践”的要求深度契合。[1] 因此,从有利于农村经济发展、农民安居乐业、农村长治久安的角度来讲,落实集体土地所有权,亦亟须在学术研究和立法上予以认真对待。

第一节　坚持和完善集体土地所有权的法理阐释

所有权的实质,是指由谁享有所有权,以及所有权的享有和行使体现谁的意志,实现谁的利益等根本性问题,就是所有权人以对财产

---

〔1〕 参见陈小君:《宅基地使用权的制度困局与破解之维》,载《法学研究》2019 年第 3 期。

的实际支配,使财产保值、增值,实现享有所有权的目的。[1]

一、集体所有制及其法权表达

集体所有制实现的法权制度就是集体所有权,集体所有权在本质上是集体成员的共同所有权。发展集体所有制,就必须确立集体所有权,在集体所有权基础上,采取多种形式的集体所有制实现的经营形式。[2]

(一)集体所有制理论与中国实践

1. 集体所有制的起源与发展

集体所有制起源于人类文明低级形态的原始氏族和部落共同体所有制,也必将在人类最高文明形态的共产主义社会中获得最高形式的发展,这个过程是从低级向高级、从被动向主动、从受物质制约到走向必然王国的过程,最高形态的集体所有制是全体社会成员公有制。"未来共产主义社会的集体所有制则是在生产力高度发达的基础上,在人的素质全面提高和发展的基础上,经过无产阶级的社会革命,消灭短缺的基础上建立的。"[3]因为"每个单个的人只有作为共同体的一个肢体,作为这个共同体的成员,才能把自己看作是所有者或占有者"[4],这不仅需要高度发达的生产力为这种所有制形态提供摆脱物质束缚的客观条件,也需要集体成员素质的全面和高度提升为这种社会形态提供主观条件,只有在主观和客观条件都完全具备的前提下,才能够真正"在协作和对土地及靠劳动本身生产的生产资料的共

---

〔1〕 参见韩松:《农民集体所有权的实现机制》,载《法律科学(西北政法学院学报)》1994年第5期。

〔2〕 参见韩松、廉高颇:《论集体所有权与集体所有制实现的经营形式——从所有制的制度实现与经营实现的区分认识集体所有权的必要性》,载《甘肃政法学院学报》2006年第1期。

〔3〕 韩松:《集体所有制、集体所有权及其实现的企业形式》,法律出版社2009年版,第3页。

〔4〕 《马克思恩格斯全集》(第46卷)(上册),人民出版社1979年版,第472页。

同占有的基础上,重新建立个人所有制"[1]。当然这里的"个人"是个体抽象出的个人,是个人联合起来的个人,在我国的表现形式就是成员所构成的集体或国民所构成的国家,"个人所有制"当然也就是指作为"小公"的集体所有制和作为"大公"的国家所有制。[2] 此外,这里的"个人所有制"主要强调"个人"对生产资料的占有形式,而将生活资料的占有关系排除在外。

2. 集体所有制与个人私有制

"无产阶级将以政府的身份采取措施,一开始就应当促进土地私有制向集体所有制过渡,让农民自己通过经济的道路来实现这种过渡"[3],可见我国社会主义改造以来的土地私有制向集体所有制的过渡,以及之后经营体制的不断创新和发展,都具有深厚的马克思主义理论基础,这也是当下党和国家通过法律和政策引领农村土地制度改革的理论渊源所在。但是集体所有制并不排斥个人私有制,甚至内含了私有制的某些利益因素,比如,集体所有制自身通过扩大再生产,源源不断地创造物质财富,并通过分配和交换关系将生活资料等物质转换为集体成员的个人私有财产,以使集体成员摆脱物质束缚和实现自由解放。集体所有制的实现也离不开个人私有制的发展,当下从集体所有权分解出的土地承包经营权等用益物权都是集体成员的个人财产权,其对应的所有制形式就是个人私有制,而此类个人私有制的实现和发展正是集体所有制的实现和发展。所以,在社会主义初级阶段集体所有制和个人所有制是辩证统一的,而不是对立冲突的。

3. 集体所有制理论的中国实践

集体所有制理论是发展的、变动的,其形式和外延随着各个国家甚至同一国家不同时期的实践和经济社会条件而不断发生改变,但是

---

[1] 《马克思恩格斯选集》(第23卷),人民出版社1972年版,第823页。

[2] 参见王洪平:《农民集体与集体经济组织的法律地位和主体性关系》,载《法学论坛》2021年第5期。

[3] 《马克思恩格斯选集》(第2卷),人民出版社1972年版,第635页。

始终具有稳定的内涵和价值目标，即以个人的联合为主体、以生产资料公有为基础、同经济生活相联系，实现人的全面发展和生产力提升是其孜孜以求的价值目标。斯大林提出的二元公有制结构是我国社会主义集体所有制的理论来源。20 世纪 50 年代社会主义改造通过合作化的方式将农民私有的土地转变为集体所有的土地，实现了我国农村土地私有制向集体所有制的转变。这个过程经历了高级社集体所有制、初期的单一公社所有制到"三级所有，队为基础"的人民公社集体所有制的转变。从这个转变的过程中可以看出，党和国家对集体所有制主体范围的认识并不是十分清晰。"集体"虽然因集体所有制这一概念获得了政治经济学含义，但在此之前"集体"就应当具有相当的社会学内涵，其是由一定地域内特定成员组成的相对封闭的生活生产共同体，而我国实践中的集体所有制正是在此基础上结合马克思主义基本理论的中国化发展。

（二）中国实践中的集体所有制法权表达

1. 集体所有制法权表达的塑成

所有制关系是指对生产资料的所有、占有、支配和使用关系的总称，其法权表达则主要表现为所有权人对所有生产资料等物质的占有、使用、收益和处分的权利。我国的集体所有权起源于"三级所有，队为基础"的人民公社集体所有制。这一体制下存在三层关联紧密的集体所有权，每名集体成员都具有三重成员身份属性。整体上讲，每个公社内的集体成员都享有公社集体所有权，但是向下到生产大队和生产队层面则在所有内容上产生了分化，具体表现为生产大队范围内的成员仅享有本大队集体的所有权，而生产队范围内的成员又仅能够享有本队的集体所有权。由此可见在成员身份和权利范围上，"三级所有，队为基础"的集体所有权向上表现为交叉融合，向下表现为差异分化，权利结构复杂，对权利的行使和管理难免会造成一定的桎梏，此亦不失为人民公社体制改革的动因之一。除此之外，作为集体所有制法权表达形式的集体所有权，当然表现为集体对生产资料的支配和排他关系，但计划经济时代集体的这种支配和排他能力受到国家意志的限缩。国家通过一系列计划政策干预集体内的自主经营，并不断摄取农业生产剩余。所以说，这一时期的集体所有权并非纯粹意义的私权，而是禁锢在国家意志之中的、兼具公权和私权属性的权利类型。直到人民公社体制改革之后，通过政经分离将人民公社的政治职能统归乡镇一级人民政府，同时建立了村民委员会和村民小组或集体经济组织作为集体所有权的主体形式，并在不断完善基层民主自治和发展市场经济的过程中集体所有权的私权属性才逐步得到纯化，完全私权属性的乡镇农民集体所有权、村农民集体所有权和村民小组集体所有权才得以塑成。

2. 集体所有制法权表达形式的多样性

"公有制的实现方式就是确保公有成员的主体地位及其利益的实现形式。在市场经济条件下，公有制的实现形式应该是多种多样的。"[1]具体到法律领域，集体公有制的实现形式即其法权表达，其中集体所有权是集体所有制最重要的法权表达形式，但并不是唯一形式。除了集体所有权外，由土地承包经营权、土地经营权、宅基地使用权、集体建设用地使用权等用益物权构成的农地权利体系均以确保集体成员的主体地位和土地利益为目标，并从不同角度切实保障了集体成员对生产资料的占有和使用，这些权利同集体所有权一同构成了集体所有制的法权表达形式。从这种意义上来说，农地用益物权体系更为直接地表现了集体成员与集体生产资料的结合，这对集体所有制的法律实现更具深刻意义。

3. 集体所有权的能动性

集体所有制和集体所有权在主体上是一致的，集体所有制经济关系中生产资料的主体当然是其法权形式之集体所有权的主体。或者说，集体所有权是对集体所有制所确立的生产支配关系的确认和保

---

〔1〕 韩松：《集体所有制、集体所有权及其实现的企业形式》，法律出版社 2009 年版，第 33 页。

障,但是,在内容上因为集体所有权的能动反应而略有不同。集体所有权不是对集体所有制的直观被动反应,而是能动的反应。这种能动性集中表现在以下几个方面:第一,集体所有权不仅确定集体所有制关系下生产资料的归属和支配,也确定不属于集体所有制范畴的生活资料等其他物质的归属与分配关系,并在一定程度上通过规范生活资料等物质的支配关系达到实现集体所有权的目的;第二,集体所有权虽然是集体所有制的法权表达,但其性质并不是公权,而是表达不同农民集体之私的利益和集体成员之公的利益的私权,但其又不同于集体成员个人所有权,二者在理论基础、表达机制、行使方式等方面均存在一定的差异;第三,虽然所有制的本质相同,但“在每个历史时代中,所有权以各种不同的方式,在完全不同的社会关系下面发展”[1],其受所处的社会思想、政治环境等影响并非一成不变。

4. 集体所有权实现中生产资料与劳动的结合

资本主义所有制关系下,生产资料和劳动者是分离和对立的。在社会主义集体所有权家庭承包经营的模式下,生产资料的集体所有和土地承包经营权的劳动者所有,使生产资料所有者和劳动者出现了形式上的分离。之所以说是形式上的分离是因为家庭承包的个体劳动者本身是集体这一自由人联合的人合要素,个体劳动者是通过集体这一联合起来的个人占有集体生产资料的,实质上每一个劳动者都是集体生产资料的所有者,集体成员通过土地承包经营权同土地生产资料的结合在实质上就是生产资料所有者与劳动者的直接结合。在社会主义集体所有权统一经营模式下,或通过集体成员的统一劳动实现与生产资料的直接结合,或通过集体成员统一劳动的等价替换实现与生产资料的间接结合,比如,集体成员通过让渡一定的劳动利益,将自己的集体劳动替换为雇佣劳动,从而实现集体内部的生产经营。所以,相较于资本主义的所有制实现形式,集体所有权这一法权表达形式更能体现生产资料和劳动的直接结合,也更能够促进生产力和生产关系

---

[1] 《马克思恩格斯选集》(第1卷),人民出版社1972年版,第144页。

的进步和发展。

二、集体土地所有权的制度现状

以农村深化改革的现实需要为现实基础，通过梳理制度规范和学术争议发现，集体土地所有权存在主体定位不明、权能欠缺羸弱、法人构造不清等问题。

（一）主体定位不明

既有法律对集体土地所有权主体的规定不明，表述不一。原《物权法》第 60 条明确由农村集体经济组织代表集体行使所有权，虽然《民法典》第 96 条、第 99 条确认了农村集体经济组织的特别法人地位，但第 262 条在承继原《物权法》第 60 条时，并未及时修正由村集体经济组织代表集体行使所有权的表述。此外，2019 年修正的《土地管理法》与 2018 年修正的《农村土地承包法》尽管确认了集体经济组织的管理与经营地位，但并未完全厘清集体土地所有权与村民集体和集体经济组织之间的关系。《土地管理法》第 66 条继续明确法定情形下由农村集体经济组织收回土地使用权，第 62 条仍将农村集体经济组织定位为土地使用权收回和盘活利用主体。在地方立法中，不同地区在确认集体土地所有权主体称谓上也不尽一致。《广东省农村集体经济组织管理规定》第 13 条、《浙江省农村集体资产管理条例》第 2 条明确规定，农村集体经济组织享有集体土地所有权；而《江苏省农村集体资产管理条例》第 2 条则规定“农村集体资产，是指村农民集体所有的资产”，《黑龙江省农村集体经济组织条例》第 3 条也作了类似规定。

这也导致学界关于农村集体土地所有权主体的争论从未停止。主要有三种观点：第一种观点认为，“农民集体”为集体土地所有权人。[1] 主要理由如下：从风险防范角度出发，以农村集体经济组织为

〔1〕 参见于飞：《“农民集体”与“集体经济组织”：谁为集体所有权人？——风险界定视角下两者关系的再辨析》，载《财经法学》2016 年第 1 期。

所有权人,其将承担集体资产作为法人责任财产被转让的风险;从实证法角度出发,现行法律规定"农民集体"是法律规定的所有权主体,具有明确性和特定性且村民集体是客观存在的,[1]而农村集体经济组织是集体土地的经营管理主体或行使权利的代表主体,并非所有权主体。[2] 第二种观点则认为,农村土地和其他财产归属于农村集体经济组织所有。秉持该观点的学者多基于农村集体经济组织的历史变迁和这一特别法人的法律结构进行分析论证。[3] 第三种观点则认为,"农村集体经济组织应当为部分集体资产(集体经营性资产)的权利主体,而不仅仅是集体资产管理主体"[4]。

就历史沿革而言,尽管农村集体经济组织在各地的表现形式不尽相同,但"三级所有,队为基础"造就了农村集体经济组织的基本形式,并在人民公社组织体制终结后仍得以延续。因此,在历史惯性之下,农村集体经济组织作为集体土地所有权人是应有之义。集体所有是全体集体成员享有所有权,村民集体独立于村民集体成员,看似群体客观存在,实则难以确定,该整体不容分割但又易于将集体与成员对立起来。[5] 所有权的权能体现在人与人之间的关系之中,而村集体是一个超越成员的概念,在其确认财产归属、排他干涉方面,该权利是被"做空"的,将"农民集体"作为集体土地所有权人将会使集体土

---

[1] 参见姜红利、宋宗宇:《集体土地所有权归属主体的实践样态与规范解释》,载《中国农村观察》2017 年第 6 期。

[2] 参见管洪彦:《农村集体经济组织法人立法的现实基础与未来进路》,载《甘肃政法学院学报》2018 年第 1 期。

[3] 参见李永军:《集体经济组织法人的历史变迁与法律结构》,载《比较法研究》2017 年第 4 期。

[4] 陶钟太朗、沈冬军:《论农村集体经济组织特别法人》,载《中国土地科学》2018 年第 5 期。

[5] 参见中国社会科学院农村发展研究所"农村集体产权制度改革研究"课题组(主持人张晓山):《关于农村集体产权制度改革的几个理论与政策问题》,载《中国农村经济》2015 年第 2 期。

地所有权成为一项没有具体载体的“空权利”。[1]

就现实需求而言,随着集体经济的发展和壮大,作为集体土地所有权人,农村集体经济组织相对于农民集体这一抽象的法律概念更易在实践中实现集体资产经营的规模效益和优势。详言之,在赋予农民更多财产利益的政策背景下,及时有效行使集体财产权利的需求日益增多,农村集体经济组织在《民法典》确认其特别法人以及未来进行法人化改造后,对集体经营性资产和资源性资产占有、使用、收益和处分的权利是所有权人的应有内容,而不是类似村委会“代表行使集体所有权”的代行主体。因此,农村集体经济组织是集体土地所有权人,亦是农村集体经济有效实现的主体。

(二)权能欠缺羸弱

集体土地所有权权能羸弱,特别是处分权能欠缺。有学者认为,“对我国农民集体土地所有权的占有、使用、收益权能给予限制是必要的,这是由土地的资源属性决定的,是维护社会公共利益所必需的”[2]。土地的资源属性是不分政治经济体制的,维护社会公共利益的要求和目标也是类同的,却在不同国家有不同的限制,该理由有待充实。韩松教授指出,“所有权制度因赖以建立的社会政治基本原则的不同而有不同的权能结构。我国农民集体土地所有权建立在土地生产资料社会主义公有制的基础之上,因而其权能结构不同于以私有制为基础的所有权权能结构,其最大的区别在于农民集体土地所有权的处分权能受到严格限制,宪法和土地管理法都禁止土地买卖”[3]。这一解释说明有一定新意,与其观点一脉相承。但有疑问的是,既然权能结构受制于基本经济制度,为什么均在公有制基础上,国有与集体所有在权能上又有不同?

---

[1] 参见李凤章:《通过“空权利”来“反权利”:集体土地所有权的本质及其变革》,载《法制与社会发展》2010 年第 5 期。

[2] 韩松:《农民集体土地所有权的权能》,载《法学研究》2014 年第 6 期。

[3] 韩松:《农民集体土地所有权的权能》,载《法学研究》2014 年第 6 期。

在市场经济条件下,集体与集体之间是否可能发生土地交易呢?课题组认为是可能的。因为只要集体经济组织之间存在着经济竞争,在优胜劣汰的规律作用下,一些集体经济组织有可能被淘汰,强势集体经济组织兼并邻近的弱势集体经济组织的情形就可能发生。例如,华西村早在2002年就已完成了对毗邻10个相对落后村落的兼并工作,这就是实例。出现这种情况并不奇怪,它符合市场经济规律,符合城市化带来土地集中的发展趋势。因此,突破集体土地的交易禁区,开放农村社区边界,应该允许集体土地在公有制范围内移转。此问题的难度不在于赋予土地所有权流转交易的权能,而在于流转交易后集体成员去处问题。

新加入成员与原集体成员的地位和权利义务是否一样?如果不同的话,又该有哪些不同?权能行使的程序规范也是难题,即农村集体经济组织如何作出交易处分集体所有权的决议特别是作出整体交易的决议?不同意交易的集体成员的权益如何得到维护,又该往何处去?这些问题都需要在集体土地所有权权能强化的制度设计过程中得到充分的重视和合理的解决,否则必将影响集体成员生存保障等切身利益,不利于农业、农村、农民稳定。对此,既需要开阔视野,也需要解放思想,充分参考借鉴国内外相关制度的设计理念和进路,以改革的实践需求为导向,在切实维护广大农民切身利益的前提下,通过公法与私法协同、政策与法律互动、实体与程序并重,作出符合时代需求的具有中国特色的制度安排。

(三)法人构造不清

《宪法》第17条赋予农村集体经济组织在遵守有关法律的前提下,独立进行经济活动的自主权;2012年修订的《农业法》第2条第2款规定:“本法所称农业生产经营组织,是指农村集体经济组织、农民专业合作经济组织、农业企业和其他从事农业生产经营的组织。”在母法和专业法律之外,原民事基本法《民法总则》在第96条规定了农村集体经济组织特别法人地位。2020年出台的《民法典》对此予以承继,在第99条亦作相同规定。但是,《民法典》总则编将农村集体经济组织的主体类型并列于机关法人、基层自治组织等公法人,使其在调整方向上显示出较强的公法色彩,沿袭了原《民法总则》的公法人规制思维,与构建农村集体经济组织独立、自治的私法主体的立法目的和旨趣不同。[1]

自改革开放以来,农村集体经济组织作为实施乡村振兴战略主要载体经历了从“政社合一”到“政社分离”,从政治主体向私法主体的转变过程。2016年12月26日,中共中央、国务院《关于稳步推进农村集体产权制度改革的意见》拉开了农村集体产权制度改革的序幕,建立新型农村集体经济组织是本次改革的重点。“集体经济运行新机制,新就新在要坚持市场导向,赋予农村集体经济组织市场主体地位”。[2] 按照主体法定和总则的制度统摄功能,《民法典》总则编的规定顺应现代农业组织改革的政策取向,一定程度上显化了农村集体经济组织私法上的实体地位,将上述改革目标进行了规范转化。但集体土地所有权的坚持和落实要避免立法目的的偏差,要尊重农民自由自主组织联合,清除行政管理性的公法主体倾向。

从实证和功能主义的立场对于法人定位加以判断才符合历史唯物主义的研究方法。“法律是否赋予团体或者组织体法人地位取决于一个国家的立法政策。”[3]改革开放以来,农村集体经济组织演变与发展的主线是从强化集体公有制形态传统互助功能,转向显化主体的经济功能,无论是落实集体经济产权,还是鼓励农民对集体资产股份权能进行改革,[4]都表明农村集体经济组织已从传统走向现代。农民集体互助共益的实现法律方式也已经发生了质的变化,作为生产

---

〔1〕 参见郭洁:《论农村集体经济组织的营利法人地位及立法路径》,载《当代法学》2019年第5期。

〔2〕 韩长赋:《让农民有更多获得感》,载《人民日报》2017年6月11日,第3版。

〔3〕 江平主编:《民法学》,中国政法大学出版社2007年版,第87页。

〔4〕 参见2015年中共中央、国务院《关于加大改革创新力度加快农业现代化建设的若干意见》。

方式互助的集体统一生产经营已被“统分结合”的土地承包制、市场化的专业合作所取代,共享劳动成果的分配共益已经转向基于成员权的股权量化、收益权的个体化;生产资料的互助与共益已经从统一使用集体的土地、牲畜、农具等生产资料公有化,转向农业基础设施等政府公共产品的供给责任;农民生存权的互助已通过强化土地承包经营权流转后的财产性、强化国家的社会保障义务来完成。[1]

农村集体经济组织不是按照传统法人的结构组建的,既有学说从公法人与私法人的二元分类出发,按照法人的规范分析方法判断农村集体经济组织的主体归属失之偏颇。民事主体制度属于强行法规范,适用主体法定原则,需要明确的法律规则指引市场主体选择适当的主体归属。同时,主体规范属于构成性规范,其功能是设置某主体的组织性规则,以组织人们按照规则的规定去进行活动。[2] 构造符合现代农业发展要求的产权明晰、治理优化的集体产权主体是《民法典》对于农村集体经济组织法人定位的方向,这样才符合中国主题下的农村集体经济组织本质特征。既有学说和制度需要继续深化和完善。

三、坚持集体土地所有权的意义

集体土地所有权承载了恢宏的社会主义理想,这是必须坚持和完善集体土地所有权的根本原因。按照马克思对社会主义的构想,只有实现生产资料个人私有向全民所有的转变才能消灭剥削、实现人的全面解放和自由发展,而这个过程需要经历很长的过渡期。党和国家将马克思主义理论同中国实践相结合,在充分借鉴苏联经验和反复实践的基础上,最终选择将集体所有制作为私有制向社会主义全民公有制的过渡形式,并且“由社会主义的集体所有制变为社会主义的全民所有制,需要经过更长得多的时间”[3],而社会主义集体所有制的法律

---

〔1〕 参见郭洁:《论农村集体经济组织的营利法人地位及立法路径》,载《当代法学》2019年第5期。

〔2〕 参见张文显主编:《法理学》,高等教育出版社、北京大学出版社2011年版,第72页。

〔3〕 1958年《关于人民公社若干问题的决议》。

实现就是集体所有权。也就是说,集体所有权本身并不是一种单纯的法权形式,而是根植于国家政治制度和政治理想的、具有鲜明政治性和社会主义属性的法权构造,从这个意义上讲,坚持和完善集体土地所有权,就是在坚持和完善社会主义制度。除此之外,当前的集体土地所有权制度具有调节集体成员收入分配、实现农村土地资源价值、促进社会主义民主实现、传承互助协作传统文化等诸多时代功能。[1] 诸多功能的实现不仅关涉农民收入水平的持续提高、共同富裕的实现,更关涉“三农”作为国家发展“压舱石”的稳定。从制度功能的角度看,也必须坚持和完善集体土地所有权。

就现行规范体系而言,作为根本法和母法的《宪法》第 6 条规定了劳动群众集体所有制同全民所有制一同构成社会主义经济制度的基础,并在第 10 条规定了集体土地所有权,同时在第 8 条、第 17 条对集体经济组织的经营体制和经营自主权进行了明确,构筑了集体土地所有权实现的宪法框架。作为民事基本法的《民法典》严格遵循《宪法》相关规定,不仅在第 99 条设计了农村集体经济组织特别法人主体制度,还在第 260 条至第 265 条对集体所有权的财产范围、归属和行使方式进行了明确,更在物权编用益物权分编第 11 章和第 13 章对集体所有权派生的土地承包经营权、宅基地使用权、土地经营权等权利进行了专章规定。《民法典》在坚持集体土地所有权私权属性的基础上,从制度上保证了集体土地所有权的私法实现。《农村土地承包法》作为民事特别法,对农地承包经营权进行了专门立法;《土地管理法》作为公法代表,也对集体土地的利用和管理提出了明确的要求。整体来看,现行法上已经形成了以集体土地所有权为基础,以其派生的各类用益物权为核心,以集体土地债权性利用为补充的集体土地利用体系。从制度成本和法的安定性考虑,坚持和完善集体土地所有权就是坚持和完善中国特色社会主义法治体系,就是坚持实施宪法要

〔1〕 参见杨青贵:《农村土地“三权分置”对集体所有权制度的冲击与调适》,载《求实》2017 年第 4 期。

求；相反，否定和抛弃集体土地所有权的既有制度安排，就会使现有的农地利用体系土崩瓦解，继而需要承担高昂的制度重构成本。

中国农村集体产权制度改革根本的问题是从理论、法律、政策、实践上说清楚什么是中国农民集体所有权，并探索其有效实现形式。中国农民集体所有权是在土地集体所有基础上建立的农村集体经济组织制度，与村民自治组织制度相交织，构成了我国农村治理的基本框架，为中国式农业农村现代化提供了基本的制度支撑。中国农村集体所有的最重要资产是农村土地，全国农村集体所有土地总面积为66.9亿亩，占国土面积的46%，其中农村集体建设用地有3.1亿亩，是新型城市化建设中盘活农村集体资产的重点。农民集体所有的资源和资产由农村集体经济组织经营和管理，没有设立集体经济组织的村则由村委会或村民小组代为经营和管理；农村集体经济组织是以土地公有为基础的地区性合作经济组织，具有社区性、综合性的特点。全国农村集体所有资产的账面资产总额为2.86万亿元，其中北京、上海、广东、浙江四省账面集体资产总额占全国的67.33%。[1] 如此庞大的集体资产既构成了坚持和完善集体土地所有权的现实基础，也产生了坚持和完善集体土地所有权的现实需求。

第二节　坚持和完善集体土地所有权的现状与问题

由于集体土地所有权形成受历史、政策演进和土地权利配置等多重因素的影响，集体土地所有权在立法、实践和学术研究中普遍呈现被轻视的态势，这也使得坚持和完善集体土地所有权面临诸多困难和挑战。

---

〔1〕 参见张晓山：《关于中国农村集体产权制度改革的几点思考——农村集体所有制的现状、挑战和落实》，“清华三农论坛2017”分论坛——“农村集体产权制度改革”上的发言整理，2017年1月于北京。

一、现状及成因

为实现社会主义改造，20 世纪五六十年代党和国家领导人民进行了农业合作化运动，集体土地所有权得以形成，后历经人民公社体制和家庭联产承包责任制，直到如今承包地和宅基地“三权分置”，始终是改革所遵循的底线。尽管历年中央政策文件中均强调集体土地所有权的坚持和完善，但不可否认的是，无论是在立法和实践还是在学术研究中，集体土地所有权都呈现被轻视的态势。首先，在立法中被轻视：农村土地“三权分置”政策偏重农村土地经营权等利用层面，容易形成对集体土地所有权制度的冲击。[1] 政策的法律转化亦多以集体土地所有权分置出的用益物权为主，关于集体土地所有权的规范条款较为有限。其次，在实践中被轻视：农民集体土地所有权缺乏一级市场上的价值发现机制，同时公益性征收中土地改变用途未必能产生地价增值，导致农村集体土地征收中被征收人权利缺损难以通过以集体所有权为中心的补偿制度来弥补。[2] 除此之外，由于集体土地所有权主体权能羸弱，集体土地没有得到合理利用以发挥最大的价值，甚至出现了宅基地闲置、农地抛荒等浪费现象。最后，在研究中被轻视：在核心期刊和 CSSCI 来源期刊中，以“土地经营权”为关键词在篇名中检索发现，相关论文有 136 篇；以“土地承包权”（“农户承包权”）为关键词在篇名中检索发现，相关论文有 23 篇；而以“集体所有权（‘集体土地所有权’）”为关键词在篇名中检索发现，相关涉及承包地“三权分置”的论文只有 7 篇。关于宅基地“三权分置”的研究也以

---

〔1〕 参见杨青贵：《农村土地“三权分置”对集体所有权制度的冲击与调适》，载《求实》2017 年第 4 期。

〔2〕 参见张力：《农村集体土地征收中被征收人的权利缺损及其补全——从以集体所有权为中心到以农民用益物权为中心》，载《法学杂志》2012 年第 3 期。而新农村建设中农民土地承包经营权等用益物权则是未来农民个体生存权与发展权获得实现的主要法律形式，农民用益物权流通市场的发展使之更充分地被市场发现价值，从而针对农民用益物权的专门补偿适合成为弥补农村集体土地公益性征收中被征收人权利缺损的新的制度中心。

资格权和使用权为主，以宅基地所有权为对象的专门研究不多。整体而言，集体土地所有权被轻视的现状值得关注。

集体土地所有权被轻视存在多方面成因。从形成的历史角度而言，集体土地所有权具有深刻的政治意义，即实现新民主主义向社会主义的转变。这个过程是在党和国家的参与和引导下完成的，由最初的高级社到后来的"三级所有，队为基础"的人民公社体制，集体土地所有权都表现出高度的公权和私权属性的交融，甚至可以说公权属性更为明显，此阶段的集体土地所有权依托国家权力的强大并无被轻视的可能，反而出现了压制、损害农民个体权益的不当行为。但是，随着人民公社体制改革，集体土地所有权的公权属性被剥离，私权属性被纯化，出现了主体虚置等问题，加之改革的重点是家庭联产承包责任制，集体土地所有权逐渐被边缘化。从政策演进的视角来看，家庭联产承包责任制改革后，集体成员广泛获得集体土地的使用权，并被法律化为土地承包经营权，对此，党和国家的政策是保持土地承包关系长久不变，并通过二轮延包进行落实。由于"长久不变"的政策支持和确权登记的权能充实，农村集体土地承包权几近"自物权"，客观上使集体土地所有权面临更严峻的挑战。[1] 以土地承包经营权为代表的农地用益物权使集体土地所有权的权能无法回归圆满状态，其使用权能和处分权能被长期压制，导致难以成为真正的所有权，也难以发挥所有权功能。从权利配置的角度而言，农民在集体所有权中享有的权利不清晰、农民在集体财产中的成员权以户籍为标准确定，导致落户城镇后农民享有的集体财产中的权益存在制度障碍。户籍改革的顺利进行要求不能损害进城农民在农村的产权权益，为此要改造农民集体所有权制度和集体收益分配权制度。集体所有权的初衷是维

---

[1] 参见陈金田：《"三权分置"下农村土地集体所有权的新"窘"以及因"异"制"窘"的思路取向——以福建省沙县、浙江省德清县为例》，载《三峡大学学报（人文社会科学版）》2017 年第 6 期。

护每个集体成员的利益，因此要虚化集体在权利主体中的地位，将集体财产所有权中更多的权能直接赋予农民，对农民在集体财产中的收益分配权要设计成与户籍相脱离的独立权利，并构建专门的实现和救济制度。[1]

二、问题与对策

当前坚持和完善集体土地所有权的挑战有五个：一是农村集体经济组织法人地位的取得规则并不完善。尽管《民法典》第 99 条明确了农村集体经济组织"依法"取得特别法人地位，但该处之法不得而知，并且关于农村集体经济组织法人拟制人格必需的财产要素、治理结构等也无具体规范可兹适用，这必然导致在实践中农村集体经济组织的特别法人地位难以真正落实。二是农村集体经济组织成员的成员权界定、权利责任义务、成员进入和退出机制等问题不明晰。成员资格的先天强制性与入社自愿性原则的矛盾，是设立农村社区经济合作社或社区股份合作社的一个法律、理论和政策难点。三是集体资产所有权虚置问题。出现了由村干部或者由集体之外的主体支配集体资产的"异化"现象，集体成员无法行使集体土地所有权的权能，或者集体经济组织的决策和执行机构将集体土地的所有权绝对化，城乡统一规划和用途管制形同虚设；稳定农村土地承包关系并保持长久不变的政策尚未具体落实，农民缺乏对土地承包经营权的清晰稳定预期，有的甚至用土地承包经营权侵犯集体土地所有权，进而变相私有化土地。四是农村自治组织与集体经济组织职能交叉问题。城乡人口流动日益频繁，"村民"和"成员"的范围越来越不一致，农村集体资产由谁处置尚没有明确的法律规定。五是现有财税体制和行政管理体制

---

〔1〕 参见张安毅：《户籍改革背景下农民集体所有权与收益分配权制度改造研究》，载《中国农业大学学报（社会科学版）》2015 年第 2 期。

下,村组层级的政企分开、政资分离事实上很难做到。[1]

因此,需要从五个方面来完善农村集体土地所有权的有效实现形式,以深化农村集体产权制度改革。一是农村土地承包关系长久不变的具体政策要抓紧落实;二是农村集体产权制度改革要囊括集体资产,使农村资源资产都有所有权主体;三是农村集体产权制度改革必须与集体经济组织内部民主治理机制的发育和完善相结合,构建集体经济组织治理体系,使农民作为资源资产的主人自己能说了算;四是深化财税体制改革,将村民自治组织的功能和农村集体经济组织的功能区分开来,使政治经济和社会"三合一"的综合性基层组织得以解构,在这个基础上再建立农民社区性的集体经济组织;五是农民的"三权"让渡只能在农村集体经济组织内部进行,需要通过改革逐步构建归属清晰、权能完整、流转顺畅、保护严格的中国特色社会主义农村集体产权制度,保护和发展农民作为农村集体经济组织成员的合法权益。[2]

我国既有规范性文件在"集体所有权人为谁"的问题上表述不一,理论上争议也巨大。无论是集体所有权人是"农民集体"的观点,还是集体所有权人是"集体经济组织"的观点,都无法回避集体资产经营者破产后集体土地所有权流转的风险。课题组认为,集体所有权人主体定位在所不问,关键在于集体所有权主体并非也不需要以土地所有权进行投资,而只需以各种用益物权进行投资。经营失败的集体所有权主体需以自己的全部财产——包括各类用益物权偿债,土地所有权不被波及。用益物权期限届满后,土地所有权基于弹力性恢复其完满状态,集体所有权主体又可以设立各类用益

[1] 参见张晓山:《关于中国农村集体产权制度改革的几点思考——农村集体所有制的现状、挑战和落实》,"清华三农论坛 2017"分论坛——"农村集体产权制度改革"上的发言整理,2017 年 1 月于北京。

[2] 参见张晓山:《关于中国农村集体产权制度改革的几点思考——农村集体所有制的现状、挑战和落实》,"清华三农论坛 2017"分论坛——"农村集体产权制度改革"上的发言整理,2017 年 1 月于北京。

物权，进行市场化经营。以上设计，可望兼顾集体土地所有权的稳定、集体经济组织的真正市场主体化、农民生存保障不被根本破坏等多个价值目标。[1]

三、小结

集体所有权在传统大陆法系国家面临理论上的困境，集体所有权的内在逻辑结构和理念与传统的民法典体系是不相容的，因而民法法典化国家均放弃了集体所有权。但集体所有权在我国的立法确认是历史的必然，用罗马法传统的所有权观念和欧陆国家民法法典化的经验来对我国的集体所有权进行评价，不符合我国的客观国情，而且改革的成本过于高昂。未来我国应该继续坚持农村土地的集体所有，并顺应农业发展和农民需求，通过制定农民利益类型化的立法，使集体所有权的改革与农民的土地权利要求相适应，确保在城镇化的进程中集体成员的利益实现。[2]

集体所有权是在合作制经济中产生和发展起来的所有权形式，它不同于共同共有、总有和公司法人所有权。集体所有权的主体是农村集体经济组织。我国城镇和农村的集体所有权将长期存在。[3] 埃莉诺·奥斯特罗姆指出，公共财产制度是一种没有将一些东西进一步分解的财产私有化的形式，本身就是一种排他性私有产权，而非个人产权（individual property rights）。作为集体土地所有权之“集体”，无论是“一群人”，还是这“一群人”结成的组织体，均非以契约的方式形成。尤其是作为“集体”的组织体，是在中国传统社会长期演化形成的村落制度的基础上，经国家政权力量的渗入、确认或重整，才告成型。这样的组织体，刻着国家的烙印。因此，集体土地所有权是一种

---

〔1〕参见于飞：《“农民集体”与“集体经济组织”：谁为集体所有权人？——风险界定视角下两者关系的再辨析》，载《财经法学》2016年第1期。

〔2〕参见陈晓军：《集体所有权的法典化命运及其中国实践》，载《北方法学》2017年第6期。

〔3〕参见马俊驹、宋刚：《合作制与集体所有权》，载《法学研究》2001年第6期。

“准国家所有权”,或者“小国家所有权”(“小产权房”称谓里的逻辑)。作为国有土地所有者的“全民”,每个成员均把全部的土地权利交由国家行使;而作为集体土地所有者的“集体”,每个成员仅仅交出了部分土地权利交由组织行使,而保留了部分剩余权利。国家土地所有权=集体土地所有权+成员权。

落实集体所有权既要避免理论上的误解,也要避免实践上的误区,以保证在改革过程中始终坚守“农村集体所有权”这一底线,同时避免集体所有权的异化和错位。于理论误解而言,需要注意的问题主要有:第一,避免集体所有权回归改革开放之前的组织形态。特别是在当下股份经济合作制改革的背景下,相较于改革开放之初的家庭分散经营,集体所有权的实现和集体经济的壮大更多地依赖集体的作用。但正如马克思所言,事物的发展总是呈现螺旋式上升、波浪式前进的样态,不能将目前出现的各类合作组织视为人民公社集体的回归。第二,避免落实集体所有权就要压制、束缚农民个体的错误思想。正如前文所述集体所有权在本质上是集体成员的共同所有权,只有集体成员个体的利益得以实现,集体所有权的制度价值才能得以彰显,从此意义上来讲,集体所有权的落实和集体成员的利益是辩证统一的,在此过程中要始终贯彻以人民为中心的法治思想。第三,防止对集体所有权管控工具论、主体不明、权能不清等现实问题的回避。在农村深化改革的过程中,集体及其成员各自发挥着主体作用,且二者不可替代。集体是成员的组织化,承担着重要的主体功能,理论上应该进一步强化其权能,清晰其主体定位,防止集体所有权的虚置。于实践误区而言,既要避免集体所有权侵害、不当限制其他农地权利和集体成员权益,又要避免将集体所有权主体工具化,使其沦为基层政权管制和强迫农民推行政策的工具,丧失私权主体属性,更要避免集体所有权与集体成员权益的背离,使集体所有权丧失成员基础。

第三节　坚持和完善集体土地所有权的新时代要求

正如前文所述,进入社会主义新时代,我国主要矛盾发生了转变。当前我国最大的发展不平衡是城乡发展不平衡,最大的发展不充分是农村发展不充分。站在解决社会主要矛盾的高度上,乡村振兴和共同富裕对坚持和完善集体土地所有权提出了新的要求和目标。

一、实施乡村振兴战略的新要求

乡村振兴战略的提出具有深刻的时代背景,既具有科学性,又具有现实可行性,是新时代我国社会主要矛盾转化提出的新要求,[1]是以我国社会主义新农村建设取得的成就和积累的经验为现实基础的。根据乡村振兴战略的五大基本目标要求,可以把实施乡村振兴战略的重大任务作以下解析:摆脱贫困是前提,生活富裕是根本,乡风文明是保障,治理有效是基础,产业兴旺是重点,生态宜居是关键。实施乡村振兴战略,中央推出制度、人才、投资和领导四大领域的重大举措和政策安排,其中推进体制机制创新,强化乡村振兴制度性供给是关键。土地制度在经济社会中居于基础地位,其与乡村振兴战略具有内在契合性,在城乡关系演变时代背景下应以土地制度为着力点和突破口,健全法治保障,推进城乡良性互动、融合发展。

集体土地所有权在我国土地制度体系中具有基础性地位,[2]是土地制度改革的根基,所以以土地制度改革推进乡村振兴战略的实施,必须坚持和完善集体土地所有权。关于集体土地所有权的讨论需

---

〔1〕 参见黄承伟:《从脱贫攻坚到乡村振兴的历史性转移——基于理论视野和大历史观的认识与思考》,载《华中农业大学学报(社会科学版)》2021 年第 4 期。

〔2〕 参见龙卫球:《民法典物权编“三权分置”的体制抉择与物权协同架构模式——基于新型协同财产权理论的分析视角》,载《东方法学》2020 年第 4 期。

要进一步凝聚共识,明确坚持和完善集体土地所有权是改革的前提。从我国基本制度和现行规范来看,尊重和坚持集体土地所有权应成为改革的前提而不是改革的对象。坚持只是第一步,完善落实才是更重要一步。完善落实意味着要保持和坚持集体土地所有权的法律地位,意味着要充实强化集体土地所有权的权能,意味着要转化为具体的制度设计和配套保障措施。

乡村振兴战略的实施对坚持和完善集体土地所有权提出了新要求。从权能角度来看,要完整充实占有、使用、收益和处分权能,[1]具体表现包括统一经营和家庭承包的自主决定,保障发包承包关系中权利义务的对等,如是否以及如何收取地租,对处分权能的从无到有、从被动处分到主动处分,需要辩证思考集体土地所有权权能的共性和特殊性。从管理角度来看,还应遵循物权法理,对集体土地所有权确权颁证,充分发挥集体在土地流转、宅基地整治、土地规划等方面的主体作用。集体土地所有权坚持和落实的难点在于主体虚化迷失,因此从主体角度来看,必须研究探索集体土地所有权的组织实现形式。集体土地所有权主体存在术语表达多样化,依据规则不足、不明,主体形态及定位模糊等问题,需要理顺村委会与农村集体经济组织的关系,农村集体经济组织作为特别法人的"特别"之处还要予以明确和具体化。需要指出的是,集体土地所有权主体构造绕不开集体成员权的构建。成员权本应是民事主体制度的内容,但因《民法典》并未给予其应有的地位,故重点突破成员权得丧变更的难点问题,应在未来农村集体经济组织立法中妥善解决,对此需实质性推进农村集体经济组织立法。

纵览我国农村土地制度的改革史,实事求是地解决现实问题,满足实践需求以助推人和乡村的发展,是始终不变的主线。这个过程中形成了改革的原则要求和策略方法,为在乡村振兴战略实施中坚持和

---

〔1〕 参见陈小君:《我国涉农民事权利入民法典物权编之思考》,载《广东社会科学》2018 年第 1 期。

完善集体土地所有权提供了有益经验:一是改革的原则。承认实践探索,注意顶层设计与自发探索相结合。二是改革的要求。坚持依法改革,既要改革旧的僵化的制度规则,又要坚持重大改革于法有据。三是改革的策略。有序稳妥推进改革,既要坚持改革方向不动摇,又要突出重点,因地制宜地把握改革的节奏和方式。四是改革的方法。运用试点改革方法,通过挑选改革试点,探索突破推进,再总结经验上升为法律,全国推行。原则要求和策略方法构成了实施乡村振兴战略过程中坚持和完善集体土地所有权的基本遵循。

以乡村振兴战略实施的目标为价值导向,坚持和完善集体土地所有权还需做到以下两点:第一,科学确定价值目标。集体土地所有权是整个土地权利体系的根基,是整个农地用益物权体系建立和维持的基础,具有不可动摇的根本性地位。科学的目标设定,既要考虑集体土地所有权的权能充实和强化,也要考虑集体土地所有权对土地用益物权的体系化影响,不能顾此失彼,缺乏改革的体系性和融贯性。第二,坚持系统思维,遵循市场逻辑。坚持和完善集体土地所有权应以资源市场化配置为方向,因为市场是配置资源最为有效的方式。但是集体土地所有权也具有其自身特殊性,存在市场这只"无形的手"无法触及的领域,所以要准确清晰地划定市场化改革的范围和界限。在可市场化的范围内进行市场化方向的坚持和完善,在非市场化范围内则要加强和改善党对"三农"工作的领导,[1]坚持基层民主自治。通过两种思维进行系统的坚持和完善,才能真正落实集体土地所有权。

二、农民农村共同富裕的新目标

为实现在高质量发展中促进共同富裕的目标,应建设美好生活和

---

〔1〕 参见姜长云:《实施乡村振兴战略:关于总抓手和中国特色道路的讨论》,载《南京农业大学学报(社会科学版)》2018年第4期。

较高水准的生活品质社会,实现全体人民共同的富裕。[1] 共同富裕是阶段性目标逐步达成的系统工程,应在顶层设计上注重统筹推进,在任务实施上注重协同推进,在政策导向上注重稳步推进。[2] 既要继续巩固全面建成小康社会成果,又要以高质量发展为导向,以高品质生活为目标,以高效能治理为手段,以全方位创新为动力,加快从小康社会向富裕社会迈进。[3] 这个过程最大的阻力和难点在农民农村,只有实现农民农村共同富裕,才能实现全体人民共同富裕。在农民农村共同富裕的新时代追求下,坚持和完善集体土地所有权具有多重维度的目标导向。

1. 在理论研究方面

首先,要提出促进农民农村共同富裕的"市场化发展与法治化治理相融合"分析框架。制度创新既受社会现实的制度需求制约,又受社会核心价值目标的引领。农民农村共同富裕是以人民为中心发展思想和新发展理念的具体体现。只有体现经济发展规律和社会治理规律的创新途径选择和创新方案设计才能真正实现制度创新目标,以充分坚持和落实集体土地所有权。其次,要梳理凝练农民农村共同富裕目标中市场与法治关系的基本理论。以市场为基本取向的市场经济(体制、模式、基础)具有非人格化、主体平等、行为自由和要素流动等特征和要求,内在地决定了国家治理方式的选择。对这些特征和要求,以及道德风险、伦理规范、风俗习惯和惯例等非正式制度的约束力有限,而成文的并得到社会权力机构实施保证的正式制度则具有明显的优越性。可见,市场与法治同体共生、互为必要条件,互相促进又互相制约。农民农村共同富裕必须遵循市场规律,以法治化方式实现,

---

〔1〕 参见黄奇帆、厉以宁、刘世锦:《共同富裕:科学内涵与实现路径》,载《当代电力文化》2022 年第 1 期。

〔2〕 参见李瑞军、董晓辉、周长峰:《系统论视域下新时代共同富裕的思想意蕴和实现路径》,载《系统科学学报》2021 年第 2 期。

〔3〕 参见魏后凯:《从全面小康迈向共同富裕的战略选择》,载《经济社会体制比较》2020 年第 6 期。

坚持和完善集体土地所有权的体制机制创新则应保证上述实现机制是稳定和可持续的。最后，要探索农民农村共同富裕制度变迁和规则创新的基本规律。制度变迁既遵循制度供求的市场规律，又受制于社会国家治理结构。我国正经历着从城乡二元到城乡一体的巨大变革和社会转型。[1] 探寻制度变迁和创新的规律，对坚持和完善集体土地所有权的目标具有重大的理论和现实意义。在农村农民共同富裕时代命题下探讨集体土地所有权的坚持和完善，主体多元、利益多样、价值多重，存在诸多需要回答的问题。

2. 在实践探索方面

首先，要推动农业强、农民富、城乡融，加快建成富裕乡村。加快建成富裕社会的关键在于打破城乡二元体制，实现城乡融合发展，畅通城乡要素流动。不仅要做到经济物质上的富裕，还要做到精神文化上的富裕；不仅要做到产权享有上的富裕，还要做到产权行使上的富裕，实现可持续性、常态化、长效化和制度化。这些都要以集体土地所有权的实现为前提。其次，要创新共同富裕的市场化、法治化体制机制，加紧建成和谐乡村。由于我国是城乡二元结构，国家权力规范在城乡之间存在一些差异，农民处于弱势地位，农村处于后发达位置，农村集体土地所有权处于被忽视状态。实践中，应研究农民农村共同富裕体制机制的创新，破除固化僵化的旧体制，确立市场化和法治化的新体制新机制，为和谐乡村的建成和集体土地所有权的坚持和完善奠定基础。最后，要完善共同富裕的治理体系，提升治理能力，加速建成美好乡村。由于农民农村共同富裕的体制机制不完备，部分制度缺失，在实践中遭遇困难和挑战，在坚持和完善集体土地所有权的实践中需进一步纠正、摒弃陈旧甚至错误观念，弥补相关制度的缺失，克服机制运行不畅的障碍，完善制度体系，规范司法实践和行政执法活动，提升治理能力，以加速建设城乡居民平等发展、互助发展和共享发展

---

〔1〕 参见马斌、宋智勇：《基于乡村振兴视角的城乡融合研究》，载《宏观经济管理》2022年第5期。

的美好乡村。

3. 在政策决策方面

首先,要弘扬正确的价值理念。坚持以人民为中心的发展思想和新发展理念,贯彻农业农村优先发展理念,站稳人民立场、把握人民愿望、尊重人民创造、集中人民智慧,营造理解重视、尊重支持农民农村的社会氛围,树立促进农民农村共同富裕的科学观念。其次,要探索改革路径。改革路径的选择要始终坚持问题导向,注重系统性、整体性和协同性,循序渐进,分步骤、有节奏。运用制度创新理论,根据市场化和法治化要求,破除利益固化的藩篱,探索并总结主体机制、产权机制、运营机制和保障机制,为集体土地所有权的坚持和完善提供指导思路。最后,要科学设计制度方案。体制机制的创新目标就是促进可持续发展且发展成果共享、利益均衡、利益分配公正,利于人的自由全面发展。其关键环节是制度建设。依法治国是坚持和发展中国特色社会主义的本质要求和重要保障。[1] 中国社会变迁表明,社会稳定和国家进步与全体人民公平共享发展成果息息相关,政策决策需要为坚持和完善集体土地所有权体制机制创新提供市场化、法治化的制度方案。

三、小结

社会主义进入新时代,党和国家为了应对新时代社会矛盾的新变化,以农民农村共同富裕为目标,提出了乡村振兴战略,对包括农村土地制度在内的制度改革产生了新影响,集体土地所有权的地位和功能也发生了新变化。在以往土地主要负担农民生存保障的情形下,集体土地所有权更多地处于静默的状态,作为土地承包经营权等农地权利体系的基础性权利,维持着农地权利体系的逻辑性,并彰显着集体土地的公有性。进入新时代后,集体土地所有权的功能从农民生存保障逐步转向促进财产性收入的增加,通过物质财富的提升促进农民农村

---

〔1〕 参见张清:《习近平“法治国家、法治政府、法治社会一体建设”法治思想论要》,载《法学》2022年第8期。

共同富裕。在此转变下,集体土地所有权必将越发活跃,在承包地流转、集体经营性建设用地入市、宅基地整治和土地规划等方面更多地发挥主体作用,以有效提升农民的组织能力。这就要求在新时代坚持和完善集体土地所有权,既要在农民农村共同富裕的价值引导下,在理论研究、政策决策和实践探索等方面全面坚持新发展理念和农业农村优先发展理念,以市场化和法治化为手段进行制度和体制创新,夯实农地权利体系的根基和改革实践的现实基础,也要把集体土地所有权的坚持和完善融入乡村振兴战略的实施中,贯彻系统思维和市场思维,科学制定各项目标,遵循改革的原则要求和策略方法,从集体土地所有权的权能强化和主体完善等角度切入,切实落实集体土地所有权。

第四节　坚持和完善集体土地所有权的具体展开

坚持和完善集体土地所有权具体体现在:首先,坚持和完善集体土地所有权意味着保持、坚持集体土地所有权的法律地位。作为农村基本经营制度的基础和根本,任何改革举措都不能削弱、损及集体土地所有权的基础地位,只能是探索坚持集体土地所有权的方式和路径。其次,落实集体所有权意味着充实强化集体所有权,一改原有的主体虚置缺位、权能残缺不全的痼疾,充分发挥集体土地所有权的功能和作用,同时避免强化过程中可能出现的弊病。最后,落实集体土地所有权意味着要转化为具体的制度设计和配套保障措施。

一、土地承包经营权中的集体土地所有权

土地承包经营权中集体土地所有权的坚持和落实可以从多个层面展开,包括统一经营和家庭承包问题,发包承包关系中权利义务对等问题,是否、如何收取地租问题,关于管理权能和处分权能的从无到

有、从被动处分到主动处分问题，以及成员权和收回问题等。

（一）做实集体土地所有权各项权能，创新实现方式

各项改革都应坚持底线思维。对于土地制度改革来说，坚持农村土地集体所有制、保护耕地和维护农民利益是必须坚持的三条底线。[1] 坚持农村土地农民集体所有，就是坚持农村基本经营制度的“魂”。[2] 坚持农村土地的集体所有制就要落实集体土地所有权，尊重作为所有权主体的集体经济组织在占有、处分以及使用、收益方面的权能。一方面，发挥防止撂荒的监督作用、整治土地的主导作用、促进土地适度规模经营的桥梁作用；另一方面，赋予并落实使用、收益权能，如依法收取合理地租用以促进农村集体经济有效实现的作用。[3] 落实集体土地所有权与重视、发展集体经济以实现农民权利的价值目标相契合，与兼顾效率和公平的价值目标实现、保持土地承包关系长期稳定密切相关。

为了兼顾公平，在稳定土地承包关系的基础上做实集体土地所有权的路径至少有两条：其一，法律进一步明确农村集体经济组织选择统一经营方式的权利及其行使的具体规则。[4] 统一经营可以由集体经济组织实施，在集体内部进行分工、交由专门的耕作小组等类似机构经营，经营所得在所有集体成员之间定期公平分配；统一经营也

---

〔1〕 参见《习近平在农村改革座谈会上强调　加大推进新形势下农村改革力度　促进农业基础稳固农民安居乐业》，载中国政府网，https://www.gov.cn/xinwen/2016-04/28/content_5068843.htm。

〔2〕 参见苑鹏：《关于农村统分结合的双层经营体制的若干问题探究——习近平总书记关于稳定和完善农村基本经营制度的重要思想》，载《农村经济》2017 年第 10 期。

〔3〕 参见叶兴庆：《从“两权分离”到“三权分离”——我国农地产权制度的过去与未来》，载《中国党政干部论坛》2014 年第 6 期；耿卓：《农民土地财产权保护的观念转变及其立法回应——以农村集体经济有效实现为视角》，载《法学研究》2014 年第 5 期。

〔4〕 参见陈小君：《农村集体经济有效实现的法律制度研究：理论奠基与制度构建》，法律出版社 2016 年版，第 210-227 页。

可以通过市场化方式交由新型经营主体实行规模经营,集体经济组织成员具有优先承包权。从实践来看,发达地区更适合这种方式。这种方式既能保证规模经营实现经济效率,又能实现公平保证所有成员的应得权益。

其二,维系家庭承包经营方式基本不变的情况下对“动账不动地”等实践做法予以制度化、规范化、程序化。明确土地承包经营期限,[1]在此期限内土地承包经营关系稳定不变,期满后根据成员变动情况重新确定土地承包关系。也就是说,家庭原承包的土地数量保持不变,但在成员减少时,该减少成员名下的土地承包经营权转变为流转所得的土地承包经营权(有别于因集体发包而取得的土地承包经营权),按流转市场价格缴纳承包费(租金)或者交回该部分承包地。这种做法与家庭承包经营制度“按人分配、发包到户”的特点高度契合,也是“我国农地权属变革下一步发展的趋向,即坚持耕地集体所有制和不损害农民利益的前提下,村集体收回耕地的承包权,再通过租赁的形式将耕地租给‘善耕者’经营使用”[2]。在这种情况下,集体经济组织新增成员平均取得该承包费或承包地。为避免土地零碎化进而保证一定规模,应设立最小耕作单位制度;[3]此时,集体经济组织新增成员可竞标取得土地承包经营权。不管何种情形,各成员享有的土地承包经营权均可流转。这种方式适用范围更广。需要指出的是,鉴于土地集体所有是成员集体所有,农民成员权与集体土地所有权密切相关,成员权制度是落实集体所有权及其正常运作的基本支撑制度。为充分体现和保障农民的权益,未来制定的农村集体经

[1] 对此,为尽量维持现行政策制度不变,可以继续明确承包期30年不变;从代际公平出发,也可以农民的代际更替期间作为承包期。从我国法律规定的自然人成年年龄及男女结婚年龄来看,18~22年可以视为一个代际更替期。

[2] 陈小方、李主其、杜富林:《农村耕地“三权分置”发展方向探究——以改革开放以来耕地权属变革为切入点》,载《中国行政管理》2015年第3期。

[3] 参见李俊:《农村土地调整的实践逻辑与法律回应》,载《华中科技大学学报(社会科学版)》2017年第6期。

济组织法应当对成员身份认定等成员权内容予以明确规定。

(二)坚持集体土地所有权的体制性,稳定农户承包权

集体所有制是我国农村土地法律制度的基本原则,在法权结构上集中体现为集体所有权,但集体所有权并非集体所有制的唯一表现方式。在不同的发展时期,我国农村的集体所有制还体现为不同类型的经营体制,这些经营体制也是集体土地所有权的实现机制。

从制度变迁的角度来看,我国农村改革以前的集体土地所有权相继经历了初级社、高级社和人民公社,并定型于“三级所有,队为基础”的人民公社体制。人民公社体制是集体土地所有权在农村改革以前的实现机制,以1962年《农村人民公社工作条例(修正草案)》为规范依据。农村经济体制改革以后,人民公社体制被废除,集体土地所有权又相继经历了包产到组、包产到户与包干到户,并定型以家庭承包经营为基础、统分结合的双层经营体制。双层经营体制是集体土地所有权在现阶段的实现机制,以1999年《宪法修正案》为规范依据。

无论是人民公社体制还是双层经营体制,都是集体土地所有权得以实现其制度功能和法律权能的制度框架。这一制度框架以其规整的结构、稳定的特质成就了集体土地所有权的体制性品格,还获得了社会认可与政治保障,并最终上升为法律,成为强行性社会规范。当前,双层经营体制更是被界定为“农村基本经营制度”和“党的农村政策的基石”。2002年《农村土地承包法》开宗明义第1条就将稳定和完善双层经营体制作为该法的首要立法目的,至2018年修法依然将其奉为圭臬和根本遵循。作为集体成员的农户占有、经营集体土地,集体经济组织则履行着分配集体土地、监督承包经营的职责。2018年修正《农村土地承包法》时增加发包方权利,落实集体土地所有权,正是双层经营体制下集体土地所有权功能实现的内在要求。

《宪法》第10条第2款规定,“农村和城市郊区的土地,除由法律规定属于国家所有的以外,属于集体所有;宅基地和自留地、自留山也

属于集体所有”。此处集体具体指代的是农民集体还是农村集体经济组织未臻明确,目前多部法律将农村土地界定为农民集体所有,但基于历史变迁和改革需求等角度考虑,将宪法中的“集体”解释为农村集体经济组织更为妥当。在集体土地所有权的体制性之下,农村土地属于农村集体经济组织所有,农民作为集体中的一员应该享有承包地分配的参与权,法律应保障集体成员依法享有承包农村土地的权利。同时,因农地承包攸关农民的切身利益,故应力求做到公平、公正,在法律中明确规定农地承包应遵循民主协商及公平公正公开原则。承包方案是承包地分配的依据,事关重大,应由理事会在征求集体成员意见的基础上拟订,但该方案最终应经集体成员会议适用特别表决程序予以通过,以确保集体成员的意志受到尊重。

稳定农户承包权,实现公平与效率之间的平衡。作为集体土地所有权的具体实现形式和农村基本经营制度的根本,土地承包经营权对农民具有重大意义,在家庭承包经营制度中具有基础性地位,我国相关立法从权利构造和权利行使角度对其作了全面保护。在土地承包经营权主要以转让方式流转时,原土地承包经营权人的法律地位和权益必须加以明确。不仅如此,在承包地“三权分置”改革方案中,土地承包经营权流转特别是转让土地经营权的,尤其需要明确保护原土地承包经营权人的承包资格和权益,以作为家庭承包经营制度的“压舱石”,这也是对中央长期坚持家庭承包经营制度、实行承包地“三权分置”政策的落实。“稳定农户承包权”,就是要传达“土地承包关系长久不变”的政策目标,就是要让“承包权始终属于集体经济组织内部的农户”,[1]因此要“界定集体成员资格、锁定集体成员范围,在起点公平的基础上落实‘长久不变’,并对承包权的权能边界进行

---

〔1〕 参见张红宇、李冠佑:《准确把握农业农村经济运行新动向——对相关重要问题的分析与判断》,载《农业经济问题》2012年第7期。

清晰界定"[1]。

二、宅基地管理中的集体土地所有权

农村宅基地管理法律制度能否在实践中顺畅地运行，进而达到预期的目标，离不开对集体和政府管理职责的科学定位。就集体职责而言，长期以来，受我国集体土地所有权主体不清晰、权能残缺等弊端的影响，集体土地所有权的存在功能和价值并没有获得应有的重视，集体民主管理机制在实践的运行中困境重重。在"农村宅基地管理条例"立法的背景下，纠偏这一弊端尤为重要。这不仅是坚持土地社会主义公有制、确保国家经济稳定的基本标志，也是"做实"我国集体土地所有权、落实新时代乡村振兴战略的现实需要。鉴于此，应从以下几方面着手，来落实宅基地管理中的集体土地所有权。

（一）充实集体土地所有权权能

尽快完成宅基地为农村集体经济组织所有的确权登记，明晰权利归属。保障集体土地所有权人对集体土地依法享有占有、使用、收益和处分的权利，落实集体土地所有权人依法依规行使村庄规划以及宅基地分配、使用、退出、流转等管理职责。此外，需要说明的是，集体土地所有权的性质决定了管理权能是集体土地所有权的必要权能，该管理权能包括集体成员的民主管理、民主监督和集体组织的执行管理和监督管理。[2] 因此，探索集体主导，提升集体对宅基地的管理水平尤为重要。为此，需要做到：一是让村集体参与本村土地规划和村庄规划，保障宅基地所有权人的知情权和参与权。二是村集体严把宅基地建房审核关，严格根据相关规定对建房申请人的资格进行核实。但在具体程序上，应建立由申请人提出申请—农村集体经济组织初审、公示—村（居）委会复审、形成名录库—镇（街道）国土部门会同城乡统

---

[1] 叶兴庆：《准确把握赋予农民更多财产权利的政策含义与实现路径》，载《农村经济》2014 年第 2 期。

[2] 参见韩松：《论农民集体土地所有权的管理权能》，载《中国法学》2016 年第 2 期。

筹部门、不动产登记中心联审、公示—镇人民政府（街道办事处）审定并公布、备案的认定程序。须注意的是，宅基地所有权的行使主要体现为“分配权”，而且这种“分配权”与其说是权利，不如说是对本集体成员承担的义务。考虑到宅基地分配还需经过相应级别地方政府的审批，[1]土地所有者同意并提出分配方案只是农户取得宅基地使用权的一个环节。[2] 三是依法对长期未建房的闲置宅基地、房屋倒塌而未重新建房的宅基地以及闲置废弃的附属设施用地等实行无偿收回。总之，对于集体职责而言，一方面赋予并落实使用、收益权能，如依法合理收取地租或土地增值收益用以促进农村集体经济有效实现；另一方面发挥防止闲置的监督作用、整治土地的主导作用。

完善收益管理。国务院《关于落实〈政府工作报告〉重点工作部门分工的意见》指出，探索宅基地所有权、资格权、使用权分置改革；改进耕地占补平衡管理办法，建立新增耕地指标、城乡建设用地增减挂钩节余指标跨省域调剂机制，所得收益全部用于脱贫攻坚和支持乡村振兴。此外，在实践中，有些地方探索了宅基地择位竞价机制，即由村民理事会主导，在群众基本同意的前提下，对规划范围内的宅基地进行合理储备。在村民理事会的监督管理下，对本集体经济组织内部符合宅基地申请条件的成员可组织进行竞价择位，取得的资金全部用于村内公共设施和公益事业建设。在此背景下，探索建立农村集体经济组织收益管理制度，合理进行收益分配，农户宅基地有偿使用或退出后集体取得的收益部分，应当作为集体经济组织的土地增值收益，由集体成员共同分享，主要用于基础设施建设配套、建筑补助等，纳入农村集体资产统一管理，分配情况纳入村务公开内容。

总而言之，坚持宅基地集体所有是土地制度改革的底线和红线。一方面，宅基地有其特定的居住保障用途，坚持宅基地集体所有是所

---

〔1〕 参见《土地管理法》第 62 条第 4 款。

〔2〕 参见陈小君：《宅基地使用权的制度困局与破解之维》，载《法学研究》2019 年第 3 期。

有权人利用土地自然属性通过设权满足农民生存与发展需要的要求;[1]另一方面,坚持宅基地集体所有是保障集体资产在充分发挥土地财产价值过程中避免流失的重要举措。在宅基地"三权分置"改革中,要坚持宅基地集体所有,确保集体对宅基地资源的支配,并为符合条件的集体成员分配宅基地,农民居住保障才成为可能;只有坚持宅基地集体所有,才能防止在盘活宅基地时对集体土地的稀释。

(二)完善农村集体经济组织的内部治理机制

法人的类型不同,其内部构造和治理模式显然不同。农村集体经济组织未依法取得法人资格时的运作,与取得法人资格后作为特别法人的运作,都会影响宅基地管理制度改革的有效推进,因此应根据各村具体情况规范农民集体经济组织的运作方式,为改革奠定制度基础。在《民法典》第96条已将农村集体经济组织定性为特别法人的背景下,明确其内部构造和组织模式无疑必要而又迫切。鉴于此,应在嗣后立法中明确农村集体经济组织的乡村规划编修自主权、宅基地初始分配决定权、宅基地退出收回决定权、宅基地流转监督权、宅基地流转收益分享权、闲置宅基地整治实施权。

集体很大程度上是为其成员利益服务而存在的,成员利益的有效实现和满足是集体管理职责科学定位需要考量的重要因素。因此,处理好集体与成员二者之间的关系,不仅是真正落实《中共中央关于全面深化改革若干重大问题的决定》提出的"保障农民集体经济组织成员权利"重要改革目标,也是落实集体土地所有权的题中之义。在集体成员的成员权立法缺位的背景下,[2]农村宅基地管理立法过程中,应大力完善并推行集体民主管理制度,以护航宅基地管理制度改革。从目前宅基地管理制度改革试点经验来看,应保障村集体依法依规行使村庄规划以及对宅基地监督管理的权力。试点村的主要做法

---

[1] 参见韩松:《宅基地立法政策与宅基地使用权制度改革》,载《法学研究》2019年第6期。

[2] 参见陈小君:《我国农民集体成员权的立法抉择》,载《清华法学》2017年第2期。

是：指导其建立健全村党组织、村民委员会、村务监督委员会、村经济合作社；建立健全农村土地管理议事决策机制、民主监督机制、财产管理机制、服务群众机制、调处矛盾纠纷机制。

为此，基于对试点经验的分析、归纳与凝练，立法上需要回应的着力点：一是要保障集体成员在宅基地规划、分配、使用、处分等重大事项中的知情权、参与权、监督权；二是要在改革过程中把“是否改革”“何时改革”“怎么改革”的选择权交给农民，充分考虑农民的经济实力和可承受能力；三是坚持“尊重民意、维护民利、依靠民资、强化民管”原则，在方案制定、执行和监督等各个环节都由村民来选择、监督、评判，充分调动农民的主动性、积极性。

（三）明确村民自治组织的职责

在宅基地整治的过程中，村民委员会作为当事人切实参与其中，因此应明确村民委员会的职责，赋予村民委员会职权，强化村民委员会在宅基地整治中的作用。一方面，可以树立村民委员会责任意识，在宅基地治理中必须有所为、有所不为，勇于担当；另一方面，扩大村民委员会的职权，使其依据法律规定能够发挥更大的作用。

村民委员会在宅基地管理中的职责大致可以分为以下几类：(1)宅基地日常管理。首先，村民委员会享有村规民约的制定权，村规民约应结合本地实际情况，并回应本村宅基地的现实问题。其次，宅基地的分配、调换是宅基地工作中极为重要的一部分，村民委员会要切实完成并依法公示。最后，新居的建设、管理、权属极易发生纠纷，由村民委员会处理较为合适。(2)宅基地统一规划。一方面，集中建房是未来农村建设的主要方向，人民政府进行具体引导并不现实，且无法应对如此繁重的任务，由村民委员会承担此项工作较为合适。村民委员会较为了解本村的实际情况，可因地制宜，制定较为合理的统一建设规划。另一方面，法律对宅基地的建设进行了很多限制性规定，但村庄散落的范围较广，很难执行。因此，赋予村民委员会以监督权较为合理。(3)日常巡察。可由村民委员会开展日常的巡察工作。但是,村民委员会的执法权极为有限,其可与乡(镇)人民政府进行联合执法,未来也可以设定报告义务。(4)法律和政策宣传。国家开展义务教育后,虽然农村居民的知识水平提高了,但是他们没有接受过与土地、宅基地相关的法律知识、政策的专门教育。而且相关法律、政策处于变动之中,农村居民无法接触到最新的法律、政策,由村民委员会作为宣传主体较为合适。一方面,村民委员会在宣传之前应接受教育;另一方面,村民委员会可结合本村的实际情况,采取形式多样的方式进行宣传。

三、土地征收和集体建设用地中的集体土地所有权

集体土地征收和集体建设用地入市是"三块地"改革的重点和难点,经过试点改革,形成了一批可复制、可推广的经验,被成功纳入《土地管理法》及其实施条例中。

(一)土地征收中落实集体土地所有权的再审视

《土地管理法》在集体土地征收方面取得了以下成就:一是强调突出"公共利益",从泛化征收回归真正的公益征收;二是征收程序进一步严密、规范,保护被征收人的参与权、异议权;三是更新征收补偿的理念,突出对被征收人的社会保障,平衡国家、集体和个人之间的利益。无论是土地征收范围的限缩和征收程序的规范,还是征收补偿理念的更新,都包含了保障集体土地所有权和以人民为中心的理念。

为了更好地发挥集体在乡村振兴战略实施中的主体作用,以落实集体所有权为视角,2019年修正后的《土地管理法》亦有可改进、细化的地方。一是把"由政府组织实施的扶贫搬迁、保障性安居工程建设"用地和"成片开发建设"用地也纳入征收范围,与征收所要求的公共利益不尽符合,这使集体土地的体量会被以征收之名不当限缩,在当前人地关系紧张的现实下,无疑不利于乡村振兴战略实施的用地保障。二是征收补偿方式单一化,并未对实践探索且适用地域扩大的实物补偿方式如征地留用地、返还地予以回应,与乡村振兴用地来源多

元化需求有所不合，也不满足集体所有权多种实现方式的实践探索。为此，对于第一种情况，应借集体建设用地入市改革纳入法治轨道的东风，从落实公共利益和保障集体土地所有权出发限缩征收的适用领域，发挥集体的主体作用，进一步规范集体土地上建租赁房行为，为乡村振兴战略的实施提供助力；对于第二种情形，根据实践情况，在法治框架下对征收补偿方式作出多元化的规范，既丰富乡村振兴用地来源，也完善集体土地所有权在土地征收中的实现方式。

乡村振兴用地是多元的，既要产业发展所需的集体经营性建设用地，又要集体公益性建设用地。《土地管理法》第 66 条规定了农村集体经济组织在特定情形下收回集体建设用地使用权的制度，可谓对集体土地所有权权能的落实和强化。该条款的解释和适用亦须以落实集体土地所有权为基本价值追求。从该规定来看，集体公益性建设用地供应涉及的集体土地使用权收回就与集体土地征收有颇多类似之处。“为乡（镇）村公共设施和公益事业建设”需要使用土地的，农村集体经济组织报经原批准用地的人民政府批准，可以收回土地使用权，这种收回在目的、逻辑结构以及法律后果等方面与征收具有相同或相似之处。为保护被收回人的合法权益，应参照集体土地征收的规定实施对集体土地使用权的收回。因不按照批准的用途使用土地、闲置土地而产生的集体土地使用权收回，对被收回人具有因违法而受处罚的性质，因此并不受上述收回规定的约束；至于因土地使用权消灭而为的收回，则是集体土地所有权效力的当然体现，遵循权利变动的逻辑。后两类情形虽各有其特殊性，但均是集约节约土地利用的必然要求，也是集体土地所有权应然权能的发挥，有助于增加乡村振兴用地的供应，需要进一步细化。由于集体经营性建设用地使用权的成立是当事人平等协商的结果，因此应依照双方签订的书面合同进行收回。

（二）集体建设用地制度中集体土地所有权的完善

农村土地的权属已由《宪法》《民法典》等法律规定，但在集体建设用地的开发利用过程中,更倾向于政府的决策。随着集体意识的逐步提高及政府对农民主体地位的强调,为了更好地开发集体建设用地,需要充分反映农民的利益需求,并发挥集体经济组织的法律地位和功能。

首先,以反映农民需求为核心发挥所有权权能。《民法典》第260条规定了集体所有的不动产和动产的范围,集体建设用地是集体所有的土地,其所有权的各项权能由“集体成员集体”行使,集体农民作为“集体成员集体”的基本构成,具有共益权和自益权,其中共益权是农民作为集体成员参与所属农民集体事务的权利,而自益权是农民作为集体成员自所属农民集体受领或享受财产利益的权利。[1] 根据共益权内容,在集体建设用地的利用过程中,农民享有知情权、参与权、表达权、监督权等权利,即关于集体建设用地能否利用、建设什么项目、如何建设、哪个主体建设等内容,均需经过农民主体的意思表示。无论是人民公社时期,还是改革开放初期,农村集体建设用地的建设主要满足国家的需求,政府发挥主要作用,集体的意思表示无法得到充分表达。集体对作为私权利客体的集体建设用地享有充分的所有权,虽然公权力的有效介入可以为民事活动的安全稳定和社会秩序的安定有序提供公权力保障,但公权力不应超越边界,[2]其不具有使用和处分集体建设用地的所有权权能。集体对集体建设用地的利用具有法理上的合理性,集体意志的表达机构是成员大会、成员代表大会,通过集体会议将农民的利益需求进行表示,凸显农民的主体地位。

其次,以农村集体经济组织为所有权主体落实集体成员需求。农村“集体成员集体”对集体建设用地享有所有权,然而,无论是对内还是对外,农民集体均非具体法律关系中的主体,立法赋予农村集体经

---

〔1〕 参见高飞:《〈民法典〉集体所有权立法的成功与不足》,载《河北法学》2021年第4期。

〔2〕 参见张国敏、郝培轩:《公法与私法的融合性社会治理——以民法典中行政主体义务性规范为视角》,载《河北法学》2021年第6期。

济组织和村民委员会的代为主体地位，更是无法以农民集体本身的面目出现。〔1〕农村集体经济组织与村民委员会存在差异，由农村集体经济组织行使集体建设用地所有权具有优异性。一方面，农村集体经济组织作为社会组织，具备的财力相比于村民委员会更加雄厚，可以在集体建设用地开发利用中提供资金，而村民委员会的经济职能较为薄弱，其财力无法满足需求；另一方面，农村集体经济组织的主要职能在农村经济建设，而村民委员会更多的是履行行政管理的职能，职能的相互区分有利于各自职能的发挥。因此，集体建设用地所有权由农村集体经济组织行使更有利于所有权权能的落实。然而，并非所有的村集体均设立集体经济组织，因此，根据《民法典》第 101 条第 2 款的规定，未设立农村集体经济组织的，村民委员会可以依法代行村集体经济组织的职能，从而由村民委员会代为行使集体建设用地的所有权。

---

〔1〕 参见宋志红：《论农民集体与农村集体经济组织的关系》，载《中国法学》2021 年第 3 期。

第三章 实施承包地“三权分置”，完善农村基本经营制度

党的二十大报告要求，“巩固和完善农村基本经营制度，发展新型农村集体经济，发展新型农业经营主体和社会化服务，发展农业适度规模经营”。承包地“三权分置”政策是实践需求和经营模式转变的回应，是农村基本经营制度的坚持和发展，是具有中国特色的农村土地制度的当代实践。这决定了承包地“三权分置”政策的目标多元，既要坚持农村土地集体所有，又要稳定农户土地承包权，还要放活土地经营权以推进农地适度流转、农业生产发展和农民持续增收。多元政策目标的实现，要求周密体系的制度设计作保障。

第一节 承包地“三权分置”与完善农村基本经营制度

承包地“三权分置”政策关涉农民集体及其成员、新型农地经营主体等多方利益，体现了新时代农地利用关系和经营制度的创新与法律实现，也承载了多元的价值目标，对共同富裕和中国式农业农村现代化具有重要意义。

一、农村基本经营制度的形成与发展

新中国成立以来,我国农村基本经营制度历经私有制下的农民个人经营、人民公社体制下的集体统一经营,再到以家庭联产承包责任制为基础的统分结合经营模式的发展,并在土地经营规模化、集约化发展的新趋势下,获得进一步完善。

(一)农民个人经营向集体统一经营的转变

新中国成立之前,党和国家为了调动广大农民的积极性以取得新民主主义革命的胜利,同时将农民从封建剥削制度中解放出来,带领广大农民打土豪、分田地,通过土地革命建立了土地归农民的私有制。农村土地私有制的经营实现方式主要表现为农民的个人经营,即农民作为土地所有权人自主开展农业生产活动,不受其他力量的干预和控制,以实现自身的基本生存保障。以私有制为基础的农民个人经营体制决定了我国农业中占绝对优势的还是小农经济。小农经济虽然是封建统治的经济基础和整个国家财政收入最可靠的来源,[1]但其本身具有诸多缺陷。首先,小农经济是分散和落后的,土地分散、农具和耕作方式古老、收获量低;其次,小农经济无法抵抗天灾,农民自身力量薄弱、生产尚不能自给自足、困难群体得不到保障;最后,小农经济不稳固,存在两极分化的倾向。所以,无论是从小农经济反映的经济基础还是其缺陷来看,"建立在劳动农民的生产资料私有制上面的小农经济,都限制农业生产力的发展"[2]。因此,对小农经济进行改造势在必行,而其改造的基本路径就是通过改革土地的私人所有制来改变农民个人经营体制。

农村集体经营体制是所有制的实现方式之一,随着所有制的变化而变化。除了上述改变小农经济的经济动因,改革土地农民私有制的政治动因是共产主义的政治追求。完成新民主主义革命后,党和国

---

〔1〕 参见王勇、朱小超:《毛泽东农民利益表达思想及其当代启示》,载《毛泽东思想研究》2011年第5期。

〔2〕 1953年《中共中央关于农业生产互助合作的决议》。

家随即进行了社会主义革命,以马克思关于社会主义所有制的理论为基础,参考借鉴苏联社会主义建设的经验,对农民实行了社会主义改造。通过互助组、初级社、高级社和人民公社逐步实现了农民私人所有制向农民集体所有制的转变,原来的农民个人经营制度随之转向集体的统一经营,在所有制基础和经营体制的变革之下,原来的小农经济也转变为农村集体经济。农村集体经济的形成是社会主义改造的结果,其以共同富裕为逻辑起点,〔1〕以农业生产资料集体公有制为基础。

从农村集体经济形成之初到人民公社解体,农村基本经营体制表现为高度的统一经营。高级社是农村集体经济形成的初期,其建立的过程本身就是个体农民让渡自己私有生产资料所有权,放弃个体经营向集体统一经营转变的过程。其统一经营的制度框架如下:第一,社员大会或者社员代表大会是最高管理机关,类似于法人制度中的权力机关;第二,管理委员会是社务日常管理机构,由社员大会或社员代表大会选任,类似于法人制度中的执行机关;第三,根据分工分业需要和高级社的具体情况,将所有社员分为若干田间生产队和副业生产队(统称为生产队),作为劳动组织的基本单位;除此之外还建立了较为完善的财务制度和监察制度。〔2〕通过以上制度安排,入社农民在管理委员会制定的统一生产计划下,以生产队为单位领受一定的生产任务,统一生产经营,并根据生产任务折算出的劳动日获取报酬,接受包产和超产奖励,从而在生产、分配等环节上实现了集体的统一经营。

这一经营体制一直沿用到人民公社解体,这期间虽然在治理结构等方面有过完善,但集体统一经营的基本性质没有变。尽管在特殊的历史时期为国家工业化建设提供了有力的支持,但不可否认的是束缚

〔1〕 参见丁忠兵、苑鹏:《中国农村集体经济发展对促进共同富裕的贡献研究》,载《农村经济》2022年第5期。

〔2〕 参见1956年《高级农业生产合作社示范章程》第五章"生产经营"、第六章"劳动组织和劳动报酬"相关条文。

农民人身和劳动自由的人民公社体制并不是实现社会主义的合适道路，在其发展过程中出现了形式的平均主义、农民生产积极性不高、农业生产效率低下等一系列问题，[1]最终人民公社体制走向解体。

（二）现行经营体制的形成与发展

农村集体公有制的形成奠定了农村集体经济的基础，也构成了改革开放以来农业农村深化改革的底线，现行以家庭承包经营为基础、统分结合的经营体制就是坚持集体土地所有制的结果。在人民公社体制后期，农村地区出现了包产到户和包干到户的实践，[2]并不断突破思想禁锢和政策束缚走向成功，以此为基础形成了家庭联产承包责任制，开启了农村土地集体所有权和农户承包经营权“两权分置”的历史进程，农村集体土地所有权的经营权能开始向集体成员让渡，最终在法律上被抽象为集体成员的土地承包经营权。1993 年《宪法修正案》首次将家庭联产承包责任制写入宪法，至此土地承包经营权获得了宪法依据；2002 年又颁布了《农村土地承包法》对土地承包经营权进行了专章规范；2007 年通过的《物权法》更是将土地承包经营权定性为用益物权。经过近 40 年的发展，家庭联产承包责任制和以此为基础产生的土地承包经营权不仅承担了社会保障的基本功能，也有充当农民财产的重要作用，[3]还奠定了统分结合经营体制分的层次。

在实行家庭联产承包责任制的过程中，保留了集体统一经营的合理因素，由农村集体经济组织统一进行土地的发包和管理就是分散经营中“统”的坚持，这是集体土地所有制的必然要求，也是发展农户家庭承包经营的现实需要。此时的集体统一经营完全不同于人民公社

[1] 参见刘志华：《改革开放初期的农业农村改革研究》，载《山东农业工程学院学报》2022 年第 1 期。

[2] 参见祁雪春、雷国珍：《国家认同视阈下农村人民公社实践的秩序演进》，载《广东党史与文献研究》2019 年第 1 期。

[3] 参见吴义龙：《“三权分置”论的法律逻辑、政策阐释及制度替代》，载《法学家》2016 年第 4 期。

时期的集体统一经营，更多地具有服务、管理的性质，主要承担提供社会化服务与土地承包管理的职能，负责集体财产管理、利益关系协调、集体资源开发、农业基础设施建设等单个家庭无法完成的环节，〔1〕当然在少数集体经济发达的农村，也表现为集体直接经营土地进行农业生产。总而言之，以家庭联产承包责任制为基础的统分结合经营体制是在集体所有制和集体所有权实现方式创新基础上形成的科学经营体制。

党的十八大以来，农业生产经营规模化和集约化的需求日益迫切。为了适应现实情况的变化，以家庭联产承包责任制为基础的统分结合的双层经营体制进一步完善和发展。在“分”的层面主要表现为新型经营主体的出现丰富了分散经营的方式，在“统”的层面则主要表现为随着集体经济的发展壮大和农村要素市场化改革，集体的主体作用越发重要。新型经营主体的发展是通过土地流转实现的，早在1984年中央一号文件中就规定一定条件下“经集体同意，由社员自找对象协商转包”承包期内的农地，这是农地流转制度的最初政策表达；2002年通过的《农村土地承包法》在第二章第五节专门规定了土地承包经营权流转的方式、原则、主体等问题，至此农地流转实现了从国家政策向法律制度的转变；此后随着农地流转的现实需要，农地流转制度也不断地发展和完善。时至今日，农地流转制度最大的变化就是流转主体的变化，即受让主体不再限于农村集体经济组织成员，可以是农业企业、专业合作社、家庭农场及种养大户等新型农业经营主体。从某种程度上讲，新型经营主体已经成为我国现代农业发展过程中的核心主体。〔2〕

流转主体的变化带来了农地规模经营的可能。因为以家庭联产

---

〔1〕 参见中共十三届八中全会通过的《中共中央关于进一步加强农业和农村工作的决定》。

〔2〕 参见王金华：《浅析农村新型经营主体发展中存在的问题及对策》，载《现代农业研究》2021年第8期。

承包责任制为基础的农地分散经营模式，受制于农户生产力水平和土地细碎化等，不可能实现农地经营的规模化和集约化，而新型农业经营主体则可以在保持现有农地承包关系稳定的基础上，通过农地规模流转打破家庭承包分散经营的桎梏，实现农地的适度规模经营。事实上，农地规模流转除政治和社会因素之外，最重要的是经济因素，它是现阶段农村生产方式适应生产力的必然趋势。农地作为财产的一种，具有生产资料和财产的双重属性。[1] 但随着肥力和其他投入的逐年增加，农地生产能力已达极限，因此想要获得更多的农地剩余价值，就只能改变生产方式，通过农地规模流转产生的规模效应，使农业生产边际成本递减，边际收益递增。

为了回应经营体制变化的现实需求，同时保障新型经营主体的现实利益，党和国家又以土地“两权分置”为基础提出了“三权分置”。经过实践探索和立法转化将分置出的新权利确定为土地经营权。土地经营权的确立有利于法治保障农村基本经营体制“分”的层面的创新和发展。在“分”的经营发展的同时，“统”的经营也取得了进步。一方面，集体在土地流转和相关实践中发挥了更大的组织、协调和服务作用，集体所有权的权能不断充实和壮大；另一方面，通过集体经济实现方式的创新，农村集体统一经营的内涵和方式也在不断丰富。以经营性资产股份制改革为基础的农村集体产权制度改革，正是完善和发展集体统一经营的有力助推。[2] 进入社会主义新时代，因应社会主要矛盾的变化，农村基本经营制度在坚守中有创新、在创新中求发展、在发展中回应现实，为创新集体所有制的实现方式和实现中国式农业农村现代化提供了经营制度保障。

二、农村基本经营制度面临的问题与挑战

从制度的发展史来看，农业的不同发展阶段要求不同的制度安

---

〔1〕 参见钟晓萍、于晓华：《财产还是生产资料？——土地经济属性与农地制度改革路径》，载《内蒙古社会科学》2022 年第 1 期。

〔2〕 参见许经勇：《论农村集体产权的股份制改革》，载《学习论坛》2017 年第 3 期。

排,发展阶段的演进必然要求相应的制度变革。农地上不同权利、不同配置的制度安排对制度的公平与效率具有重大影响。在农村土地制度改革早期,流转以自发、零星和小规模为特点,已有政策制度安排基本可以满足需求。随着土地承包经营权制度的活力逐渐释放和衰减,农地经营越发细碎化,整个农业生产与市场越来越难以接轨,农业比较效益低下的特点越来越突出,严重影响农民收入的提高。

从实践发展情况来看,随着工业化、城镇化的迅速推进和农业生产逐步现代化,农业生产经营各要素出现新的变化,务农劳动力的绝对数量和相对比重都在大幅下降,职业转换和居住地变动而农民身份维持造成农民兼业经营的现象普遍出现。[1] 兼业农民大量出现,务工收入成为其主要收入来源,虽然无暇顾及承包地经营,却因进城进厂务工面临诸多不确定因素和各种风险而又无法放弃承包地,仍然视之为安身立命之本。与此同时,农业生产技术及装备水平不断提高,农户承包土地的经营权流转明显加快,发展农业适度规模经营已成为必然趋势。在这种情况下,“有地无人种”和“有人无地种”的人地分离现象开始出现并进一步加剧。在农村村民与承包地分离日趋明显的人地关系格局下,如何使农户在土地承包经营权不受影响的情况下把土地的实际经营权交由他人行使,从而为农业适度规模经营尽可能提供有力的法律支持,是急需解决的难题。[2] 随着产业结构调整和经济转型升级,种田能手、农业大户、家庭农场、农业合作社、农业公司等新型农业经营主体不断涌现,成为实际经营主体。新型农业经营主体因受让权利的性质不明晰、效力较弱、保障力度不够而在实际经营中产生一些问题:一是难以形成长期稳定的良好预期,要么不敢做长远打算进行投资,要么进行掠夺性经营,难以实现可持续发展;二是难

---

〔1〕 参见张红宇:《从“两权分离”到“三权分离”——我国农业生产关系变化的新趋势》,载《人民日报》2014年1月14日,第7版。

〔2〕 参见朱广新:《土地承包权与经营权分离的政策意蕴与法制完善》,载《法学》2015年第11期。

以通过土地进行担保融资、扩大再生产，制约了正常的生产经营。

从农业本身的发展规律来看，中国式农业现代化不仅仅对农地规模有所要求，对资金更有强烈需求，在农业产业积累有限、农民拥有的资产匮乏的现实约束下更难以得到满足。对农民和各类新型农业经营主体而言，作为最大、最重要资产的土地尚因承载社会保障功能而流动性受到法律限制处于“沉睡”之中，难以抵押融资。

上述人地分离加剧、自由流转受限和生产资金短缺的情况逐渐催生出新的模式。从各地实践探索来看，自 20 世纪 90 年代以来，集体土地所有权、承包权和经营权分离的探索就已在各地展开，鼓励集体土地所有权、承包权和经营权分离，稳定承包权、搞活经营权，规范土地承包经营权流转。[1] 例如，山东省枣庄模式的要点在于独创土地使用产权，给新型经营主体发放土地使用产权证，[2] 以土地使用产权流转收入作为质押对象和还款来源，办理土地使用权质押贷款，避免土地使用权不可抵押的法律限制。

从学界的理论研究来看，土地承包经营权也有分离必要，实践中农民流转土地承包经营权，流转的仅仅是经营权，承包权仍保留在农民手中，故而土地承包经营权概念本身也需进一步分解。

从主体制度来看，承包地“三权分置”政策与《民法典》《农民专业合作社法》存在交集。《民法典》第 96 条规定，农村集体经济组织法人、城镇农村的合作经济组织法人为特别法人。对于是否所有农村集体经济组织、合作经济组织都具有法人资格，《民法典》第 99 条只是规定，农村集体经济组织依“法”取得法人资格，而所依之法是什么法、是否有此法，并无明确规定。法人的类型不同，其内部构造和治理模式显然不同。在农村集体经济组织未依法取得法人资格时该如何

---

〔1〕 参见张力、郑志峰：《推进农村土地承包权与经营权再分离的法制构造研究》，载《农业经济问题》2015 年第 1 期。

〔2〕 参见施维、董文龙：《赋予农民更有保障的土地财产权》，载《农民日报》2015 年 12 月 23 日，第 7 版。

运作，取得法人资格后作为特别法人又该如何运作？细则的缺乏，无疑会影响承包地“三权分置”改革的有效推进。承包地“三权分置”改革保护、鼓励新型农业经营主体投入农业生产，除了规范的公司类主体可依公司法运作外，家庭农场、农民专业合作社的法律地位、运作机理不明，在实践中也出现了诸多问题，亟须解决。

三、承包地“三权分置”改革

正是上述农业生产经营的现实需求、各地实践探索和理论界的研究推动，农地“三权分置”方案应运而生，[1]由2014年中央一号文件明确提出。

（一）承包地“三权分置”改革的目标

准确把握承包地“三权分置”改革的目标需要仔细考察中央关于土地承包权与经营权分离的系列政策文件及其表述。

自党的十八届三中全会提出赋予农民对承包地流转、抵押、担保权能后，2014年中央一号文件明确提出，“赋予农民对承包地占有、使用、收益、流转及承包经营权抵押、担保权能”，并“允许承包土地的经营权向金融机构抵押融资”。2014年11月20日中共中央办公厅、国务院办公厅印发《关于引导农村土地经营权有序流转发展农业适度规模经营的意见》把同年一号文件提出的承包地“三权分置”改革方案作为基本原则，而且把政策的落脚点锁定在“引导土地经营权有序流转”。2015年中央一号文件在专节强调“加快构建新型农业经营体系”“引导土地经营权规范有序流转，创新土地流转和规模经营方式，积极发展多种形式适度规模经营”后，要求明确现有土地承包关系保持稳定并长久不变的具体实现形式，界定承包地三权之间的权利关系。同年中共中央办公厅、国务院办公厅出台的《深化农村改革综合性实施方案》明确指出：“放活土地经营权，就是允许承包农户将土地

[1] 参见高飞：《农村土地“三权分置”的法理阐释与制度意蕴》，载《法学研究》2016年第3期。

经营权依法自愿配置给有经营意愿和经营能力的主体,发展多种形式的适度规模经营。"2016年中央一号文件重申承包地"三权分置"方案后进一步要求:"明确农村土地承包关系长久不变……依法推进土地经营权有序流转,鼓励和引导农户自愿互换承包地块实现连片耕种。"随后中共中央办公厅、国务院办公厅联合发布《关于完善农村土地所有权承包权经营权分置办法的意见》,在具体落实集体所有权和切实稳定农户承包权的同时明确要求"加快放活土地经营权",指出"赋予经营主体更有保障的土地经营权,是完善农村基本经营制度的关键",并在"确保'三权分置'有序实施"部分以土地经营权流转放活为中心作出系列部署。

由此可见,承包地"三权分置"改革的意旨非常明确,即在"两权分离"(在集体土地上设定土地承包经营权,由农村集体经济组织享有土地所有权,农户享有土地承包经营权)的基础上将土地承包经营权分设为承包权和经营权,把经营权从承包经营权中独立出来放活、激活,促进农村土地(指承包耕地)经营权有序流转、实现农业适度规模经营、加快构建新型农业经营体系。[1] 因此,承包地"三权分置"被实务部门和学界认为是农村改革理论和实践上的又一重大突破。[2]

(二)承包地"三权分置"改革的重心

承包地"三权分置"改革的重心是顺应新时代的农地生产经营需求,在"两权分置"的基础上再分置出具有物权属性的土地经营权,并实现其承载的多重制度功能和价值取向。

---

〔1〕 参见叶兴庆:《从"两权分离"到"三权分离"——我国农地产权制度的过去与未来》,载《中国党政干部论坛》2014年第6期;冯海发:《为全面解决"三农"问题夯实基础——对十八届三中全会〈决定〉有关农村改革几个重大问题的理解》,载《农民日报》2013年11月18日,第1版。

〔2〕 参见赵阳:《新形势下完善农村土地承包政策若干问题的认识》,载《经济社会体制比较》2014年第2期;张克俊:《农村土地"三权分置"制度的实施难题与破解路径》,载《中州学刊》2016年第11期。

1. 土地经营权的诞生

承包地"三权分置"改革的制度背景和制度约束,可以概括为"四个坚持":坚持和完善农村基本经营制度、坚持农村土地集体所有、坚持家庭经营基础性地位、坚持稳定土地承包关系并保持长久不变。承包地"三权分置"改革就是在体现上述"四个坚持"的同时又克服其不足的探索,即在现行两权分离的基础上从土地承包经营权中分置出土地经营权,在稳定土地承包关系并坚持长期不变的基础上放活土地经营权,实现农地利用方式的创新,保障各方主体的权益,实现公平与效率的有效统一,实现保护农民权益与推进城镇化、工业化和农业现代化的兼顾,释放新一轮改革红利。[1]

分离出来的独立的土地经营权具有实现上述价值目标的多重制度功能。在尊重现行土地制度基本架构的前提下剥离土地承包经营权的超载功能,即使土地经营权自由流转甚至落入他人(主要是抵押融资的金融机构或债权人)之手也能继续保持土地承包人对土地承包权长期稳定的享有,理顺法律关系,促进土地经营权的自由流转,稳定土地经营权人的良好预期,实现农业生产的规模化、高效化和现代化。不仅如此,在我国农业已经进入农业发展高投入、高成本的转型期而对金融的依赖日益加深的当下,[2]分离出独立的土地经营权对各类新型农业经营主体也具有重大意义。从产权经济学原理来看,承包地"三权分置"就是赋予农地产权特别是土地经营权以明确性、稳定性和完整性等,增强其流动性,保证农业生产经营的可持续性,促进农地担保融资,利用金融杠杆激活土地"沉睡"的价值、扩大农业再生产、保障规模经营,从而实现资源的优化配置,增加农民收入,

[1] 参见陈锡文:《关于解决"三农"问题的几点考虑——学习〈中共中央关于全面深化改革若干重大问题的决定〉》,载《中共党史研究》2014年第1期;陈朝兵:《农村土地"三权分置":功能作用、权能划分与制度构建》,载《中国人口·资源与环境》2016年第4期。

[2] 参见高圣平:《承包土地的经营权抵押规则之构建——兼评重庆城乡统筹综合配套改革试点模式》,载《法商研究》2016年第1期。

促进农业现代化发展。[1]

总结起来，各种新型农业经营主体以其实际经营的土地抵押融资的需求日趋强烈，各地既有的实践探索受制于现行法律制度安排而难以化解土地承包经营权潜在的处置风险、信用风险。所有这些都要求实际经营土地者获得的是一种具有物权效力和抵押功能的财产权，防止土地承包人随意更改合同，影响受让人稳定投入。[2] 由此，土地经营权的价值功能可以概括为：一是在不破坏并维系农村基本经营制度的前提下进行改革创新的突破口和关键；二是解决人地分离矛盾、克服耕地细碎化和促进流转自由顺畅的主要途径；三是培育和引入新型农业经营主体并理顺和稳定其与承包农户之间的土地利用关系的制度工具；[3] 四是化解新型农业经营主体顾虑、稳定其良好预期的稳压器和实现土地资产化从而进行抵押融资扩大再生产的转化器；五是实现土地资源的科学配置和价值的最大化发挥，为农业生产规模化、高效化和现代化提供制度保障。

2. 土地经营权的应然属性

基于土地承包经营权的生产和生活保障功能，2014 年中央一号文件以“三权分置”学说为基础首次在中央文件中正式提出“土地经营权”概念。但“土地经营权”这一概念如何在法律上表达，这种新型

[1] 参见赵阳：《新形势下完善农村土地承包政策若干问题的认识》，载《经济社会体制比较》2014 年第 2 期；邵挺：《土地流转的“名”与“实”——引入金融的视角》，载《中国发展观察》2015 年第 4 期；高勇：《农地经营权抵押融资影响因素的实证分析——基于农村基层信贷员的调查数据》，载《金融理论与实践》2016 年第 6 期；楼建波：《农户承包经营的农地流转的三权分置——一个功能主义的分析路径》，载《南开学报(哲学社会科学版)》2016 年第 4 期。

[2] 参见朱广新：《土地承包权与经营权分离的政策意蕴与法制完善》，载《法学》2015 年第 11 期。

[3] 参见陈锡文：《关于解决“三农”问题的几点考虑——学习〈中共中央关于全面深化改革若干重大问题的决定〉》，载《中共党史研究》2014 年第 1 期。

权利如何在法律上定性,在学界引发了巨大争议。[1]

学界的争论大致可以作如下归纳:(1)债权说。该学说主要从两个角度进行论证:一是从权利产生的角度认为土地经营权是以土地承包经营权为存在基础的派生权利,并依附于农户的土地承包经营权,[2]是流转情况下才独立于承包权的一项权利。[3] 二是从实定法的角度,根据物权法定原则,在现行法律未作重大修改的背景下,应当立足于现行法律规范及民法理论,把土地经营权界定为债权,同时为回应实践需求和政策要求,在现有框架下赋予其担保功能。[4] (2)物权说。该种学说主要从应然角度立论。[5] 物权化的土地经营权在我国法律中尚不存在,现行立法并不能对承包地"三权分置"改革提供有力的支持和制度保障。[6] 从必要性和现实可能性来看,应将土地经营权作物权化塑造以使其表征土地承包经营权流转形成的

---

〔1〕 参见陈小君:《我国农村土地法律制度变革的思路与框架——十八届三中全会〈决定〉相关内容解读》,载《法学研究》2014 年第 4 期;高圣平:《新型农业经营体系下农地产权结构的法律逻辑》,载《法学研究》2014 年第 4 期;丁文:《论土地承包权与土地承包经营权的分离》,载《中国法学》2015 年第 3 期;蔡立东、姜楠:《承包权与经营权分置的法构造》,载《法学研究》2015 年第 3 期。

〔2〕 参见吴兴国:《承包权与经营权分离框架下债权性流转经营权人权益保护研究》,载《江淮论坛》2014 年第 5 期。

〔3〕 参见李伟伟:《"三权分置"中土地经营权的权利性质》,载《上海农村经济》2016 年第 2 期;姜红利:《放活土地经营权的法制选择与裁判路径》,载《法学杂志》2016 年第 3 期;高海:《论农用地"三权分置"中经营权的法律性质》,载《法学家》2016 年第 4 期。

〔4〕 参见张红宇:《从"两权分离"到"三权分离"——我国农业生产关系变化的新趋势》,载《人民日报》2014 年 1 月 14 日,第 7 版。

〔5〕 不过,也有学者认为,土地经营权虽在现行法律制度框架下并不具有法定的物权效力(债权),但因为其具有一定的物权功能,而在事实上具有一定的物权效力。参见李国强:《论农地流转中"三权分置"的法律关系》,载《法律科学(西北政法大学学报)》2015 年第 6 期。

〔6〕 参见孙宪忠:《推进农地三权分置经营模式的立法研究》,载《中国社会科学》2016 年第 7 期;孙宪忠:《推进农村土地"三权分置"需要解决的法律认识问题》,载《行政管理改革》2016 年第 2 期。

新权利，〔1〕创造性设置物权性质的土地承包经营权并规定于原《物权法》用益物权编中（现《民法典》物权编用益物权分编）。依循多层权利客体的法理，土地经营权乃是土地承包经营权人设定的、以土地承包经营权为标的的用益物权，其与土地承包经营权属于不同层次客体上存在的用益物权。〔2〕还有学者依据权能理论认为，土地经营权是土地承包经营权下的子权利，不同于土地承包经营权的权能，其具有独立性，是典型的用益物权，属于财产性权利。〔3〕承包土地的权利构造可以表达为“集体的土地所有权+农户的土地承包经营权+农业经营主体的土地经营权”。〔4〕学界虽然普遍认为土地经营权和农户承包权同属于（用益）物权，但均承认二者的差异，且主要在于后者具有身份性和资格性。〔5〕（3）二元说。该学说主要有两种：一种是从不同流转方式出发，认为经营权在土地承包经营权转包、出租和入股方式流转条件下属于债权性质，在转让和互换流转条件下属于物权性质。〔6〕另一种是从不同实践模式、不同条件出发，认为确权确地之土

---

〔1〕参见陶钟太朗、杨遂全：《农村土地经营权认知与物权塑造——从既有法制到未来立法》，载《南京农业大学学报（社会科学版）》2015年第2期。

〔2〕参见蔡立东、姜楠：《承包权与经营权分置的法构造》，载《法学研究》2015年第3期；朱继胜：《论“三权分置”下的土地承包权》，载《河北法学》2016年第3期；孙宪忠：《论土地承包经营权的二元结构属性》，载《江西财经大学学报》2015年第5期。

〔3〕参见郑志峰：《当前我国农村土地承包权与经营权再分离的法制框架创新研究——以2014年中央一号文件为指导》，载《求实》2014年第10期。

〔4〕参见高圣平：《承包土地的经营权抵押规则之构建——兼评重庆城乡统筹综合配套改革试点模式》，载《法商研究》2016年第1期。

〔5〕参见姜红利：《放活土地经营权的法制选择与裁判路径》，载《法学杂志》2016年第3期；潘俊：《农村土地“三权分置”：权利内容与风险防范》，载《中州学刊》2014年第11期；郑若翰：《土地承包经营权制度改革：逻辑、原则与制度选择》，载《西北农林科技大学学报（社会科学版）》2016年第3期。

〔6〕参见张毅、张红、毕宝德：《农地的“三权分置”及改革问题：政策轨迹、文本分析与产权重构》，载《中国软科学》2016年第3期。现行法律框架下土地承包经营权的流转方式并非都是承包权和经营权分离的可选路径，只有抵押、入股、信托等是实现承包权和经营权分离的最佳选择。参见潘俊：《农村土地“三权分置”：权利内容与风险防范》，载《中州学刊》2014年第11期。

地承包经营权分离出的经营权定性为债权比较妥当，而确权确股不确地之土地承包方式创新视阈下分离出的经营权存在物权化的合理空间。[1] 此外，还有学者以《民法典》和《农村土地承包法》关于土地经营权登记的既有规范为解释论基础，认为流转5年以上的土地经营权为物权，其他的为债权。[2] (4)土地经营权无用说。该种学说有两种表现：一是在土地承包经营权框架下以农地使用权代之（农地使用权说）。该种学说以对农地三权的新解读为前提，认为农户承包权应被农民集体成员权所取代，土地经营权应被重构为农地使用权。[3] 二是认为土地经营权是经济学术语，在法律上就是（次级）土地承包经营权，并且在法理上不存在任何障碍。[4] (5)废弃说。该种学说直接否认土地经营权的合法性，认为土地经营权不是法律语言，也无法通过立法成为法律概念。[5]

上述学说中，债权说无法有效回应实践需求和中央政策要求；二元说虽然表面上符合实际，似乎也有一定的解释力，但在逻辑上有不一致的地方。对于以流转方式不同所形成的二元说，只要是分离出来的土地经营权，无论是原土地承包经营权人设定的抵押实现后分离出的土地经营权还是原土地承包经营权人设立后转让出去的土地经营权，都应该是物权性的。土地承包经营权非以分离土地经营权的方式流转的，如土地承包经营权出租，则产生的不是土地经营权，而是租赁

---

[1] 参见高海：《论农用地"三权分置"中经营权的法律性质》，载《法学家》2016年第4期。

[2] 参见房绍坤、林广会：《解释论视角下的土地经营权融资担保》，载《吉林大学社会科学学报》2020年第1期；崔建远：《物权编对四种他物权制度的完善和发展》，载《中国法学》2020年第4期；祝之舟：《〈农村土地承包法〉修改的制度要点与实施问题研究》，载《南京农业大学学报（社会科学版）》2019年第4期等。

[3] 参见高飞：《农村土地"三权分置"的法理阐释与制度意蕴》，载《法学研究》2016年第3期。

[4] 参见朱广新：《土地承包权与经营权分离的政策意蕴与法制完善》，载《法学》2015年第11期。

[5] 参见申惠文：《农地三权分离改革的法学反思与批评》，载《河北法学》2015年第4期。

权，正如房屋承租人取得房屋的租赁权一样；对于互换，则是土地承包经营权本身的互换，非为土地经营权的互换。对于不同模式和条件下形成的二元说，其权利构造在法理上有待进一步斟酌，由流转期限判定土地经营权的实益亦值得怀疑。[1] 废弃说有一定道理，但过于理想化，稍显简单，当不足采。农地使用权说虽然逻辑自洽，有相当的说服力，但抛开政策既定的文本另起炉灶的做法值得推敲。[2] 物权说虽然在法理逻辑上有待进一步探讨，但准确抓住了承包地“三权分置”改革的主旨和关键，回应了实践需求，有其合理性，值得赞同。

第二节　承包地“三权分置”法律构造与中国式农业农村现代化

承包地“三权分置”是顺应农业生产力和生产关系发展的重大改革，也是新时代推进中国式农业农村现代化的重要举措。以承包地“三权分置”为路径促进农业生产结构、产业体系和经营方式的发展，需要法治保障的及时跟进。

一、中国式农业农村现代化的含义与要求

中国式农业农村现代化以实现农民农村共同富裕为价值指引，以创新、协调、绿色、开放、共享和农业农村优先发展的理念为思想引领，以乡村振兴战略的实施为主要抓手，是农业和农村齐头并进的现代化，是党领导下农业农村政治、经济、文化、生态和社会一体化发展的

---

〔1〕参见单平基：《土地经营权债权定性之解释论》，载《法学家》2022年第4期。

〔2〕以集体所有权+成员权+土地承包经营权（农地使用权）重新命名农地“三权分置”改革方案存在不尽周延的地方：在所有权、成员权和土地承包经营权框架下，农户在转出土地承包经营权后，仅保留再行承包的资格，而并不必然取得或完全取得实在的土地承包经营权，与“三权分置”框架下农户承包权的内涵并不一致，因为农户承包权在让渡的土地经营权期限届满后还可以享有完整的土地承包经营权。

现代化,是物质文明和精神文明相协调、人与自然和谐共生的现代化,具有明确的历史方位、丰富的时代内涵和体系化的目标要求。

(一)农业农村现代化的历史方位与时代内涵

1. 历史方位

探索具有中国特色的农业农村现代化发展道路,不仅符合我国农业农村发展的实际,也是推进国家整体现代化建设的基础要求。[1] 当前农业农村现代化处在“十四五”及“第二个百年奋斗目标开篇”之际,处在巩固拓展脱贫攻坚成果同乡村振兴有效衔接的关键期,[2] 是党的十九大以来关于“三农”工作的战略安排,是有效衔接全面脱贫与乡村振兴的重要举措,体现了明显的阶段性特征和中国特色。[3] 政府赋能与农民组织对农业农村现代化而言不可或缺,而这恰好构成中国特色社会主义的制度优势。[4] 农业农村现代化不仅传承发展了我国推进现代化的总体布局思路,而且丰富和扩展了“五个现代化”的科学内涵,更加符合新时代的特点和建设社会主义现代化强国的要求。[5] 农业农村现代化对坚持以人民为中心的发展思想、建设现代化经济体系、推动经济社会持续稳步发展、实现中华民族伟大复兴、构建人类命运共同体等方面具有重要的时代意义。[6] 农业农村现代化思想的演变有着清晰的逻辑主线,旨归于社会主义本质

---

[1] 参见李继凯、任万明:《中国特色农业农村现代化理论思考》,载《乡村论丛》2022年第4期。

[2] 参见陈燕:《农业农村现代化与乡村振兴:内在逻辑与机制建构》,载《学习与探索》2021年第10期。

[3] 参见刘颖晴:《农业农村现代化的内在逻辑》,载《农村经济与科技》2022年第2期。

[4] 参见计晗、许佳伟、聂凤英:《小农经济条件下农业农村现代化:历史探索与经验启示》,载《南京农业大学学报(社会科学版)》2021年第5期。

[5] 参见魏后凯:《深刻把握农业农村现代化的科学内涵》,载《农村工作通讯》2019年第2期。

[6] 参见王兆华:《新时代我国农业农村现代化再认识》,载《农业经济问题》2019年第8期。

的实现。[1]

关于农业农村现代化历史方位的现有研究具有以下特点：第一，将农业农村现代化置于社会主义发展的历史进程之中，强调其所具有的中国特色和对社会主义实现的重要作用；第二，在整体现代化的视域下探讨农业农村现代化的体系定位和重要意义；第三，结合乡村振兴战略、“十四五”规划、“三农”工作等具体面向，分析农业农村现代化对深化农村体制改革的促进和引领。整体而言，明确农业农村现代化的历史方位，既要从宏观角度审视其在中国特色社会主义发展阶段中的体系定位，也要从微观角度考察其对农业农村各项改革举措的引领。于前者，农业农村现代化是中国式现代化的组成部分，是在社会主义初级阶段全面建成现代化强国的必由之路，处在百年未有之大变局和中华民族伟大复兴的关键时期；于后者，农业农村现代化构成了农业农村深化改革系列举措的总目标，是检视“三农”政策实施和成效的总标准。

2. 时代内涵

农业现代化是农村现代化的物质基础，农村现代化是农业现代化的上层建筑，两者相辅相成，缺一不可。[2] 新发展阶段农业农村现代化的内涵特征可以概括为农业产业体系、生产体系、经营体系现代化，农村基础设施和公共服务现代化，农村居民思想观念和生活质量现代化，农村治理体系和治理能力现代化；[3] 还可以界定为“一锚两统四促一跨”和“五位一体四培育三起来”。农业现代化是农业农村现代化之“根”，农村居民生活品质的现代化是农业农村现代化之“本”，农

〔1〕参见李浩然、马万利：《新中国成立以来中国共产党农业农村现代化思想演变研究》，载《江西社会科学》2022 年第 2 期。

〔2〕参见杜志雄：《农业农村现代化：内涵辨析、问题挑战与实现路径》，载《南京农业大学学报（社会科学版）》2021 年第 5 期。

〔3〕参见国务院发展研究中心农村经济研究部课题组、叶兴庆、程郁：《新发展阶段农业农村现代化的内涵特征和评价体系》，载《改革》2021 年第 9 期。

民现代化是农村现代化之“魂”。[1] 农业现代化与农村现代化共同联系的是生产方式的两个方面，农业现代化联结的是农村的生产力，农村现代化联结的是农村的生产关系，农业现代化与农村现代化在生产力与生产关系的交互作用规律支配下历史演进。[2] 农业现代化和农村现代化分别涉及社会组织和产业形态两个现代化方面：“农业现代化”是指通过对现有农业的现代化改造，提升农业生产效率、增加农业经济效益、优化农业市场体制；“农村现代化”则要以城乡融合为发展目标，维护乡村主体性的同时实施“新农村”建设。[3] 我国农业现代化理论政策的历史演变始终与不同时期的社会经济发展形势紧密相连，反映了每一阶段农村生产力发展进步的客观要求，科技进步始终是推动农业现代化发展变化的强大力量。[4]

中国式农业农村现代化具有深厚的时代特征：首先，表现为农业现代化和农村现代化的有机统一和协调互动。尽管农业和农村现代化具有不同的发展目标，但这些目标之间并不是孤立存在的，而是相互影响和促进的，正是目标之间的体系化和科学化使二者构成一个紧密整体。其次，表现为农业农村现代化根植于当代中国社会。其不仅反映了中国特色社会主义制度前进发展的方向和要求，也是农村生产力和生产方式变革的具体反映，内含了破除城乡二元结构、解决社会主要矛盾、实现共同富裕等一系列时代追求。最后，表现为农业农村现代化由多项逻辑严密层层递进的子系统构成。其中，农村治理体系和治理能力现代化是前置条件，农业产业生产体系和经营体系的创新是关键突破口，农村基础设施和服务现代化是有效路径，农民思想和

---

〔1〕 参见姜长云、李俊茹：《关于农业农村现代化内涵、外延的思考》，载《学术界》2021年第5期。

〔2〕 参见孙贺、傅孝天：《农业农村现代化一体推进的政治经济学逻辑》，载《求是学刊》2021年第1期。

〔3〕 参见张希奇：《实施乡村振兴战略，推进农业农村现代化》，载《农村经济与科技》2019年第6期。

〔4〕 参见曹俊杰：《新中国成立70年农业现代化理论政策和实践的演变》，载《中州学刊》2019年第7期。

生活质量的现代化是最终目标。

农业农村现代化与乡村振兴的逻辑关系。需要充分把握农业农村现代化与乡村振兴的内在逻辑,正视农业农村发展中的突出问题。[1] 农业农村现代化与乡村振兴的"二十字总要求"有机衔接,是"五位一体"总体布局在农业农村的全面体现。[2] 此前,现代化发展战略只提农业现代化,如今则开始农村现代化与农业现代化并重,其背后的原因是两者之间尚未实现有效的连接、转换和相互支持,而这是摆在当前乡村振兴发展道路上的关键难题,亟待破解。[3] 乡村振兴的实质是农业农村现代化,乡村振兴战略是推动实现农业农村现代化进而实现社会主义现代化的重大战略。[4]

在谈到农业农村现代化时,不可避免地要提到乡村振兴,二者具有内在的逻辑关系。中国式农业农村现代化是实施乡村振兴战略的总目标要求,而乡村振兴战略的实施则是实现中国式农业农村现代化的主要制度依托。质言之,中国式农业农村现代化规范着乡村振兴战略的实施,而乡村振兴战略的实施则要服从中国式农业农村现代化的整体推进。这就决定了二者在价值追求、时代地位和实现路径等方面均存在差异,所以不能认为二者处于同等地位、一体考虑,避免因为逻辑不清导致制度设计缺乏逻辑性、体系性和科学性,进而影响乡村振兴和农业农村现代化的有效实现。

---

[1] 参见陈燕:《农业农村现代化与乡村振兴:内在逻辑与机制建构》,载《学习与探索》2021 年第 10 期。

[2] 参见金文成、张灿强、王莉:《深刻认识农业农村现代化的科学内涵》,载《中国农村科技》2021 年第 1 期。

[3] 参见王春光:《迈向共同富裕——农业农村现代化实践行动和路径的社会学思考》,载《社会学研究》2021 年第 2 期。

[4] 参见李小云:《现代化进程中的乡村问题和振兴路径》,载《贵州社会科学》2022 年第 1 期。

(二)农业农村现代化的目标体系

1. 目标要求

习近平总书记关于“三农”工作的重要论述为推进我国农业农村现代化建设提供了行动指南,对新时期做好“三农”工作具有战略引领作用。基本实现农业农村现代化的目标任务包含总体目标、底线要求和主要任务三个层次,其中,总体目标内涵丰富,底线要求是“确保粮食安全和重要农产品有效供给”和“坚决守住巩固脱贫攻坚成果决不能出问题”,主要任务包括稳慎优化农业农村/城乡国土空间开发关系等八项。[1] 农业农村现代化应当实现农业强、农村美、农民富的发展目标,应做到优先支农扶农,完善基础设施建设;立足县域载体,推动产业深度融合;保障粮食安全,促进农业提质增效;注重生态保护,加强乡风文明建设;强化人才支撑,促进新型农业经营主体高质量发展。[2]

现有研究对中国式农业农村现代化目标要求的论述多内含于其实现路径之中,经提炼分解,其主要目标如下:在农业现代化领域要以土地的集约高效利用为基础,不断完善产业体系,实现三产融合;创新生产体系和经营体系,奠定经济基础;健全资金技术和政策保障体系,提供综合服务。在农村现代化领域则要坚持以人民为中心的发展思想,完善治理体系和提升治理能力,实现自治、法治、德治相结合;加强基础设施和公共服务建设,实现农民生活便利;弘扬农村优良传统和优秀文化,夯实农村发展根基;提高农民文化和素质水平,获得解放发展;保护农村生态环境,实现代际接续利用。就农业农村现代化的总体目标而言,则要实现各领域目标协调联动,有步骤、分层次地实现城乡融合发展,畅通城乡要素流动,解决城乡发展不平衡、农业发展不充

---

[1] 参见姜长云、姜惠宸:《论基本实现农业农村现代化目标任务的三个层次》,载《东岳论丛》2021 年第 7 期。

[2] 参见杜志雄:《农业农村现代化:内涵辨析、问题挑战与实现路径》,载《南京农业大学学报(社会科学版)》2021 年第 5 期。

分的问题，以助力社会主义现代化强国的如期建成。可以看出，中国式农业农村现代化的目标要求和乡村振兴战略的目标要求既有重合又有区别，所以二者不能相互替代，既应通盘考虑，也应单独审视。

2. 实现路径

在乡村振兴中推进农业农村现代化，需要走中国特色道路，即以粮食安全为核心、以农户为主体、由农民因地制宜自主选择的多样性道路。[1] 乡村振兴视角下实现农业现代化的路径在于科学规划、合理引导，优化产业链布局；提高农民组织化程度，重塑产业链利益联结机制；加强农村基础设施建设，引才聚智，释放要素活力；构建乡村生态命运共同体，完善制度体系，以提高治理能力。[2] 农业发展是农村现代化的基础，如何提高农业部门生产率，增加农民收入尤其是农民财产性收入，缩小城乡居民收入差距，将农业融入国家宏观经济发展，是农业农村现代化的关键。[3] 开辟农业农村现代化的中国道路，必须处理好农业农村现代化“交叠界面”上的若干重大问题，即解决农业现代化与农村现代化的“差速问题”，构建更为完整的乡村建设行动约束框架，稳步推进乡村空间秩序与治理秩序重构，并为“农政体制改革”选取适当的参照标准。[4] 必须强化农业农村科技创新发展体系以推进“物”的现代化、完善农民素质结构体系以推进“人”的现代化、优化基层自主发展体系以推进治理现代化。[5] 农民组织化是

---

〔1〕 参见陆益龙：《乡村振兴中的农业农村现代化问题》，载《中国农业大学学报（社会科学版）》2018 年第 3 期。

〔2〕 参见周娜：《乡村振兴视角下实现农业现代化的路径探析》，载《理论探讨》2022 年第 2 期。

〔3〕 参见司伟：《经济转型过程中的中国农业农村现代化》，载《南京农业大学学报（社会科学版）》2021 年第 5 期。

〔4〕 农政体制包括三个部分：一是农业管理体制；二是农业经营体制；三是农村发展体制。参见陈明：《农业农村现代化的世界进程与国际比较》，载《经济体制改革》2022 年第 4 期。

〔5〕 参见孙德超、李扬：《新型举国体制支撑农业农村现代化的逻辑进路与实现路径》，载《社会科学》2022 年第 7 期。

农村公共性的天然载体，农村公共性是农民组织化的持续动力，两者呈现交互性建构状态，影响着农业农村现代化之路。[1] 应创新乡村振兴与农业农村现代化多元投融资机制，强化顶层设计，细化操作方案，加快健全社会资本下乡的用地、人才和融资保障机制，健全社会资本政策支持体系，优化社会资本参与的政策环境，健全利益联结风险防范机制，构建和完善农业产权市场，增强投资吸引力。[2] 加快农业农村现代化，必须瞄准农业科技创新、推进乡村建设、城乡融合发展与国内国际市场统筹等战略重点，确立优化农村投入支持、健全“三农”工作体制、强化规划引领作用、推进系统集成改革和完善乡村法治保障等政策取向。[3]

关于中国式农业农村现代化的路径及其如何实现的问题，宏观上讲，首先，需要构建有组织能力的农村集体经济组织制度，只有主体健全各项改革举措才有依托；其次，需要以乡村振兴战略的实施为主要抓手，以土地法制改革为主要路径，优化农业生产结构、产业体系和经营方式，促进生产力和生产关系进一步发展；再次，需要提升基层治理能力和治理水平，完善农民利益共享机制，加强公共基础设施和社会服务，让农民获得更多的参与感和幸福感；最后，需要从规划引导、政策支持、资金投入等多方面完善综合保障体系，助推农业农村现代化。

3. 指标体系和域外经验

加快推进农业农村现代化，应充分发挥优势指标的正向拉动作用，加快补强劣势指标的短板和弱项。[4] 应全面遵循政策指示，着力

---

[1] 参见翟军亮、吴春梅、黄宏：《农民组织化与农村公共性的交互性建构：理论框架、当代实践与未来路径——兼论推进农业农村现代化的路径选择》，载《南京农业大学学报（社会科学版）》2019 年第 6 期。

[2] 参见冯兴元、鲍曙光、孙同全：《社会资本参与乡村振兴和农业农村现代化——基于扩展的威廉姆森经济治理分析框架》，载《财经问题研究》2022 年第 1 期。

[3] 参见高强、曾恒源：《“十四五”时期农业农村现代化的战略重点与政策取向》，载《中州学刊》2020 年第 12 期。

[4] 参见钱佰慧等：《农村现代化水平评价指标体系构建与测度分析》，载《农业经济与管理》2021 年第 6 期。

优化农村生产生活环境，构建农业现代经营体系，以全面提升农业农村现代化发展水平。[1] 农业农村现代化指标体系包括农业生产现代化、乡村生活现代化、乡村生态现代化、乡村文化现代化、乡村治理现代化与城乡融合“五化一融”。[2] 农业农村现代化由农业现代化和农村现代化2个一级指标构成。农业现代化发展水平评价指标包含农业产业体系、农业生产体系、农业经营体系、农业产出水平、农业可持续发展、农业科技与政策支撑6个二级指标，农村现代化发展水平评价指标包含农村基础设施、农村居民生活质量、农村教育文化、农村治理、农村社会发展5个，由此形成一套农业农村现代化评价指标体系。[3] 在域外经验借鉴上，需要加强农业基础设施建设、提升生产集约化水平，突出农村发展的“智慧”导向，完善农业生产合作社的组织发展模式，建立多元风险分散机制、拓展农业保险体系以及葆育乡村价值。[4] 应筑牢乡村振兴的财政基础，加强涉农财政资源统筹和中期财政支农规划管理，建立健全财政金融协同机制，增强涉农财政资源配置“集聚效应”“均衡效应”“组合效应”；聚焦乡村振兴战略重点任务，推进财政支农政策的结构性改革。[5]

科学准确的指标设定是衡量中国式农业农村现代化实现程度的重要尺度，也是中国式农业农村现代化实现的科学表达。域外经验的启发也具有相当意义。只有在遵循农业农村现代化一般规律的基础上，结合当下中国的具体实践，才能实现既有中国特色又面向世界的

---

〔1〕 参见张俊婕：《中国农业农村现代化发展水平的时空特征及障碍因子分析》，载《经济体制改革》2022年第2期。

〔2〕 参见李继凯、任万明：《中国特色农业农村现代化理论思考》，载《乡村论丛》2022年第4期。

〔3〕 参见张小允、许世卫：《我国农业农村现代化评价指标体系研究》，载《农业现代化研究》2022年第5期。

〔4〕 参见杨慧、吕哲臻：《市场化与城乡等值化：法国农业农村现代化及其对我国乡村振兴的启示》，载《浙江学刊》2022年第5期。

〔5〕 参见肖卫东：《筑牢乡村振兴的财政基础——欧盟财政支持农业农村现代化的有益启示》，载《东岳论丛》2022年第6期。

现代化,为后进发展中国家提供中国智慧和中国方案。现有研究基于农业农村现代化的总体目标要求,对各项指标进行了一定的研究,也有域外经验的探索和转化,但都尚未深入,有待深化。

二、承包地“三权分置”的应然构造

承包地“三权分置”政策应进行体系化理解和设计,按照物权构造、物权体系和物权法逻辑对土地权利进行符合形式理性的设计,明确权利的属性和体系定位。

(一)体系化阐释与权利构造

承包地“三权分置”政策的体系化法律表达至少有以下两个层面:其一,集体所有权是土地承包经营权的前提,而土地承包经营权又是土地经营权的基础。每项权利与其他两项权利的关系是承包地“三权分置”政策入法的重中之重。土地承包经营权的物权性质,体现农村集体经济组织与其成员之间的法权关系,表达二者之间稳定的土地利用关系。其二,其他农业经营主体利用承包地从事农业生产,则由该农业经营主体与作为土地承包经营权人的农户签订利用合同,由农户成员在土地承包经营权之上为其设定土地经营权,并被赋予物权性质,以稳定其他农业经营主体与农户之间的土地利用关系,达到稳定预期以放活土地经营权的政策目标。

理论界和政策界普遍认为,土地承包经营权具有身份色彩,[1]

---

〔1〕 有学者认为,“土地承包权”这一政策术语实际上就是我国实定法上的土地承包经营权,而在三权分置政策下具有明显的身份属性,只有本集体成员才能取得。参见高圣平:《农地三权分置视野下土地承包权的重构》,载《法学家》2017年第5期。还有学者认为,土地承包权为一种兼具身份性和财产性的成员权。土地承包权的配置主体是个体的集体经济组织成员,体现了公平价值;土地承包权的行使主体是团体的集体经济组织成员的“农户”,体现了效率目标。参见丁文:《论“三权分置”中的土地承包权》,载《法商研究》2017年第3期。不过,也有学者从现行法角度出发否定了土地承包经营权的身份性,并提出所有权、成员权和使用权的新“三权分置”。参见高飞:《农村土地“三权分置”的法理阐释与制度意蕴》,载《法学研究》2016年第3期。

因而流转受限。承包地“三权分置”改革就是努力实现既稳定农民承包权又放活土地经营权这一两难目标的尝试。在此思路下，承包权也就有了成员权的功能和色彩，因此需要以法律形式对这一政策意蕴予以彰显。从政策要求和法律逻辑来看，土地承包权就是流转后的土地承包经营权，〔1〕是已经实际承包土地从而享有土地承包经营权的成员权，有别于仅仅具备承包资格而未实际承包土地的成员权。因此，土地承包权只能放弃（自愿退出）或依法丧失，而不能转让。在土地承包经营权物权性流转后受让人取得的权利就是土地经营权；〔2〕债权性流转后受让人取得的权利仍宜命名为租赁权，为强化其效力可以赋予其登记能力。土地承包权和土地经营权是对不同流转阶段、不同形态土地承包经营权的命名。根据转让的民法原理，土地承包经营权人在转让权利后即意味着完全退出原有的承包关系，彻底失去土地承包经营权，这显然与中央保持土地承包关系长期稳定并保持长久不变的原则相悖。因此，土地承包权因其成员权色彩和予以切实稳定保护的政策意旨而在权能上受到限制，不能转让。

承包地“三权分置”的权利构造表现为“集体土地所有权—土地承包经营权（土地承包权）—土地经营权”。这意味着：其一，土地承包权派生于集体土地所有权，土地经营权则派生于土地承包权[四荒地（荒山、荒沟、荒丘、荒滩）除外]，即遵循在权利上设定权利的模式。其二，土地承包权等于土地承包经营权。为避免引发概念混淆、逻辑错乱，并维持民众的认知，应继续沿用土地承包经营权这一约定俗成的法律概念。〔3〕两个术语表达在实质上是一致的，差别仅在于语境的不同：土地承包经营权主要针对不发生流转时的情形，而土地承包

〔1〕参见蔡立东、姜楠：《农地三权分置的法实现》，载《中国社会科学》2017年第5期。

〔2〕对此，笔者试举例加以说明：所有权上设立用益物权或租赁权后，所有权仍然是所有权，而从实质上看，命名为“不含租赁权的所有权”并无不可，甚至重新命名也无不可。

〔3〕如果必须把承包地“三权分置”政策及话语表述完全植入法律，也可以考虑以“土地承包经营权（土地承包权）”的方式呈现。

权主要针对发生流转时的情形。需要说明的是,互换虽然也是一种流转方式,但主要在于避免耕地零碎化、便利耕作,提高耕作效率,其本身决定了适用范围限于本集体内部,且并不涉及权利的增损,因此土地承包经营权在互换这种流转方式下保持不变,与未流转的土地承包经营权处于相同状态。其三,在土地承包经营权未流转时,土地承包关系仍为传统的“两权分离”,土地承包经营权人享有占有、使用、收益的权利。在土地承包经营权流转时存在两种情况:一是物权性流转,即在土地承包经营权上设定土地经营权进行转让、抵押和入股等;[1]二是债权性流转,即土地租赁权。

(二)土地利用关系的稳定与权利变动

从土地承包经营合同的期限来看,嗣后修法或解释需要考虑与复杂的社会现实对接。从实践来看,尽管政策和法律严令禁止土地调整,但实地调查发现,在部分地区屡禁不止,[2]且各地调整时间间隔不可能整齐划一,承包期延长 30 年的起点确定、相关主体的利益平衡,无疑都是难题。需要特别指出的是,长期不等于稳定。尽管土地承包经营权在第一轮发包时期限为 15 年,但学界并不认为此举就能保证土地承包关系的稳定性;[3]即使第二轮延包 30 年,也是如此。学界的主流见解是,强化土地承包经营权的物权效力才可能保持稳

---

〔1〕 土地承包经营权(土地承包权)人首先设立土地经营权,然后再进行物权性流转,因此抵押、入股和转让的客体是土地经营权。为简化复杂的法律关系,可以考虑在不动产登记簿上记载“对土地承包经营权上的土地经营权进行抵押、入股或转让”。

〔2〕 参见陈小君等:《农村土地法律制度研究——田野调查解读》,中国政法大学出版社 2004 年版,第 15 页;高飞:《土地承包经营权稳定与承包地调整的冲突及其解决之道——一个社会实证的分析》,载耿卓主编:《土地法制科学》第 1 卷,法律出版社 2017 年版;郑志浩、高杨:《中央“不得调地”政策:农民的态度与村庄的土地调整决策——基于对黑龙江、安徽、山东、四川、陕西 5 省农户的调查》,载《中国农村观察》2017 年第 4 期。

〔3〕 参见龚启圣、刘守英:《农民对土地产权的意愿及其对新政策的反应》,载《中国农村观察》1998 年第 2 期。

定,由此才有 2002 年《农村土地承包法》的出台,进而有 2007 年《物权法》相关规则的制定。而稳定也不等于长期,更不能化约为长期。〔1〕 事实上,期限越长并不意味着就越稳定,期限越长反而可能意味着越僵化。〔2〕 从土地承包经营权合同订立及履行来看,合同双方违反法律和合同约定理应承担相应的责任;严格保护耕地、充分利用土地既是公法要求也是私法义务,违反者自亦应承担法律规定的各种不利后果,甚至包括权利被剥夺。而且,这种不利后果不应以保护其利益为由予以免除。

土地权利的变动模式应顺势而变。就土地承包经营权之登记的本质而言,《民法典》物权编上的登记制度虽应属于行政性质的登记,但也具有一定的民事确权功能。为避免两种性质的登记制度“叠床架屋”,在确保现行登记制度具有行政管理功能的同时应对其进行民法改造,即明确登记制度的设权功能。鉴于我国农村经济发展不平衡,一律采取登记生效主义会增加没有承包地流转或流转不频繁地区承包农户的负担,加上受登记机关行政和技术能力的限制,短期内完成调整后承包地的首次登记存在困难,可以采取登记对抗主义,由当事人自主选择是否登记。〔3〕 随着土地承包经营权流转的逐渐增多,尤其是土地承包经营权“村外流转”的逐渐增多,土地承包经营权流转已由“熟人社会”的适用语境逐渐地过渡到“市民社会”的适用语境,因此在法律上应当对土地承包经营权的物权性流转采用登记设立

---

〔1〕 例如,对于建设用地使用权期限,《土地管理法》未置一词;《民法典》第 348 条第 2 款也未作出明确规定,而是交由当事人约定;《城镇国有土地使用权出让和转让暂行条例》第 12 条只是规定了不同用途的土地使用权出让的最高年限,为 40 年到 70 年不等,其中商业、旅游、娱乐用地的出让年限仅 40 年且不能自动续期。但这并未见到学界有人担心建设用地使用权所体现的土地利用关系的稳定性。由此可见,长期对于稳定既非充分条件又非必要条件,期限才是一个必要条件。

〔2〕 不仅如此,过长的期限还形成并固定人与土地的关系,从而造成事实上的束缚关系。我国台湾地区“民法·物权编”在修订时就废除永佃权,新设农育权,大幅降低农育权的存续期限,明确规定不得超出 20 年(第 850 条之 1)。

〔3〕 参见高圣平:《承包地三权分置的法律表达》,载《中国法学》2018 年第 4 期。

模式。

三、承包地“三权分置”政策入法

《民法典》和2018年《农村土地承包法》在总结改革实践经验和吸收学术理论研究成果的基础上，对承包地“三权分置”进行了规定，相关规范主要集中于稳定农户承包权和放活土地经营权，而对坚持集体土地所有权规范创新不足。

（一）稳定农户承包权

2002年《农村土地承包法》将土地承包经营权的租赁行为区分为“转包”与“出租”两种，这种区分不仅缺乏理论基础，也容易造成理论与实践上的混乱，因此2018年《农村土地承包法》将“转包”和“出租”予以归并的做法值得肯定。为方便农村集体经济组织行使监督权，立法还规定了流转当事人的备案义务。鉴于现行法中“阻碍承包地流转”的规定与发包方的备案等监督职责的规定存在界限模糊的问题，易生矛盾，应在嗣后修法中予以厘清。

需要指出的是，稳定和保护集体成员的承包权，必然涉及如何处理与承包地调整和承包地收回关系的难题。从所有权的应然权能和效力而言，农民集体作为农村土地所有权人理应有权对其所有的土地进行管理、保护，依照法律规定和约定对承包人进行约束。2016年中共中央办公厅、国务院办公厅《关于完善农村土地所有权承包权经营权分置办法的意见》也从坚持土地集体所有权的高度重申并明确了其管理、收回权能。

对此，2018年《农村土地承包法》第14条明确了发包方监督承包方“合理利用和保护土地”的权利，并在第63条规定“承包方给承包地造成永久性损害的，发包方有权制止，并有权要求赔偿由此造成的损失”；除此之外，该法第42条还赋予了承包方在特定情形下解除土地经营权流转合同的权利，第64条同时规定承包方在合理期限不解除的，“发包方有权要求终止土地经营权流转合同”。由此可见，现行法确立了发包方作为土地所有权人对土地实际利用主体的监管，实质上是其土地所有权管理权能的行使。但是对其土地所有权的收回权能，2018 年《农村土地承包法》删除了原第 26 条收回的规定，2019 年修正的《土地管理法》也删除了原第 37 条第 3 款收回的规定，现行法已无发包方主动收回承包地的具体事由。尽管 2011 年修订的《基本农田保护条例》第 18 条仍保留“承包经营基本农田的单位或个人连续 2 年弃耕抛荒的，原发包单位应当终止承包合同，收回发包的基本农田”的规定，但也因为缺乏上位法依据而面临难以适用的困境。综上所述，土地所有权的收回权能受到了一定的限缩，对此可视为稳定农户承包权和实现集体所有权之间的必要协调。

（二）放活土地经营权

在承包地“三权分置”改革和土地经营权的制度设计上，推动土地经营权流转、提高农业生产效率和效益，成为重中之重，承包地“三权分置”改革都是以土地经营权为中心构建的。因此，承包地“三权分置”改革的效率追求自然就投射到土地经营权之上，实现方式是赋予受让人以稳定、权能充分且有保障的物权性权利，相关制度设计本应紧紧围绕这一主题展开，但关于土地经营权性质这一基本问题，《农村土地承包法》和《民法典》都采取了回避的态度，未予明确。

就放活土地经营权的条文设计来看，《农村土地承包法》在第二章专设“土地经营权”一节，对土地经营权的流转方式、期限、原则、价款、登记等问题进行了明确，同时将第三章通过其他方式获得的土地权利也定性为土地经营权（“四荒”土地经营权），从而构建了土地经营权法律实现的基本框架。《民法典》则将部分条文吸收整合到了物权编用益物权分编“土地承包经营权”一章，未有创新。整体来看，土地经营权的规则设计未臻完善，仍有改进空间。例如，“四荒”土地经营权的登记问题。新法下“四荒”土地权利由原来的土地承包经营权转变为现在的土地经营权，那么对于原“四荒”土地承包经营权人来说其权属证书如何转换，新的“四荒”土地经营权如何登记及其效力如何均需进一步明确。又如，土地经营权的性质问题，如何在现行法有意忽视土地经营权性质之规定的现实下寻求其性质的法解释路径，不无难度。

放活土地经营权，实质上就是“赋予农民更完整、更有保障的转让权，通过市场竞争来增加农民转让权的价值”[1]，实现农业发展、农民增收和农村稳定的根本目标。土地经营权被赋予更好地推动农村土地流转尤其是解决现行制度中土地承包经营权不能用于担保融资问题的使命。故在土地经营权的制度完善上，除法学界对土地经营权流转和担保融资的较多讨论外，嗣后修法或解释还应进一步理顺土地经营权与土地承包经营权的关系，为制度设计提供坚实的理论支撑。

第三节　承包地“三权分置”实施的重难点与制度完善

承包地“三权分置”的实施应当以《农村土地承包法》为规范依托。从法律技术的角度来看，《农村土地承包法》的修正主要体现为两个方面的内容：一是对于原有制度或规则的修改，二是新制度或规则的制定。因此，承包地“三权分置”的实施和制度完善也应该在坚持基本原则的基础上，主要围绕以下方面展开论述。

一、原则要求

“权利系私法的中心概念，且为多样性法律生活的最终抽象。”[2]《农村土地承包法》诸多体系更新归根结底是对农地权利秩序的重新配置，理解和把握各个权利的基本面向是《农村土地承包法》实施的根本原则要求。

---

〔1〕 邵挺：《土地公有制的思想起源和“公权、私权”辨析》，载《中国发展观察》2014 年第 11 期。

〔2〕 王泽鉴：《民法总则》，北京大学出版社 2009 年版，第 67 页。

(一)强调土地承包经营权主体的身份性

农村集体土地所有权以双层经营体制为实现机制,并由此形成了集体土地所有权的体制性品格。这种体制化的特点要求农村集体经济组织普遍推行家庭承包制。1999年《宪法修正案》关于"农村集体经济组织实行家庭承包经营为基础、统分结合的双层经营体制"的规定,其实就蕴含了农村集体经济组织推行家庭承包制、落实双层经营体制的政治责任。

集体土地所有权的体制性决定了土地承包经营权主体的身份性。这在2002年《农村土地承包法》中就有明显的体现。一方面,农户以集体成员身份参与家庭承包取得土地承包经营权,非集体成员无权参与家庭承包;另一方面,承包农户进城落户丧失集体成员资格,随之丧失土地承包经营权,自愿交回或由集体组织强制收回承包地。但也有例外,那就是:2002年《农村土地承包法》允许土地承包经营权向集体之外的农户转让,由非集体成员取得;通过拍卖、招标等竞价机制取得的"四荒"地承包经营权也可以由非集体成员取得并自由流转和抵押。

2018年《农村土地承包法》修正则进一步强调了土地承包经营权主体的身份属性。一方面,将"四荒"地承包经营权改为土地经营权,将其从土地承包经营权范畴中剔除出去,纯化了土地承包经营权体系;另一方面,限制土地承包经营权的对外转让,禁止非集体成员取得土地承包经营权。如此一来,土地承包经营权就成了一种仅能通过家庭方式取得并始终为本集体成员拥有的身份性用益物权。其唯一的例外就是承包农户进城落户后,即使丧失集体成员资格,也可以保留土地承包经营权。

土地承包经营权主体的身份性,取决于集体土地所有权的体制性,进而又从权源上体现了土地承包经营权的自物权或"相当所有权属性"。[1] 其机理如下:作为集体土地所有权人的全体集体成员,分

---

[1] 参见袁震:《论农村土地承包经营权的相当所有权属性》,载《河南大学学报(社会科学版)》2016年第5期。

享集体土地所有权权能，通过集体土地所有权权能的内部分解或质的分割，形成集体成员的土地承包经营权。因此，土地承包经营权是集体土地所有权权能内部分解的结果，因而属于集体土地所有权的一部分。[1] 进而可知，土地承包经营权并非典型的他物权，即并非在他人之物上设定的用益物权，而是所有权人为自己设定的用益物权。

(二)实现土地经营权的流动性

土地承包经营权本是我国原《物权法》明确认可的用益物权和财产权，虽在2009年《农村土地承包法》规定下具有一定的身份属性，但转让、互换、出租、转包等流转方式又在很大程度上彰显着它的财产属性，即流动性或可交易性。2018年《农村土地承包法》出于强调土地承包经营权主体身份性的政策考量，限制了土地承包经营权的对外转让，使其成了一种仅能在同一集体经济组织内部进行物权变动和整体互换或转让的用益物权。这显然与农地流转蓬勃发展的农业经济形势背道而驰。因此，为了适应农地流转的现实需求，2018年《农村土地承包法》在限制土地承包经营权对外转让的同时放开了土地经营权的流转和融资担保。

土地经营权在成为独立的权利之前，是集体土地所有权和土地承包经营权的权能或权利表现形式之一，即集体组织和承包农户分别依据其土地所有权和土地承包经营权享有直接经营集体土地的权利。但在双层经营体制和家庭承包制下，集体组织通过家庭承包将该经营权让渡给了承包农户，成了土地承包经营权的权能；在拍卖、招标等其他承包方式下，集体组织将该经营权让渡给了中拍人或中标人，形成“四荒”土地经营权。后者可以自由流转，但承包农户只能进一步分解土地承包经营权的权能，将其中的土地经营权分解出来进行市场化

[1] 传统民法上有所谓上级所有权和下级所有权之双重所有权现象，相关物权理论将所有权的这种内部分解称为“质的分割”，其与我国集体土地所有权和农户承包经营权的“两权分离”极其类似。参见梁慧星、陈华彬：《物权法》(第6版)，法律出版社2016年版，第105页。

交易，赋予实际经营者，以权能分离的方式间接实现农地流转。

土地承包经营权在流转中分解出土地经营权，正是承包地“三权分置”的核心要义，也是《农村土地承包法》的基本原则之一。对此，《农村上地承包法》第 9 条规定：“承包方承包土地后，享有土地承包经营权，可以自己经营，也可以保留土地承包权，流转其承包地的土地经营权，由他人经营。”《农村土地承包法》通过“三权分置”技术将土地经营权从土地承包经营权中分解出来，从根本上反映了土地承包经营权的身份性与财产性的内在冲突。分解土地经营权的本质就是剥离土地承包经营权的财产性权能，并将其投入农地流转交易市场。分解出土地经营权之后的土地承包经营权在约定流转期限内丧失土地经营权能，但仍为法律上的土地承包经营权。尽管其与土地承包权在表达上是一致的，但称其为土地承包权，不仅容易引发概念混淆、逻辑错乱，还与土地承包经营权这一约定俗成的法律概念不符，《农村土地承包法》也仅在第 9 条使用了这个概念。

二、协调衔接

《农村土地承包法》对原有制度和规则进行了一定的修改，这使其在实施过程中，需要做好与旧制度规范的衔接，以保证农村土地承包关系的稳定和农地权益不因制度变迁而受损。

（一）妥善处理“四荒”土地经营权的登记换证问题

《农村土地承包法》将“四荒”土地承包经营权移出土地承包经营权范畴，改为“土地经营权”。由此引发的问题是：以后的“四荒”土地经营权登记也应进行相应的变更，将其土地承包经营权登记变更为土地经营权登记，但《农村土地承包法》第三章“其他方式的承包”并没有规定“四荒”土地经营权的登记条件和效力。在此情况下，类推适用第二章“家庭承包”第五节“土地经营权”第 41 条规定的土地经营权登记制度，就成了一个务实的选择，但需要进一步的明确。

从体系解释的角度来看，《农村土地承包法》第 41 条的规范对象是家庭承包下的农户流转土地经营权时所进行的土地经营权登记，并不当然适用于“四荒”土地经营权登记。因此,“四荒”土地经营权登记并不能直接适用该条规定,而只能类推适用。类推适用是填补立法漏洞的技术规则,“系就法律未规定之事项,比附援引与其性质相类似之规定,以为适用”[1]。“四荒”土地经营权与承包土地经营权虽然产生方式不同,但均属于纯粹的财产权,都可以自由流转,这是“四荒”土地经营权类推适用承包土地经营权的法理基础。

另外,按照 2002 年《农村土地承包法》颁发的“四荒”土地权利证书是否需要换发新证的问题,也应当进行明确;即使不需要换发新证,也应当明确其效力不变,并可以适用 2018 年《农村土地承包法》关于土地经营权的一般规则,以免除相关当事人的担忧。

(二)科学认定跨集体的土地承包经营权转让效力

为了保证土地承包经营权始终掌握在本集体的农户手中,2018 年《农村土地承包法》第 34 条修正了 2002 年《农村土地承包法》不限制土地承包经营权转让的受让人身份的规定,将其限定为“本集体经济组织的其他农户”,非集体成员没有资格再受让土地承包经营权。据此,如果承包农户与非集体成员签订土地承包经营权转让合同,将无法获得发包方的同意,也无法进行土地承包经营权的变更登记,因而也就不能取得土地承包经营权。由此引发的问题是:2018 年《农村土地承包法》实施以前已经签订或取得的跨集体转让合同或权利证书是否继续有效?

课题组认为,对于 2018 年《农村土地承包法》实施以前已经签订转让合同并取得土地承包经营权证书的,应当继续认可其效力。理由是法不溯及既往的规则。关于该规则,我国 2000 年《立法法》第 84 条曾规定:“法律、行政法规、地方性法规、自治条例和单行条例、规章不溯及既往,但为了更好地保护公民、法人和其他组织的权利和利益而作的特别规定除外。”根据该规定,不溯及既往是法律适用的一般规

---

[1] 杨仁寿:《法学方法论》,中国政法大学出版社 1999 年版,第 194 页。

则，即不能用新的法律调整此前发生的行为。而且，将2018年《农村土地承包法》实施以前发生并完成的跨集体土地承包经营权转让行为认定为有效，既不损害转让双方的利益，也有利于稳定农村土地经营秩序。

但是，对于2018年《农村土地承包法》实施以前虽已签订转让合同但尚未取得土地承包经营权证书的转让行为，认定为土地经营权出租合同并依据2018年《农村土地承包法》第41条进行土地经营权登记更为合理。在未取得土地承包经营权证书的情况下，该跨集体土地承包经营权转让行为并没有完成，适用2002年《农村土地承包法》继续后续登记行为不符合法不溯及既往的规则，也不符合新法优于旧法的规则。因此，继续申请办理土地承包经营权变更登记已无可能。在此情况下，若要继续办理相关权利登记，就只能根据2018年《农村土地承包法》第41条申请土地经营权登记，此前的土地承包经营权转让合同就相应地转变为土地经营权流转合同。当然，根据登记对抗主义的物权变动模式，受让人也可以选择放弃权利登记，仅以转让合同享有没有对抗效力的土地承包经营权。

（三）准确把握土地承包经营权出租与土地经营权出租的关系

土地承包经营权出租和转包是2002年《农村土地承包法》中农地流转的两种典型方式，虽概念不同，但在法律效果上并无本质区别，均产生承租人或转承包人的债权性土地承包经营权，因而也被称为债权式流转。2018年《农村土地承包法》将其改造为土地经营权出租（转包），并增设了登记制度。如果不考虑登记制度的因素，土地承包经营权出租与土地经营权出租也并无本质区别，只是表述不同而已，其法律后果均不改变土地承包经营权的归属，又同时赋予承租人以土地经营权。因此，2018年《农村土地承包法》的实施不能影响原土地承包经营权出租或转包的效力，而且更应当将其视为土地经营权出租予以保护和规范。需要特别注意的是，为了保障实际经营者的经营权益，还应当赋予原土地承包经营权的承租人或转承包人以依法登记土地经营权的资格,以升级其权利、增强其权能,使其成为可以自由流转和融资担保的土地经营权,从而享有 2018 年《农村土地承包法》带来的制度红利。

三、具体细则

除原有制度和原则的修改外,2018 年《农村土地承包法》对承包地"三权分置"政策进行了立法转换,表现为新制度或规则的制定,对此需要细化相关规则,以使政策立法转化后切实落地生效。

(一)细化承包期延长的具体规则

2018 年《农村土地承包法》第 21 条第 2 款从维护双层经营体制的角度规定了土地承包经营权在承包期届满后再延长一个承包期的政策。但是,该条规定并没有明确承包期延长的实施机制,特别是没有明确其适用条件和适用范围,实为立法漏洞。

首先,应当明确承包期延长的一般规则。根据 2018 年《农村土地承包法》第 21 条第 2 款"耕地承包期届满后再延长三十年"的规定,所谓"延长承包期",其意是指在原土地承包合同或土地承包经营权登记的基础上直接、自动延长承包期限,而不能理解为"打乱重分"。[1] "打乱重分"无异于终止原合同、消灭原土地承包经营权,重新进行第三轮集体土地承包,如果这样也就没有必要使用"延长"的措辞了。"延长"一词的规范意义就是要保持原有土地承包合同和土地承包经营权的效力,而不是其终止或消灭。

其次,在土地承包经营权转让的情况下,承包地的三轮承包权归属需要明确。土地承包经营权是一种拥有法定期限的用益物权,这是承包期延长机制设置的原因,也是土地承包经营权转让的前提。换言之,土地承包经营权转让的规范意义应当是剩余法定承包期内的土地承包经营权的转让,不应当包括将被延长的承包期,否则就不是土地

---

[1] 参见肖鹏:《承包期届满的自动续期制度研究——"第二轮土地承包到期后再延长 30 年"的法律表达》,载《中国农业大学学报(社会科学版)》2018 年第 6 期。

承包经营权的转让而变成法律禁止的承包地买卖了。因此，承包期届满后的三轮承包权应当归属于土地承包经营权的转让人，即原承包农户；原承包农户消灭的，承包地由集体组织统一收回。

最后，承包农户进城落户后，是否依然享有原承包地的三轮承包权需要明确。2018 年《农村土地承包法》取消了关于承包农户进城落户即收回承包地的规定，允许其进城落户时保留承包地。那么，这种保留是否意味着进城农户依然享有三轮承包期的承包权或延包权呢？课题组认为，从维护土地承包经营权的身份属性的角度看，是否享有三轮承包权应当取决于相关农户的集体成员资格在承包期限届满时是否依然存在。如果根据相关法律规定，进城落户即丧失集体成员资格，则其土地承包经营权只能保留到二轮承包期届满而不能自动延长；反之，则可以自动延长。

（二）明确土地经营权的权利性质

土地承包经营权在流转中分解出土地经营权，是“三权分置”政策的核心，也是 2018 年《农村土地承包法》修改的指导思想，但该土地经营权究竟是债权还是物权，学术界存在较大的争议。[1] 2018 年《农村土地承包法》也只是“原则界定了土地经营权权利，淡化了土地经营权性质”[2]，《民法典》亦未作出回应。

但是，土地经营权的性质界定不仅是一个重大的理论问题，也具有非常重要的现实意义，不仅淡化不得，也回避不得。无论是具体权能还是交易规则，物权和债权都有很大的区别，而且法律依据也明显不同。尽管土地经营权的应然属性是物权，但是在 2018 年《农村土地承包法》和《民法典》均未予以正面回应的立法现实下，只能依据现有规范进行解释论工作，在物权和债权定性之间作出恰当妥协。其实，2018 年《农村土地承包法》第 41 条已经提供了一个可供探讨的法律

---

〔1〕 参见耿卓：《农地三权分置改革中土地经营权的法理反思与制度回应》，载《法学家》2017 年第 5 期。

〔2〕 刘振伟：《巩固和完善农村基本经营制度》，载《农村工作通讯》2019 年第 1 期。

条款，根据该条规定，流转期限在5年以上的土地经营权具备登记资格，且在登记之后具备对抗效力。据此，我们可以将5年以下的土地经营权认定为债权，而将5年以上且已登记的土地经营权认定为物权。因为我国现行法尚没有通过国家专门机构登记普通债权的先例，只有物权才具备登记的资格和必要，而且登记后才具备物权效力是我国《民法典》第209条第1款明确规定的一般原则，除非法律另有特别规定。[1] 因此，在国家物权立法并未明确未经登记的土地经营权亦为物权的情况下，仅能将登记的土地经营权认定为物权。如此一来，5年以上而没有登记的土地经营权则只能定性为债权。

从制度演进的角度来看，2018年《农村土地承包法》上的土地经营权流转直接来源于2002年《农村土地承包法》上的土地承包经营权出租、转包和入股合作，而其一直被学界认定为债权式流转方式，即通过土地承包经营权出租、转包或入股合作所产生的土地经营权（承租权、转承包权和合作经营权）都属于债权性质的经营权。[2] 2018年《农村土地承包法》改变了表达方式，称其为"土地经营权流转"，其本质却并未发生变化。因此，鉴于土地承包经营权出租、转包和入股合作与土地经营权流转的同质性，将未经登记的土地经营权定性为债权是合理的。另外，与土地承包经营权所在的"熟人社会"环境不同，土地经营权流转并不局限于同一集体经济组织内部的"熟人社会"，而且经常流转于集体成员之外的经营主体。在此情况下，未经登记的土地经营权就没有适当的机制彰显物权特有的公示性和公信力。

登记生效主义是我国物权法上不动产物权设立和变动的一般模式和基本原则。[3] 是否登记作为区分债权性土地经营权和物权性

---

〔1〕 该条款直接继承了原《物权法》第9条第1款规定："不动产物权的设立、变更、转让和消灭，经依法登记，发生效力；未经登记，不发生效力，但法律另有规定的除外。"

〔2〕 参见韩松：《论民法典物权编对土地承包经营权的规定——基于"三权分置"的政策背景》，载《清华法学》2018年第5期。

〔3〕 参见梁慧星、陈华彬：《物权法》，法律出版社2016年版，第80页。

土地经营权的核心标准，并将登记作为债权性土地经营权转换为物权性土地经营权的法律机制，是登记生效主义的应有之义。

总之，2018 年《农村土地承包法》第 41 条的科学解释应当是，未经登记的土地经营权，不具有物权效力。其“未经登记，不得对抗善意第三人”的表述应作狭义理解，不应解读为登记对抗主义。因此，有学者将其称为“债权和用益物权的二元性条款”，[1]颇值赞许。

（三）明确土地经营权融资担保的规则

2018 年《农村土地承包法》延续了禁止承包农户以土地承包经营权进行融资担保的立场，但放开了土地经营权的融资担保。第 47 条不仅允许承包农户用其土地经营权融资担保，而且赋予了流转出去的土地经营权以融资担保资格。这两类土地经营权融资担保与第 53 条规定的“四荒”土地经营权抵押共同构成了一个完整的土地经营权担保体系。但对比两个条文不难发现，同为土地经营权担保，其具体规则并不统一，需要完善。

首先，《农村土地承包法》第 53 条明确了“四荒”土地经营权担保的具体方式为抵押，而第 47 条并没有明确承包土地经营权担保的具体方式，似有质押适用之余地。课题组认为，为了统一土地经营权担保体系，消除相关法律适用之分歧，也应当将承包土地经营权担保的方式明确为抵押，而不是质押。质押虽为担保物权之一种，但以动产质押和转移占有为原则，权利质押也只是适用于有价证券和知识产权，不包括土地使用权或经营权质押。[2]

其次，依据《农村土地承包法》第 53 条的规定，“四荒”土地经营权必须在取得权利证书（土地经营权证书）后才可以进行抵押，但第 47 条并没有将取得权利证书作为承包土地经营权担保的条件。课题组认为，将取得权利证书统一作为土地经营权抵押的条件，有利于明

---

〔1〕 高海：《“三权”分置的法构造——以 2019 年〈农村土地承包法〉为分析对象》，载《南京农业大学学报（社会科学版）》2019 年第 1 期。

〔2〕 参见原《物权法》第 223 条。

确担保抵押的客体范围,特别是土地面积和权利期限,也有利于抵押权人的权利实现。另外,金融机构一般也不会接受没有取得权利证书的土地经营权抵押或质押。将取得权利证书作为土地经营权抵押的条件实际上就是仅允许具有物权效力或对抗效力的土地经营权抵押,限制未经登记的土地经营权抵押。这有利于维护和实现土地经营权抵押的优先受偿效力。为此,应当限缩解释《农村土地承包法》第 47 条中的土地经营权,将其限定为"取得权利证书的土地经营权";还应当允许承包农户在取得土地承包经营权登记的同时另行申请土地经营权登记,以备抵押所需。

最后,《农村土地承包法》第 47 条规定了承包土地经营权担保的登记对抗主义模式,而第 53 条并没有规定"四荒"土地经营权抵押的具体登记模式,原《物权法》第 187 条却规定了"四荒"土地承包经营权(《民法典》规定的"四荒"土地经营权)抵押的登记生效主义模式。这就造成了两种土地经营权抵押登记模式的不同。《民法典》第 395 条承继原《物权法》第 180 条的规定,将"四荒"土地承包经营权从可抵押的财产范围中剔除,却没将"四荒"土地经营权补充进去,虽然解决了上述两种不同土地经营权抵押登记模式不同的问题,但也使"四荒"土地经营权的抵押登记模式归于立法空白,错失了立法契机,对此只能通过解释进行明确。对此,课题组认为应当统一两类土地经营权的登记模式,以为实践操作提供简便。

第四章　改革宅基地制度，保障“户有所居”并显化财产价值

宅基地制度是我国农村基础性制度，是农村土地制度的主要组成部分，以“集体所有、成员使用、一户一宅、无偿使用、长久占有、限定面积、封闭运行”为主要特征，在公平分配住宅用地、保证农民“住有所居”、推进用地节约集约、促进社会和谐稳定中发挥了重要作用。[1] 宅基地制度不但事关我国广大农民的生活居住保障、财产性收入的增加，更关系到中国式农业农村现代化的推进和乡村振兴战略的实施。

第一节　宅基地制度的历史演变及其制度特点

在土地制度多重的二元性的影响之下，我国宅基地制度形成于20世纪五六十年代，并随着制度变迁呈现“一户一宅”向“户有所居”

---

〔1〕 参见李倩：《宅基地探路“三权分置”》，载《中国自然资源报》2018年7月23日，第3版。

的演变趋势,实践中出现了多种创新模式,同时形成了控制用地规模、严格审批程序和强化规划管控等制度特点。

一、历史变迁

1949 年以来,我国的土地制度在诸多因素影响下演变出多重的二元性:一是生产资料与生活资料社会主义改造的二元路径;二是全民所有制和集体所有制的二元构造;三是城乡分野的二元形态;四是市场化与福利性的二元特点。包括宅基地制度在内的农村土地制度,就充分体现出这些二元性。

马克思有关生产资料与生活资料的二分,对我国 1949 年以来的经济、社会和法律发展包括社会主义改造路径选择产生了决定性影响。在农业和土地领域,社会主义改造的核心在于集体化,集体化的根本在于实现生产资料主要是土地的公有制。[1] 农村土地的集体化,是在"耕者有其田"思想的指导下,率先从农地(耕地)开始的,并扩展至牲畜等农业生产工具。在社会主义改造过程中,基于"房地一体"的特点,国家遵循了"地随房走"原则。1954 年《宪法》第 11 条规定,国家保护公民的合法收入、储蓄、房屋和各种生活资料的所有权。结合前述原则,我们可以推论,房屋下地基(宅基地)的属性只有与房屋属性保持一致,才能落实宪法规定,因此农民的房屋及其地基(宅基地)被视为生活资料,由农民继续享有所有权并得到保护。但是,土地公有制是党的政策和社会主义改造的基本要求,也是宪法规定的基本预设,因而即使是作为生活资料的宅基地也难以例外。

事实上,这也是制度演变的逻辑结果。随着作为生产资料农地的集体化,农民原来将自家农地转变为宅基地而得以满足的建房需求只能由集体所有权来满足。如果宅基地仍作为生活资料由农民享有所有权,就会出现生产资料和生活资料相互转换带来的集体所有权向私人所有权转换的困境,宅基地的公有化、集体所有也就势在必行了。

---

〔1〕 参见胡震:《农村宅基地产权法律表达的 70 年变迁(1949—2019)》,载《中国农业大学学报(社会科学版)》2019 年第 6 期。

《高级农业生产合作社示范章程》(1956 年 6 月 30 日，第一届全国人民代表大会第三次会议通过)第 16 条第 2 款豁免了房屋地基的入社，并规定由合作社统筹解决社员新修房屋所用地基问题，以对大量新增农村人口的建房需求有所回应。《农村人民公社工作条例(修正草案)》(1962 年 9 月 27 日，中国共产党第八届中央委员会第十次全体会议通过)第 45 条第 4 款作了进一步规定：国家和人民公社的各级组织除了对社员修建住宅给以可能的帮助外，生产队还应统一规划社员新建房屋的地点。为稳定农民情绪、回应农民诉求，1963 年中共中央还发出《关于各地对社员宅基地问题作一些补充规定的通知》，在该通知中，国务院农林办公室整理的《关于社员宅基地问题》的材料进一步明确社员对宅基地“长期使用，长期不变”的政策，且“社员新建住宅占地无论是否为耕地，一律不收地价”。也就是说，集体成为宅基地所有权人，哪怕仅仅是名义上的，也要负担为集体成员无偿分配宅基地的责任。[1] 至此，现行宅基地政策基本形成。

宅基地制度在经历农民私有阶段后，形成了现有宅基地所有权归集体，使用权归农民的两权分离体系，并以“集体所有、成员使用、一户一宅、无偿使用、长久占有、限定面积、封闭运行”为主要特征。原《物权法》颁布之前，《土地管理法》及其相关行政法规、地方性法规及各种规范性文件对宅基地使用权作了一定的规定，但基本上是从行政管理的公法角度进行规定的。这种情况是由国家进行土地管制、规划指导的思想决定的，相应制度构造具有强烈的公法色彩，冲淡了宅基地使用权的私权性质。

原《物权法》专章对宅基地使用权作了规定，明确了其用益物权属性，是对农民土地财产权的承认，有助于实现农民居住这一基本生存需求的制度保障，但只有简单的 4 条，过于简陋粗疏，此现状延续至今并被《民法典》所默示。宅基地使用权作为一项极具中国特色的用益物权，在公平分配住宅用地、保证农民“住有所居”、推进用地节约

〔1〕 参见田传浩：《宅基地是如何被集体化的》，载《中国农村经济》2020 年第 11 期。

集约、促进社会和谐稳定中发挥了重要作用。但随着城镇化进程加快和城乡经济社会结构变迁,宅基地使用权已不适应共同富裕、乡村振兴和城乡融合等新时代发展的需求,亟须顺应时代发展进行新的制度安排。

二、制度特点

宅基地的分配,虽然在私法上具有创设宅基地使用权的效力,但带有浓厚的管制特色。[1] 从宅基地制度的演进来看,宅基地分配的管制路径主要体现在以下三个方面[2],这也构成了宅基地的主要制度特点。

首先,控制宅基地用地规模。在耕地总量动态平衡的总体要求下,对宅基地用地的规模采取了严格控制的态度,主要措施包括:第一,建设用地控制指标管理。省级人民政府根据山区、丘陵、平原、牧区、城郊、集镇等不同情况,分别规定用地限额,[3]县级人民政府据此下达乡(镇)村建设用地控制指标;[4]"要在保障农民住房建设用地基础上,严格控制农村居民点用地总量,统筹安排各类建设用地。农民新建住宅应优先利用村内空闲地、闲置宅基地和未利用地,凡村内有空闲宅基地未利用的,不得批准新增建设用地"[5]。第二,制定宅基地面积标准。最初规定宅基地面积标准由县级人民政府制定,[6]

---

〔1〕 参见高圣平、刘守英:《宅基地使用权初始取得制度研究》,载《中国土地科学》2007年第2期。

〔2〕 参见高圣平:《农村宅基地制度:从管制、赋权到盘活》,载《农业经济问题》2019年第1期。

〔3〕 参见1982年《村镇建房用地管理条例》第9条。需要说明的是,本部分所引的相关规定虽然大多已经失效或者已被修订,但作为客观的历史存在无法否认,且其形塑宅基地制度的影响也仍然或强或弱的存在,故对这些规定进行分析。——编者注

〔4〕 参见1991年《土地管理法实施条例》第24条。

〔5〕 2010年原国土资源部《关于进一步完善农村宅基地管理制度切实维护农民权益的通知》。

〔6〕 参见1982年《村镇建房用地管理条例》第9条。

后来调整为由省、自治区、直辖市确定，[1]明确规定“农村居民建住宅使用土地，不得超过省、自治区、直辖市规定的标准”[2]；“各地要结合本地资源状况，按照节约集约用地的原则，严格确定宅基地面积标准”；“农民新申请的宅基地面积，必须控制在规定的标准内”[3]。第三，制定“一户一宅”政策。[4] 这一政策的出台要晚于上述两种措施。1997年政策文件中首先提出：“农村居民每户只能有一处不超过标准的宅基地，多出的宅基地，要依法收归集体所有。”[5]其后上升为法律，“农村村民一户只能拥有一处宅基地”[6]。规范性文件再次重申：“严格落实农村村民一户只能拥有一处宅基地的法律规定。除继承外，农村村民一户申请第二宗宅基地使用权登记的，不予受理。”[7]

其次，严格宅基地审批程序。改革开放之初，基于“经济合理利用土地，防止村镇建房乱占滥用耕地，保障农业生产的发展和适应农村建设的需要”[8]，我国确立了宅基地审批制度，并明确审批的基本依据是“村镇规划和用地标准”[9]。就审批程序而言，“建房需要宅基地的，应向所在生产队申请，经社员大会讨论通过，生产大队审核同意，报公社管理委员会批准；确实需要占用耕地、园地的，必须报经县级人民政府批准”[10]。“农村居民建住宅，应当使用原有的宅基地和

---

〔1〕 参见1997年中共中央、国务院《关于进一步加强土地管理切实保护耕地的通知》；1998年和2004年《土地管理法》第62条第1款。

〔2〕 1986年《土地管理法》第38条第2款；1988年《土地管理法》第38条第1款。

〔3〕 2010年原国土资源部《关于进一步完善农村宅基地管理制度切实维护农民权益的通知》。

〔4〕 参见2010年原国土资源部《关于进一步完善农村宅基地管理制度切实维护农民权益的通知》。

〔5〕 1997年中共中央、国务院《关于进一步加强土地管理切实保护耕地的通知》。

〔6〕 1998年和2004年《土地管理法》第62条第1款。

〔7〕 2008年原国土资源部《关于进一步加快宅基地使用权登记发证工作的通知》。

〔8〕 1982年《村镇建房用地管理条例》第1条。

〔9〕 1982年《村镇建房用地管理条例》第13条。

〔10〕 1982年《村镇建房用地管理条例》第14条。

村内空闲地。使用耕地的,经乡级人民政府审核后,报县级人民政府批准;使用原有的宅基地、村内空闲地和其他土地的,由乡级人民政府批准。"[1]如此一来,宅基地申请向农村集体经济组织或者村民委员会提出,经村民代表大会或者村民大会讨论通过后,报人民政府批准;宅基地的审批机关一般为乡级人民政府,涉及使用耕地的,为县级人民政府。在用途管制的前提下,1998年《土地管理法》上收了包括宅基地在内的各类审批权限,"农村村民住宅用地,经乡(镇)人民政府审核,由县级人民政府批准;其中,涉及占用农用地的,依照本法第四十四条的规定办理审批手续"[2]。农用地转用审批权限与该法第44条保持一致,由省级人民政府审批。为简化审批手续,使用村内原有建设用地的,由村申报、乡(镇)审核,批次报县(市)批准;占用农用地的,县(市)人民政府于每年年初一次性向省、自治区、直辖市人民政府或省级人民政府授权的设区的市、自治州申请办理农用地转用审批手续。[3] 2019年《土地管理法》将宅基地申请审批权限再次下放到乡(镇)人民政府,同时严格了农用地转用审批。[4]

最后,强调规划管控的作用。改革开放之初,强调村镇建房应当在村镇规划的统一指导下有计划地进行。其中,"村庄规划由生产大队制订,集镇规划由公社制订,经社员代表大会或社员大会讨论通过后,分别报公社管理委员会或县级人民政府批准。批准后的规划,任何单位和个人都不得擅自改变。如需修改,应报原批准机关批准"[5]。1986年和1988年《土地管理法》上收了规划的审批权限,规定乡(镇)村建设规划均由县级人民政府批准执行。[6] 实践中进一

---

[1] 1986年《土地管理法》第38条第1款;1988年《土地管理法》第38条第1款;1991年《土地管理法实施条例》第25条与此大致相同。

[2] 1998年和2004年《土地管理法》第62条第3款。

[3] 参见2004年原国土资源部《关于加强农村宅基地管理的意见》;2010年原国土资源部《关于进一步完善农村宅基地管理制度切实维护农民权益的通知》。

[4] 参见2019年《土地管理法》第44条、第62条。

[5] 1982年《村镇建房用地管理条例》第8条。

[6] 参见1986年和1988年《土地管理法》第37条。

步要求“各地区要制定农村宅基用地规划、计划和标准，严格实行计划指标和用地标准管理”[1]。1998年修订《土地管理法》，农村村民建住宅不仅要符合村庄和集镇规划，还要符合乡（镇）土地利用总体规划。[2] 此外，“农村宅基地占用农用地应纳入年度计划。省（区、市）在下达给各县（市）用于城乡建设占用农用地的年度计划指标中，可增设农村宅基地占用农用地的计划指标”[3]。此后，在“加强规划计划控制引导，合理确定村庄宅基地用地布局规模”的基本思想之下，各地要“结合新一轮乡（镇）土地利用总体规划修编，组织编制村土地利用规划，报县级人民政府审批”。“新增农村宅基地建设用地应纳入土地利用年度计划，各地在下达年度土地利用计划指标时应优先安排农村宅基地用地计划指标，切实保障农民住宅建设合理用地需求。”[4]2019年《土地管理法》在强调规划管控的同时，还明确宅基地“不得占用永久基本农田，并尽量使用原有的宅基地和村内空闲地”。

第二节　宅基地制度存在的现实问题与改革实践

随着城镇化进程的加快和城乡社会结构的变化，现行宅基地制度凸显了不少问题，制约城乡一体化发展。特别是在大力实施乡村振兴战略的今天，宅基地制度似难适应农民农村共同富裕和中国式农业农村现代化的现实需要，改革势在必行。

---

[1] 1990年国务院批转国家土地管理局《关于加强农村宅基地管理工作的请示的通知》。

[2] 参见1998年和2004年《土地管理法》第59条、第62条第2款；2004年国务院《关于深化改革严格土地管理的决定》。

[3] 2004年原国土资源部《关于加强农村宅基地管理的意见》。

[4] 2010年原国土资源部《关于进一步完善农村宅基地管理制度切实维护农民权益的通知》。

一、现实问题揭示

改革是对经济社会发展痼疾的根除,是对各种利益关系的深刻调整,是引领推动全面发展的第一动力。

(一)宅基地相关主体利益失衡

宅基地制度形成于20世纪五六十年代,在改革过程中暴露出诸多弊病,已经难以适应经济社会的发展需求。宅基地制度所调整的个体、集体与国家之间以及乡村与城市之间的利益失衡关系,特别是农民生存保障与自由发展之间的艰难抉择,在新形势下面临深刻调整。在以人民为中心的发展思想及新发展理念指引下,以人的城镇化为主体的新型城镇化、以农民生活富裕为落脚点的乡村振兴战略迫切要求增加农民财产性收入,特别是土地财产权利。

虽然我国城镇化进展很快,大量农村人口进城务工甚至落户,但令人震惊的是农村建设用地不减反增。2013年年末,村镇建设用地高达3.7亿亩,是城市建设用地的2.85倍。[1] 以"空心村"和宅基地闲置为典型代表的粗放利用、浪费现象严重无疑是重要原因。据统计,"全国亿亩村庄建设用地中,'空心村'内老宅基地闲置面积约占10%—15%"[2]。一项针对12省30个村庄的调研结果发现:普遍存在闲置宅基地的占20.1%,存在少量闲置宅基地的占48.3%;总体而言,所调查地区约1/5的宅基地闲置率处于较高水平。[3] 受统计口径、统计时间和统计地域等因素影响,相关调查统计结论虽不一致,闲

---

[1] 参见张桂芳、杨玉珍:《宅基地闲置程度及退出影响因素分析》,载《中国土地》2016年第3期。

[2] 汪晖、陶然:《中国土地制度改革:难点、突破与政策组合》,商务印书馆2013年版,第107页。

[3] 参见余敬、唐欣瑜:《实然与应然之间:我国宅基地使用权制度完善进路——基于12省30个村庄的调研》,载《农业经济问题》2018年第1期。

置宅基地所占比例从5.58%到20%不等，[1]但也充分说明此种现象的普遍性。全国范围内大量存在的宅基地闲置现象充分揭示出制度设计及运作的困境。同时，在广大农村地区，宅基地闲置废弃与新立户农民无宅基地可申请甚至无宅基地可受让的现象并存，未能分得宅基地的农民数量呈直线上升趋势。[2] 完整、准确、全面贯彻以人民为中心的发展思想和新发展理念，要求回应、满足人民的基本生活需要，要求政策制定和制度实施赋予人民权利并保障人民权利的实现。“住有所居”是人民的基本需求和基本权利，在住房社会保障尚未覆盖的广大农村尤其如此。无论是宅基地灭失后的原宅基地使用权人，还是从未实际独立享有宅基地的农民，都应得到保障。

农民财产性收入增加缓慢。土地财产权益只有在交易市场交易流转中，才能实现优化配置和利益最大化，这是实现财产权益的充分条件。[3] 增加的关键是赋予农民长期而有保障的土地财产权：既要做实现有的土地财产权，赋予农民现有的土地财产权以完整的权能，又要创造新的权利模式和权利类型，赋予农民更多财产权利。农村土地法律制度变革的重心在于增加农民的财产性收入，保障农民有机会

---

〔1〕 参见刘俊芳、王志民：《以治理“空心村”为切入点　建设美丽乡村——基于河北魏县“空心村”现状的调研分析》，载《中国统计》2017年第4期；宋伟、陈百明、张英：《中国村庄宅基地空心化评价及其影响因素》，载《地理研究》2013年第1期；中国土地勘测规划院地政研究中心：《我国城市郊区宅基地问题研究》，载《中国土地》2007年第1期。

〔2〕 笔者所在团队于2017年8月至2018年1月对广东珠三角各地级市（深圳市除外）的调研结果表明，在沿海发达的珠三角地区，这两种现象对立存在的情况也时有所见。在上海地区，情况也是如此，“由于土地资源紧张，上海已经10余年未分配宅基地”。参见李凤章：《宅基地资格权的判定和实现——以上海实践为基础的考察》，载《广东社会科学》2019年第1期。

〔3〕 农民财产性收入主要通过两种形式来实现：农业生产用地内部的交易流转形式、农用土地向非农建设用地的流转形式。参见张合林：《实现农民的土地财产权益是增加农村居民财产性收入的根本途径》，载《城市发展研究》2008年第5期。

公平分享土地增值收益,以及赋予农民更多、更实际的财产权益。[1]但土地在政治、经济和社会中无可替代的重要地位决定了国家的慎重对待,管制也呈现制度化和严密化趋势,社会观念因此得以形塑。土地的财产性质并不纯粹,受到情感、观念和制度等诸多因素的深刻影响,管制等对自由利用的限制深嵌相关主体的土地利用观念之中。就宅基地而言,从申请宅基地到获批,从建房的规划、许可到改建翻建审批,从危房改造到农房商业利用直至"小产权房",无不受到中央和地方各类规范性文件的规制。对此,党的十八届三中全会作出的《中共中央关于全面深化改革若干重大问题的决定》明确提出通过保障农户宅基地用益物权、改革完善农村宅基地制度和稳妥推进农民住房财产权流转实现农民财产性收入的增加。

农民进城落户进退两难。农民进城落户既存在"进不去"和"难进去"的制度困境,又面临故乡"回不来"的社会窘境。广东外语外贸大学土地法制研究院课题组在珠三角地区的专项土地调查结果显示,各地在1998年《土地管理法》修订前后至今基本没有审批过新的宅基地,整整一代人只能自谋出路,居住条件长期难以改善。[2]以保护农民土地财产权利为核心,深化农村土地产权制度改革,修改完善相关政策法规,建立完善城乡生产要素平等交换机制,让农民直接参与分享土地的增值收益,使农民土地财产权益能得到最大化实现,真正充分共享推进城镇化的发展成果,[3]也是改革应须解决的核心难题。

总之,随着城乡社会结构变化、城乡空间结构演化和经济体制改

---

[1] 参见陈小君:《我国农村土地法律制度变革的思路与框架——十八届三中全会〈决定〉相关内容解读》,载《法学研究》2014年第4期。

[2] 在其他地方也是如此。"由于土地资源紧张,上海已经10余年未分配宅基地",参见李凤章:《宅基地资格权的判定和实现——以上海实践为基础的考察》,载《广东社会科学》2019年第1期。

[3] 参见张立先、郑庆昌:《保障农民土地财产权益视角下的农民财产性收入问题探析》,载《福建论坛(人文社会科学版)》2012年第3期。

革深化，现行宅基地制度存在的问题和面临的挑战日益突出，难以落实宅基地“一户一宅”的制度规定，农村地区用地供需矛盾尖锐，新增宅基地取得越发困难，宅基地基本无地可供。〔1〕部分农户的宅基地使用权处于“冷冻”状态，受到了现实土地资源不足的硬约束。〔2〕

（二）宅基地财产价值显化受限

宅基地制度经过历史发展，在经历宅基地农民私有阶段之后，形成了现有宅基地所有权归集体、使用权归农民的两权分离体系。此制度体系延续至今并被《民法典》所吸收，尽管中共中央、国务院《关于实施乡村振兴战略的意见》提出探索宅基地所有权、资格权、使用权“三权分置”，但是关于“三权”的法律实现始终未在制度层面得以回应。以保障农民居住为功能要旨设立的宅基地制度，在维护农村稳定和农民安居方面“厥功至伟”，却难以适应新时代农村发展需求，无法回应全面推进乡村振兴和实现共同富裕的内在要求。

第一，宅基地使用权的主体限制。长期以来，宅基地使用权由集体内成员取得。宅基地所有权归属农村集体经济组织，其使用权只能被赋予集体成员用于建房居住，如此以防止因外来资本的入侵而导致宅基地完全财产化，进而避免农民在短期利益的驱动下丧失基本居住保障。在此过程中，集体成员身份与宅基地使用权深度捆绑。在农村社会保障体系建立初期，确实有效填补了农村住房保障空白。但这一主体身份也固化了占有、使用宅基地的唯一途径——集体成员通过申请分配取得宅基地使用权。宅基地使用权的主体限制，基本排除了第三方主体对农房和宅基地的利用。即便第三方主体通过短期租赁实现对农房和宅基地的占有，利用方式也极其有限。

---

〔1〕参见韩俊主编：《实施乡村振兴战略五十题》，人民出版社2018年版，第243页；宋志红：《中国农村土地制度改革研究：思路、难点与制度建设》，中国人民大学出版社2017年版，第279页；韩松：《论宅基地分配政策和分配制度改革》，载《政法论丛》2021年第1期。

〔2〕参见宋志红：《宅基地资格权：内涵、实践探索与制度构建》，载《法学评论》2021年第1期。

第二，宅基地使用权的权能限制。根据《民法典》的规定，宅基地使用权是一项仅有占有、使用两项权能的用益物权，其核心权能即收益权能未被法律认可，而收益权能，除表现为农民可以在宅基地上建造房屋及附属设施来满足居住的需求外，还表现为利用其获得经济利益。[1] 受制于收益权能阙如，闲置农房和宅基地的经济利用被质疑缺乏法律依据，“一户多宅”无法通过宅基地流转得以消解，“房地一体”中农房抵押也面临制度困境。宅基地使用权的收益权能缺位，使之无法成为一项真正意义上的用益物权。宅基地与国有建设用地、集体经营性建设用地的权能差异，使其难以进入城乡统一的建设用地市场，影响其财产价值的充分实现。

第三，宅基地的用途限制。宅基地使用权人依法利用集体土地建造住宅及其附属设施，这是法律明确规定的宅基地用途，也是宅基地区别于其他类型农村土地的重要依据。但随着农村产业发展、基础设施完善，乡村文化兴起，农房和宅基地的多元化利用已是必然趋势。当下宅基地从平面利用转向空间开发，通过建筑面积的扩充不仅满足了农民基本居住需求，也以农家乐、乡村民宿等形式实现了宅基地和农房更广泛的用途和经济价值。但这也在拷问现有宅基地制度：对宅基地建房居住功能的适当突破，是否违背土地用途而需禁止和取缔？

第四，宅基地无偿性取得。符合条件的集体成员申请取得宅基地时一般无须支付对价，这也是实践中集体成员积极分户并索要宅基地的重要原因。宅基地无偿取得有其深厚的历史根源。已如前述，1963年中共中央《关于各地对社员宅基地问题作一些补充规定的通知》就对宅基地无偿取得做过规定。这成为宅基地无偿使用之端绪。作此制度安排的原因：一是计划经济时期农村相对落后和贫困，农民无力承担取得宅基地的费用；二是宅基地从农民私有发展为集体所有、农民使用的两权分离制度时，并没有对原宅基地所有权人，即广大农民

〔1〕 参见陈小君、蒋省三：《宅基地使用权制度：规范解析、实践挑战及其立法回应》，载《管理世界》2010年第10期。

给予相应的费用补偿，因此宅基地由农民无偿使用可视为一种历史补偿。[1] 1990年至1993年，我国曾有过短暂的宅基地有偿取得试点，但很快被叫停。此后，实践中宅基地通常由集体成员无偿取得并长期使用。但近年来，城乡土地供给矛盾突出，尤其是发达地区建设用地需求量大而存量明显不足，农村集体土地的经济价值由此提升。宅基地有偿转让、有偿退出成为缓解土地供需矛盾的有益探索。

二、改革实践总结

宅基地制度改革复杂、敏感。既有实践总结、政策解读和方案设计，又有价值理念揭示与贯彻；既有实践的逻辑，又有逻辑的实践以及两者的互动对接；既有内部逻辑自洽，又有外在协同联动问题。

（一）改革政策文本解读

近年来，宅基地制度改革逐渐深入，进入“深水区”，改革的方向和焦点日趋明晰突出，改革路径和方案越来越清晰具体。作为全面深化改革的纲领性文件，《中共中央关于全面深化改革若干重大问题的决定》以“赋予农民更多财产权利”为时代课题，提出“保障农户宅基地用益物权，改革完善农村宅基地制度，选择若干试点，慎重稳妥推进农民住房财产权抵押、担保、转让，探索农民增加财产性收入渠道”。

之后的历年中央一号文件层层贯彻落实，步步深入。2014年中央一号文件中共中央、国务院《关于全面深化农村改革加快推进农业现代化的若干意见》提出要“完善农村宅基地分配政策”，“抓紧提出具体试点方案”并画出红线。2015年中央一号文件中共中央、国务院《关于加大改革创新力度加快农业现代化建设的若干意见》对城市化进程中（可能）出现的将农民进城落户与退出宅基地使用权相挂钩的做法明令禁止，继续要求“改革农民住宅用地取得方式”，进一步提出“探索农民住房保障的新机制”。2016年中央一号文件中共中央、国

[1] 参见曹益凤：《宅基地使用权继承的制度困境与出路选择》，载《农业经济问题》2020年第3期。

务院《关于落实发展新理念加快农业现代化实现全面小康目标的若干意见》在重申前述改革精神和要求的基础上推出新举措——“探索将通过土地整治增加的耕地作为占补平衡补充耕地的指标”。2017年中央一号文件中共中央、国务院《关于深入推进农业供给侧结构性改革 加快培育农业农村发展新动能的若干意见》结合宅基地制度改革试点实践,明确要求“落实宅基地集体所有权,维护农户依法取得的宅基地占有和使用权,探索农村集体经济组织以出租、合作等方式盘活利用空闲农房及宅基地,增加农民财产性收入”,并以充分保障农户宅基地用益物权和防止外部资本侵占控制为前提和原则。

2018年中央一号文件中共中央、国务院《关于实施乡村振兴战略的意见》总结改革实践,创造性地提出探索宅基地所有权、资格权、使用权“三权分置”,对宅基地制度改革作了全面系统的部署。2019年中央一号文件中共中央、国务院《关于坚持农业农村优先发展做好“三农”工作的若干意见》要求“稳慎推进农村宅基地制度改革,拓展改革试点,丰富试点内容,完善制度设计,抓紧制定加强农村宅基地管理指导意见,研究起草农村宅基地使用条例,开展闲置宅基地复垦试点”。2020年中央一号文件中共中央、国务院《关于抓好“三农”领域重点工作确保如期实现全面小康的意见》进一步要求“严格农村宅基地管理,加强对乡镇审批宅基地监管”“扎实推进宅基地使用权确权登记颁证”,以探索宅基地“三权分置”为重点,“进一步深化农村宅基地制度改革试点”。2021年中央一号文件中共中央、国务院《关于全面推进乡村振兴加快农业农村现代化的意见》则提出:探索宅基地“三权分置”的有效实现形式,并“规范开展房地一体宅基地日常登记颁证工作”,同时“研究制定依法自愿有偿转让的具体办法。加强农村产权流转交易和管理信息网络平台建设,提供综合性交易服务”。2022年中央一号文件中共中央、国务院《关于做好2022年全面推进乡村振兴重点工作的意见》则要求继续“规范开展房地一体宅基地确权登记”。

不仅如此,宅基地制度改革也是各项改革试点实施方案的重点。

2015 年 11 月，中共中央办公厅、国务院办公厅《深化农村改革综合性实施方案》明确改革重点和步骤，以明确界定农民住房财产权为前提，以宅基地有偿使用制度和自愿有偿退出为中心，以有效实现农民住房财产权担保、转让为落脚点。2014 年 12 月，习近平总书记先后主持召开中央全面深化改革领导小组第七次会议和中央政治局常委会会议，审议通过《关于农村土地征收、集体经营性建设用地入市、宅基地制度改革试点工作的意见》，该意见是“三块地”改革试点实践的具体指导方案，从四个方面对宅基地制度改革作了明确、周密又富有针对性的规定：一是完善宅基地权益保障和取得方式，二是探索宅基地有偿使用制度，三是探索宅基地自愿有偿退出机制，四是完善宅基地管理制度。2020 年中共中央、国务院发布的《关于构建更加完善的要素市场化配置体制机制的意见》对深化农村宅基地制度改革试点，为乡村振兴和城乡融合发展提供土地要素保障提出新要求，同年 6 月中央全面深化改革委员会第十四次会议通过了《深化农村宅基地制度改革试点方案》，11 月农业农村部办公厅又印发了《农村宅基地制度改革试点工作指引》，由此拉开新一轮宅基地改革的序幕。

梳理中央政策文件可以发现，宅基地制度改革中，保障农民宅基地上的用益物权权益和住房所有权是大前提，充实强化宅基地的财产属性是核心，进而赋予财产权应有的各项权能是路径。

(二)改革的实践开展

在新的时代背景下，宅基地制度改革与农村土地征收改革、集体经营性建设用地入市改革一道成为土地制度改革的主要内容。

1.“三块地”改革的成效与不足

2013 年 11 月，党的十八届三中全会对“三块地”改革作出重要部署。中央有关部门根据中央部署制定改革试点实施方案，宅基地改革和集体经营性建设用地入市改革从 2015 年 6 月决定的 15 个试点到 2017 年 11 月扩展至全部 33 个试点，试点工作于 2019 年年底结束。从宅基地制度改革来看，除了管理体制调整外，主要在扩展农民住房保障形式方面积极探索。(1)从“一户一宅”向“户有所居”转变。在存量宅基地已经无法满足新增人口居住需求的地区,保障农民居住的方式已经逐渐从最初分配一处宅基地建房,向多户联建、建设住宅小区高层公寓等方式转变。例如,浙江省金华市婺城区白龙桥镇联建农民公寓采用“5村联建,按资分配”的模式,既解决了村里60户农户的住房问题,又增加了各村集体经济收入。[1] (2)住房保障方式的多元化发展。探索农村住房保障“户有所居”的多种实现形式:第一,区分城镇建设用地范围内外不同区域,分类施策,如浙江省义乌市、西安市高陵区、山东省禹城市等。第二,人均耕地少且适合二、三产业发展的乡镇,在农户自愿的基础上实行相对集中统建、多户联建、返乡创业者与当地农民共建等多种模式,如黑龙江省安达市等。总体而言,宅基地制度改革基于稳妥考虑而推进缓慢,力度有限。

集体经营性建设用地入市改革取得重大进展,但未实现与宅基地改革的协同联动。2017年原国土资源部、住房和城乡建设部发布的《利用集体建设用地建设租赁住房试点方案》完善了之前的做法,坚持供给侧结构性改革,拓展集体土地用途,促进集体土地优化配置,对地性转换的实现途径具有较大的启发意义。例如,在“三块地”改革试点的北京市大兴区,2019年9月15日,瀛海镇出让5.56万平方米的集体建设用地建设共有产权房项目。[2] 在适度放活宅基地使用权的改革探索中,四川省的泸县模式通过农户和社会主体共享宅基地使用权,分别通过提供宅基地使用权和资本实现共建共享居住、商住或经营。[3] 四川省的泸县模式的实质是依循集体经营性建设用地入市的做法,在同一宗宅基地上实现了两种用途的共存,也蕴含了地

---

〔1〕 参见周垚、杨晓峰:《金华白龙桥联建农民公寓,助力美好生活》,载浙江新闻网2021年2月1日,https://zjnews.zjol.com.cn/zjnews/jhnews/202102/t20210201_22055889.shtml。

〔2〕 参见田国宝:《北京诞生全国首个可售集体建设用地住宅项目》,载经济观察网2019年9月16日,http://www.eeo.com.cn/2019/0916/365696.shtml。

〔3〕 参见陈小君:《宅基地使用权的制度困局与破解之维》,载《法学研究》2019年第3期。

性转换的可能空间。由此可见，集体经营性建设用地入市和宅基地制度改革只是完成了上半程，艰难的下半程还未实质启动。

总体来看，“三块地”改革虽已取得重大进展而告一段落，但改革进展并不均衡，其中尤以宅基地改革最为缓慢。面对“宅基地‘三权分置’的探索和实践还不够充分”[1]的现实，《土地管理法》2019年修改时反映、吸收改革成果的规定明显不足。这有待理论界在总结试点经验的同时审视、评估各地改革实践，以乡村振兴战略中的改革构想为基本遵循，服务、服从于乡村振兴大局，尊重中国乡村的实际和发展规律，进一步探讨宅基地“三权分置”实现的有效形式，进而提出完善改革方案。

2. 下一轮改革试点的实践动向

在上一轮土地制度改革经验转化为法律后，中央又启动了新一轮宅基地制度改革。2020年3月，中共中央、国务院发布的《关于构建更加完善的要素市场化配置体制机制的意见》提出：“深化农村宅基地制度改革试点，深入推进建设用地整理，完善城乡建设用地增减挂钩政策，为乡村振兴和城乡融合发展提供土地要素保障。”2020年6月，中央全面深化改革委员会第十四次会议通过《深化农村宅基地制度改革试点方案》；10月，中央农办、农业农村部批复全国104个县（市、区）和3个设区市为新一轮农村宅基地制度改革试点地区；11月，农业农村部办公厅印发《农村宅基地制度改革试点工作指引》。从新闻报道来看，各试点地区根据中央统一部署和批复方案积极开展宅基地制度改革试点工作。新一轮宅基地制度改革正从文本走向实践。

（1）规范文本的评析。改革政策以处理好农民和土地的关系为主线，以保障农民基本居住权为前提，以完善农村宅基地制度体系为重点，坚持先立后破、稳慎推进，探索宅基地“三权分置”。除了探索宅基地资格权的认定办法和多种实现形式外，本轮改革还要“完善不

[1] 《国务院关于农村土地征收、集体经营性建设用地入市、宅基地制度改革试点情况的总结报告——2018年12月23日在第十三届全国人民代表大会常务委员会第七次会议上》，载《中华人民共和国全国人民代表大会常务委员会公报》2019年第1期。

同区域农民户有所居的多种保障方式”[1]。以上改革任务要求在《乡村振兴促进法》第 67 条第 1 款规定中也有反映。根据该规定,结合 2020 年中央一号文件中共中央、国务院《关于抓好“三农”领域重点工作确保如期实现全面小康的意见》,[2]农民住宅用地也在农村新增建设用地保障的对象之列,因而无宅基地农民获批宅基地的要求显然合理合法。

(2)试点改革的动向。新一轮改革试点地区主要从宅基地的供求角度着手。从需求角度来看,“随着城镇边界拓展与农村人口转移,在宅基地管理中出现了取得困难”等问题;[3]在乡村振兴过程中,乡贤回归的住房保障条件和形式也亟待明确。[4] 浙江省德清县将宅基地资格权认定事项纳入宅基地管理章程,建立“途径多元、自主选择、城乡联动”的资格权保障体系,探索宅基地资格权的多元化保障机制。[5] 江苏省常州市武进区正全面推进农民自建区建设,9 个镇已规划 35 个农民自建区。[6] 在新一轮改革中,“浏阳在城乡合作建房等方面的试点经验被成功采纳”[7]。从供给来看,主要是大力整治“一户多宅”和“建新不拆旧”等问题,以有效增加宅基地用地

---

[1] 农业农村部办公厅《关于印发〈农村宅基地制度改革试点工作指引〉的通知》(农办经〔2020〕8 号)。

[2] 即新编县乡级国土空间规划应安排不少于 10%的建设用地指标,重点保障乡村产业发展用地。省级制定土地利用年度计划时,应安排至少 5%新增建设用地指标保障乡村重点产业和项目用地。

[3] 参见《斗门进入全国新一轮农村宅基地制度改革试点》,载珠海市斗门区人民政府网 2021 年 4 月 8 日,http://www.doumen.gov.cn/zhsdmqrmzfmhwz/sy/dmyw/content/post_2752290.html。

[4] 参见《全市唯一! 江山市成功入选新一轮农村宅基地制度改革试点地区》,载衢州传媒网,https://www.qz123.com/html/836/20201018/news_show_283688.html。

[5] 参见《祝贺! 德清县入选新一轮农村宅基地制度改革试点地区》,载搜狐网 2020 年 10 月 14 日,https://www.sohu.com/a/424693163_99901975。

[6] 参见《继“三块地”改革试点后——武进成为全国新一轮农村宅基地制度改革试点》,载《常州日报》2020 年 11 月 5 日,第 1 版。

[7] 《浏阳试点新一轮农村宅基地制度改革》,载《浏阳日报》2021 年 1 月 21 日,A1 版。

空间，满足符合分配条件的农户的建房需求，确保“户有所居”。[1]

（3）改革尚未完成，仍需深化。下一步的改革重点可以概括为以下几点：一是问题的多样性、需求的层次性，要求在新形势下调整改革重点，应虑及新型城镇化与城乡融合发展、乡村振兴的要求；二是新情况、新问题的新应对，要求试点改革探索注意与新法衔接；三是改革的系统性、方案的体系融贯性，要求不能“头痛医头、脚痛医脚”，要注意规划上功能细分与弹性转化的平衡，并与宅基地有偿退出相协调。

（三）改革总结

自原《物权法》颁布后，关于宅基地使用权流转、退出的研究日渐深入，但因宅基地牵涉亿万农民的切身利益，其改革应稳慎推进，于是关于宅基地的相关问题采取了于改革试点中先行先试、再视情况立法修法的路径。

1.“三块地”改革经验的立法转化

“三块地”改革中，完善农村宅基地权益保障和取得方式、探索宅基地有偿使用、探索宅基地自愿有偿退出为宅基地制度改革的主要内容。但是经过5年的改革探索，相较于土地征收制度改革和集体经营性建设用地入市改革，宅基地制度改革成效不显，对《土地管理法》等重要修法立法贡献经验最少。《民法典》中的宅基地使用权制度几乎照搬原《物权法》条文，除一处表述修改外，其他只字未动。《土地管理法》坚守公法属性，在不介入私权关系调整的同时，提出“户有所居”，并明确允许进城落户的农村村民依法自愿有偿退出宅基地，鼓励农村集体经济组织及其成员盘活利用闲置宅基地和闲置住宅。在“房地一体”背景下，作为准所有权性质的宅基地，新近修法立法对其承载的价值功能、流转、退出和盘活利用等关键问题没有回应和解答。究其原因，主要是对宅基地制度改革的部分问题共识不足，导致宅基

[1] 参见《全省5个，全市唯一！翠屏区启动农村宅基地制度改革试点工作》，载宜宾市翠屏区人民政府网2021年3月23日，http://www.cuiping.gov.cn/zwhd/cpyw/202103/t20210323_1437857.html。

地立法修法艰难。

改革实践中共识不足,经验做法差异较大。在宅基地制度改革的实践中,部分地区试点时间短,经验做法尚不成熟。最早进入宅基地制度改革试点的部分地区,虽已有经验积累,但各地农村发展水平不齐、土地资源禀赋差异等,导致因地制宜的改革探索并未形成在全国可复制、可推广的经验。比如,仅宅基地流转范围,就存在部分试点地区限制在集体内部流转,部分试点地区将其扩大至全区或全市域农村流转的差异。在宅基地有偿使用方面,部分试点地区将其作为超面积占用宅基地等历史遗留问题的处理方式,如佛山市南海区;有试点地区将其作为新分配取得宅基地的原则,如云南省大理白族自治州;也有试点地区创新有偿使用模式,实行宅基地有偿调剂和有偿选位,如浙江省义乌市。

学界共识不足,对宅基地财产性利用方式存在争议。原《物权法》颁布以来,法学、管理学、经济学等各学科领域对宅基地制度的研究从未停息。知网期刊搜索显示,2007 年至 2022 年 5 月,篇名中含有"宅基地"的核心期刊文献就有近 1500 篇。宅基地使用权、宅基地退出、宅基地流转、"三权分置"等成为重要的研究主题。随着农村土地制度改革的纵深推进、《土地管理法》的修改和《民法典》的颁布实施,宅基地制度再次获得关注。关于如何重视并实现宅基地的财产价值,如何建立新时代宅基地利用秩序,学界讨论颇多,但共识不足,难以为立法修法所吸纳。比如,针对宅基地使用权能否对外流转这一关键问题,学者所持有的观点和提出的立法路径均有不同。有学者指出,"在目前我国无法对宅基地使用权实施去身份化的赋权并允许转让的背景下,不应是宅基地使用权人独立自主地为他人设定次级用益物权,也很难是受让人直接从集体取得法定承租权,而应是在借鉴国有划拨土地流转方式的基础上,由宅基地使用权人自愿将宅基地在一定期限内退回给集体,并由集体将建设用地使用权出让给受让人"[1]。有学者

---

[1] 李凤章:《宅基地使用权流转应采用"退出—出让"模式》,载《政治与法律》2020 年第 9 期。

提出，通过宅基地使用权转权入市破解宅基地流转难题，即允许农户在不影响其基本居住保障的前提下，通过办理集体建设用地出让手续，缴纳土地出让金，将宅基地使用权转化为有期限的建设用地使用权，从而实现宅基地的对外转让。[1] 也有学者提出，以宅基地法定租赁权，解决“房地一体”中农房继承、转让、抵押等情形下权利人对宅基地的占有和利用状态。[2]

2. “房地一体”原则下宅基地有偿使用的探索

宅基地“三权分置”虽为宅基地使用权的流转提供了政策空间，但长期困扰我国宅基地经济利用的另一难题并未解决，即宅基地使用权身份属性下“房地一体”原则的实现问题。我国在土地使用权与建筑物所有权的关系上采用了“房地一体”原则。作为不动产的农房在买卖、抵押时因宅基地使用权取得的身份限制及“一户一宅”、“面积法定”原则的制约，权利人对农房的权利无法直接延及农房所在宅基地。当作为土地所有者的农村集体经济组织与作为土地使用者的农民个体都存有经济利益、双方又均无理由放弃对这种利益的追求时，协调“房地一体”原则在宅基地使用权制度中的适用，宅基地的有偿使用制度应是现有研究的突破点。

试点地区对宅基地有偿使用做了多种尝试。例如，湖北宜城依据宅基地使用对象的身份及宅基地利用现状，对超占部分按照时段、面积、区域等标准收取有偿使用费；云南大理对利用宅基地上住房从事客栈、餐饮等经营活动的，由集体按使用面积收取土地收益金；浙江义乌注重宅基地所有权的经济权益实现。宅基地有偿选位费、有偿使用费、有偿调剂收益、“集地券”交易收益和奖补收入、宅基地转让所有权收益归村集体所有，主要用于村内基础设施、农田水利建设等公共

---

〔1〕 参见宋志红：《乡村振兴背景下的宅基地权利制度重构》，载《法学研究》2019 年第 3 期。

〔2〕 参见陈小君：《宅基地使用权的制度困局与破解之维》，载《法学研究》2019 年第 3 期；高圣平：《宅基地制度改革政策的演进与走向》，载《中国人民大学学报》2019 年第 1 期。

事业建设,收益盈余分配实行民主管理,由村民(代表)大会讨论决定。

目前,学界关于宅基地有偿使用制度形成了四种主要观点。一是国有/集体土地使用权说,即受让人或权利人没有宅基地使用权继受资格时,该宅基地使用权转变为国有土地使用权或集体土地使用权。二是地上权说,即当抵押住房出卖给他人时,宅基地使用权本身不随之让与,住房所有权人取得法定或约定地上权。三是地役权说,即当抵押住房与宅基地使用权的主体发生分离时,受让人就宅基地取得地役权,宅基地为供役不动产,住房为需役不动产。四是(法定)租赁权说,在现有研究成果中呈多数。该观点认为可以通过在宅基地上设置租赁权或交纳使用费的方式,解决宅基地的流转或身份问题。

宅基地上权利清晰和谐是宅基地经济利用的前提。一方面,在宅基地上既存宅基地所有权、宅基地成员资格权、宅基地使用权的基础上,不宜再以引入物权性利用的思路构建宅基地的有偿使用制度。物权性利用思路的逻辑困境在于"一物一权"原则限制下必须为该种物权性利用寻求权利利用形态:一是将所有有偿使用形式均纳入宅基地使用权下,无疑会使得非农业人口和其他集体的村民侵入,使得本集体成员在权利形态上与非本集体成员无异,最终会压缩本集体及其成员用于实现社会保障功能之宅基地使用权的空间;二是无论是何种宅基地使用权之外的物权形态,均会涉及原有宅基地的变性问题,此种变性会带来宅基地面积缩减、侵蚀耕地、集体成员居住权无法保障等风险;三是破除宅基地"房地一体"原则困境的终极目的仅在于理顺宅基地上房屋及其他建筑物所有权人和宅基地所有权人之间的土地利用关系,以顺利实现宅基地使用权人以外的权利主体对宅基地上房屋及其他建筑物的所有权,该种所有权的实现以在他人土地上保有不动产为手段,不需亦不应赋予该种利用以物权的对世性效力。另一方面,虽然不宜引入新的物权性权利,因"房地一体"原则下的宅基地有偿利用制度随着宅基地上房屋及其他建筑物所有权的转移,在特定条件下自然成就,其权利义务内容及期限并不基于权利双方的意思表示而是基于法律规定,该种利用关系亦非一般的债权性利用即可涵盖。因此,为了充分保障各种权利人在宅基地上权利的实现,具有物权化性质的宅基地法定租赁权是较适宜的权利形态。

所谓宅基地法定租赁权，是指权利主体在特定条件下以继承、买卖、抵押权实现等方式获得宅基地上的房屋及建筑物，但其无法获得宅基地使用权时，依照法律规定享有的在一定期限内有偿使用宅基地的权利。宅基地法定租赁权的内核在于“法定”和“租赁”。“法定”即该权利的取得并非依赖其他权利人的意思且权利内容法定、期限法定；“租赁”则反映了该种权利并非物权性而是债权性利用，只是该种债权性利用因“法定”产生了物权化效应。宅基地法定租赁权的设置，一方面，可以促进宅基地的有效利用，增加农村住宅闲置成本，促使村民将多占用的宅基地早日交回集体；另一方面，可以保障农民集体成员使用宅基地的公平性，在房屋出让人、农村集体经济组织之间建立一种利益分配机制，同时为农村房屋买卖、抵押的实现提供制度依托，有效保障农民的房屋财产权。[1]

第三节　宅基地制度深化改革的方向与要点

党的二十大报告提出“深化农村土地制度改革，赋予农民更加充分的财产权益。保障进城落户农民合法土地权益，鼓励依法自愿有偿转让”，为宅基地制度深化改革提供了目标指引。然而，宅基地“三权分置”改革具有综合性，涉及集体、宅基地使用权人和流转受让人等多方地位、目标各异的主体，牵涉不同层级、效力和功能的权利，加上尚处于政策向法律转化的关键阶段，尤须满足体系化要求，运用整体性思维，重视来自历史传统和社会现实形塑的制度环境和既定约束条件，提出系统性解决方案，避免极端和片面。[2]

---

〔1〕 参见陈小君：《宅基地使用权的制度困局与破解之维》，载《法学研究》2019 年第 3 期。

〔2〕 参见陈小君：《我国农村土地法律制度变革的思路与框架——十八届三中全会〈决定〉相关内容解读》，载《法学研究》2014 年第 4 期；耿卓：《农地三权分置改革中土地经营权的法理反思与制度回应》，载《法学家》2017 年第 5 期。

一、基本遵循

宅基地“三权分置”改革的价值目标是复合多元而非单一的，是有顺位层级而非随意或并行的。我们可以从以下三个层面展开[1]，这些价值目标也构成了未来宅基地制度深化改革的根本遵循。

(一)从实现方式到结果实现

无论是长期坚持的“一户一宅”原则还是当下“住有所居”的要求，[2]根本上都是宅基地基本功用的集中体现，居住保障是万变不离其宗的“宗”。居住保障是最高价值，是基本要求，是宅基地“三权分置”改革价值目标金字塔体系的塔基。

从基本内涵和制度构造来看，对农民的居住予以保障并不意味着必定是无偿的，现行制度的无偿保障特点正如城镇居民的住房保障制度一样有其深刻的历史背景；对农民居住予以保障的主体也不应只限于农村集体经济组织，因为农民私有的宅基地后来转为集体所有，国家也负有社会保障义务。

传统的“一户一宅”是农耕时代农民生活居住、村落组建构成和农业文明维系传承的基本载体，有其不可替代的重要价值。经济形态的演进、农业生产方式的变革、农民的流动及生活方式变迁，特别是城镇化的快速推进和建设生态文明的时代背景，对土地功能、用途、利用方式和效率提出了新要求。加上人多地少的紧张关系和宅基地粗放利用甚至闲置的严峻现实，迫切要求从居住的“一户一宅”保障向“住有所居”保障转变。“一户一宅”主要表现为对宅基地的平面利用，侧重居住保障的实现方式；而“住有所居”不以平面利用为限，更多地强调居住保障的结果实现。

---

[1] 下述三个层面也是宅基地“三权分置”改革的三个主要目的。参见高圣平：《农村宅基地制度：从管制、赋权到盘活》，载《农业经济问题》2019年第1期。

[2] 宅基地制度改革的重点和核心应当只是保证农民“户有所居”权利，其他都是次要的。参见岳永兵：《农村“一户一宅”制度探析》，载《中国土地》2016年第8期。

(二)从粗放低效到集约高效

这一价值目标集中体现于“空心村”、闲置宅基地的依法处置过程。“空心村”和闲置宅基地是宝贵土地资源的浪费。既影响农民的生活环境,又影响村庄规划的有效实施,不利于乡村的可持续发展与全面振兴。对“空心村”和闲置宅基地依法处置,一头连着“住有所居”,另一头连着宅基地的价值显化,是改革的切入点和试金石,是宅基地“三权分置”改革价值目标金字塔体系的塔腰。

在人多地少的中国,农民“住有所居”这一当下的新要求对土地供应提出了严峻挑战。在宅基地增量受制于耕地保护红线、产业发展和城市化用地需求等刚性约束下,宅基地存量理应也必须进行集约化利用。随着城乡融合和农村经济的发展,“两权分离”之下严格限制宅基地流转的产权体系已成为土地财产权益实现的阻碍。宅基地闲置和低效利用的现状也表明,引导宅基地退出和有序流转势在必行。这也是中央在宅基地制度改革中要求完善农民闲置宅基地和闲置农房政策的真义所在。

城镇化水平的提升和乡村人口数量的减少,理论上可以减少居住用地,节约建设用地,但实际上农村居民用地不减反增,直接原因是城乡土地分割管理,农村宅基地退出动力不足。[1] 宅基地“三权分置”改革需要对“空心村”和闲置宅基地采取有效措施:一是要依托政府的相关项目进行土地整治,提高土地节约集约利用水平,变“闲”为宝,实现相关各方的“多赢”;二是要完善、用好宅基地收回、退出制度,实现对利益关系的调整。

(三)从功能超载到价值纯化显化

实践证明,现行制度设计和权利构造既无法有效保证农民“一户一宅”,又是造成土地闲置等粗放低效利用现象的重要诱因,还影响

---

〔1〕 参见董祚继:《“三权分置”——农村宅基地制度的重大创新》,载《中国土地》2018年第3期。

农民流动和城乡融合发展。因此,宅基地“三权分置”改革应纯化财产属性,显化其财产价值,发挥市场机制在宅基地资源配置中的决定性作用,实现从资源到资产的跨越。纯化财产属性就要剥离其他功能,显化财产价值就要充实权能,落实宅基地“三权分置”改革中的“适度放活宅基地使用权”。这是宅基地“三权分置”改革的落脚点,也是价值目标金字塔体系的塔尖。

适度放活宅基地使用权,有利于盘活农村闲置和低效宅基地,推动建立城乡统一建设用地市场,为城乡要素平等交换和优化配置奠定基础,特别是可以加快农村富余宅基地的退出,为承接资本、人力、技术等要素返乡下乡创造条件,还将为进城就业的农民在城市买房、租房安居等提供收入保障,从而加速新型城镇化进程;[1]适度放活宅基地使用权,有利于农民生存权和财产权的双重实现,鼓励各地结合发展乡村旅游、新产业新业态、先行先试下乡返乡创新创业等,增加农民财产性收入,为乡村振兴提供用地、提供支撑。

二、具体方向

准确把握未来农村宅基地深化改革的方向和重点,既要对宅基地“三权分置”进行体系化的理解,也要加强宅基地制度改革的体系化协调,在新时代从多方位、多角度体悟宅基地制度改革的目标。

(一)加强宅基地“三权分置”改革的体系理解

在法律领域,体系是指在一定领域内若干法律、制度构成的有逻辑关联的系统性整体,法律体系的匀称性、其各部分的相互关系以及逻辑上的协调性是法学的基本价值追求,是法律的正当性之所在。[2]宅基地“三权分置”的相关制度设计,既要内洽于现行法律体系,又要注意自身的逻辑性。

1. 准确理解“资格权”,确保成员“住有所居”

农户资格权是宅基地“三权分置”改革中提出的新型权利,如何

---

〔1〕 参见周其仁:《城乡中国》(修订版),中信出版社 2017 年版,第 475-480 页。

〔2〕 参见易军:《中国民法继受中的体系性瑕疵与协调》,载《法商研究》2009 年第 5 期。

认识关涉改革方案的法律转化,兹事体大,不可不慎。学界对此众说纷纭,莫衷一是。部分学者另起炉灶,提出宅基地的“新三权”,如三层次权利结构说[1]、二元三权结构说[2],并没有资格权的位置。[3]更多学者对资格权的内涵和属性提出自己的主张。对此,可以归纳如下:一是双重属性说[4];二是宅基地使用权取得资格说[5];三是

---

〔1〕 该说在借鉴比较法上“地上权”的基础上,形成集体土地所有权—宅基地使用权—地上权的层级模式。参见席志国:《民法典编纂视域中宅基地“三权分置”探究》,载《行政管理改革》2018年第4期。

〔2〕 该说认为不同转让方式下存在不同的三权,认为在租赁方式下宅基地“三权分置”的权利结构应为“农民集体土地所有权、农户宅基地使用权、社会主体宅基地租赁权”,在权利分离后转让方式下,宅基地“三权分置”的权利结构应为“农民集体土地所有权、农户宅基地使用权、社会主体宅基地经营权”。宋志红教授之所以在其三权构造中没有给资格权留出位置,是因为她考虑到“宅基地分配资格”本身属于成员权的组成部分,应归属于土地所有权行使机制的内容,不应将其放入农户个体享有的财产权利之列。参见宋志红:《宅基地“三权分置”的法律内涵和制度设计》,载《法学评论》2018年第4期。

〔3〕 有学者更是将宅基地分置为所有权、占有权、经营权和发展权,资格权同样无处可寻。参见姚树荣、熊雪锋:《宅基地权利分置的制度结构与农户福利》,载《中国土地科学》2018年第4期。

〔4〕 有学者以集体与成员的特殊总有关系为基础,提出“资格权是集体成员宅基地分配中的一种资格”,“具有人身权和财产权双重属性”,和使用权都是原有的宅基地使用权分解后的产物。孙建伟:《宅基地“三权分置”中资格权、使用权定性辨析——兼与席志国副教授商榷》,载《政治与法律》2019年第1期。还有学者认为,宅基地农户资格权应包括宅基地分配资格权和宅基地使用权两种权利,是一种兼具身份权和财产权的复合性权利。参见陈耀东:《宅基地“三权分置”的法理解析与立法回应》,载《广东社会科学》2019年第1期。不过,后者基于不同阶段而对资格权作出不同的界定,认为农户行使并实际取得宅基地使用权后,宅基地资格权就等同于既有实定法中的宅基地使用权。

〔5〕 有学者则基于盘活宅基地资源的考量,在允许宅基地使用权依法自由流转的前提下,将宅基地资格权解释为集体成员要求集体分配宅基地并无偿使用的资格。参见李凤章、赵杰:《农户宅基地资格权的规范分析》,载《行政管理改革》2018年第4期。还有的学者把资格权界定为“将宅基地取得资格从使用权中分离出来单独设立”的权利并以“配给权”命名。参见岳永兵:《宅基地“三权分置”:一个引入配给权的分析框架》,载《中国国土资源经济》2018年第1期。

成员权说[1]。

对宅基地资格权进行界定,需要我们回到权利本身,回到权利体系中去。一项权利的成型有其生成逻辑,理应遵循权利构造和权利变动的逻辑。从文义、内容和目的来看,资格权无疑指向一种身份资格、一种取得权利的资格,可以为成员权所涵盖。从权利变动来看,资格权既然依据特定的取得资格标准而取得,那么也自然应在丧失或不符合特定的取得资格标准后失去。[2] 从权利体系来看,资格权的体系定位必须明确。农民成员权与集体所有权密切相关,[3]在原《民法总则》未将其纳入农村集体经济组织中规定的情况下,将其归于集体所有权中更为妥当。[4]《民法典》未对其进行安排,新近立法契机是由农村集体经济组织法进行规定。

2. 适度放活使用权,彰显宅基地财产属性

盘活宅基地的起点在于补齐宅基地使用权的使用权能。对此,应当允许宅基地使用权人享有宅基地的收益权,从而实现私权的回归。宅基地的取得方式包括分配取得与流转取得,而后者包括债权性流转与物权性流转。就宅基地债权性流转而言,权利人取得租赁权,此为意定租赁,适用《民法典》有关租赁合同的规定。宅基地物权性流转是改革的核心,以宅基地法定租赁权实现宅基地的占有和使用,又是开禁宅基地物权性流转的关键。

宅基地法定租赁权入法需要明确以下内容:首先,由法律明确规定宅基地法定租赁权产生的情形,以区别于意定租赁。转让、抵押、入股等流转方式应该明确规定在宅基地法定租赁权取得的流转情形中。

---

[1] 参见程秀建:《宅基地资格权的权属定位与法律制度供给》,载《政治与法律》2018年第8期。

[2] 参见耿卓:《宅基地使用权收回事由类型化及立法回应》,载《法律科学(西北政法大学学报)》2019年第1期。

[3] 这也是部分学者混淆成员权与物权的重要原因,没有区分宅基地使用权的原始取得与其后流转。参见李凤章、李卓丽:《宅基地使用权身份化困境之破解——以物权与成员权的分离为视角》,载《法学杂志》2018年第3期。

[4] 参见陈小君:《我国农民集体成员权的立法抉择》,载《清华法学》2017年第2期。

其次，明确宅基地随其上房屋及建筑物一并流转的前提，禁止宅基地单独流转。宅基地法定租赁权是不具备宅基地资格权的主体，取得农房所有权时，基于“房地一体”原则而由法律明确规定其取得宅基地法定租赁权。因此，合法取得宅基地上房屋及建筑物是宅基地法定租赁权产生的前提。再次，明确宅基地法定租赁权期限。宅基地法定租赁权应区别于未有明确期限限制的宅基地使用权，以实现权利的分级和厘清，也为宅基地法定租赁权消灭后宅基地使用权回复提供可能。宅基地法定租赁权可遵循租赁期限最长 20 年的规定，20 年到期后，依房屋存续情况和财产价值评估考虑是否续期。最后，应该明确由农村集体经济组织和宅基地使用权人共同分享宅基地租金收益。

（二）加强宅基地“三权分置”改革的外部协同

改革的系统性、整体性和协同性，要求改革政策联动；政策目标的一致性，要求必须联动考虑，发挥政策的加乘效应，避免政策之间的摩擦。制度之间具有关联性和互补性，任一制度都不能单独发挥作用，因此，农村宅基地制度改革推进的关键是在遵循制度变迁内在逻辑的基础上协同相关制度的建设与改革。[1]

宅基地是土地的一个类别，宅基地制度是土地制度的组成部分，宅基地制度改革是“三块地”改革的一个方面，是深深嵌在经济、社会和制度系统中的。从用途和功能而言，宅基地也是建设用地，必然与集体经营性建设用地入市、城乡统一建设用地市场建立相关联。宅基地使用权作为用益物权、他物权，必然与集体土地所有权具有不可割裂的关系，与农村集体产权制度改革相关。宅基地使用权是集体成员享有的、保障农民“住有所居”的权利，与农村集体经济组织相关。在其下的集体土地所有权被征收时，宅基地使用权必然与集体土地征收改革发生联系。宅基地从农用地转换用途而来时，必然涉及与耕地保护政策的衔接协调。因此，宅基地制度改革要求采用体系化视角，将

---

〔1〕 参见张梦琳：《农村宅基地流转模式分析与制度选择》，载《经济体制改革》2014 年第 3 期。

反映现实疑难问题的具体制度作为一个整体来看待,同时将对具体制度的局部研究置入体系化视角予以检验,以避免"头痛医头,脚痛医脚"。

遗憾的是,"三块地"改革探索依然存在缺乏整体统筹、宅基地改革认知矛盾凸显等诸多问题,亟须重点突破。[1] 其中,宅基地"三权分置"改革与集体经营性建设用地入市改革的协同联动是重点。学界的研究均对集体建设用地入市与宅基地制度改革的协同联动关系关注不够。宅基地同属集体建设用地,既要落实保障农民"住有所居",又要顺应统一市场建设的趋势和要求,显化宅基地的财产价值。实现两者的协同联动,需要以宅基地和集体经营性建设用地同等化对待为条件,在当下可以分步推进,以闲置结余宅基地为对象实现宅基地与集体建设用地的权利平等。[2]

集体建设用地入市与宅基地制度改革的协同联动可以从以下几方面着手:一是宅基地与集体建设用地之间的转换。这种转换既有宅基地向集体建设用地的转换,又有集体建设用地向宅基地的转换。前者主要是宅基地腾退整治后结余宅基地成为集体建设用地的来源,转为集体经营性建设用地。现有集体经营性建设用地入市改革限定于存量建设用地,极大地削弱了改革的价值,而改革试点在此方面的探索应给予足够重视。后者既可以是集体公益性建设用地转为宅基地,也可以是集体经营性建设用地转为宅基地。集体建设用地转为宅基地时,可以结合在集体土地上建租赁房的改革,有效地满足农民特别是无宅基地农民的居住需求。这是丰富农民住宅用地取得方式、探索农民住房保障的新机制,也是实现宅基地制度基本目标的重要举措。无论是哪种转换方式,是否转换、转换多少、怎么转换等的决定权都可

---

〔1〕 参见严金明、陈昊、夏方舟:《深化农村"三块地"改革:问题、要义和取向》,载《改革》2018 年第 5 期。

〔2〕 参见刘守英、熊雪锋:《经济结构变革、村庄转型与宅基地制度变迁——四川省泸县宅基地制度改革案例研究》,载《中国农村经济》2018 年第 6 期。

依法交给集体。二是宅基地向耕地的转换。在宅基地腾退整治后把结余的部分复垦为耕地,通过增减挂钩政策,形成建设用地指标,在市场上进行交易。〔1〕

此外,还有宅基地“三权分置”改革与集体土地征收制度改革、国土空间规划和用途管制等制度改革的协同问题。在集体土地征收涉及宅基地时,集体成员、资格权人、不同情况下的使用权人享有何种权利,应否补偿及如何补偿,在设计改革方案时必须予以考虑;被征收人的“住有所居”如何保障、以何种方式保障必须有具体可行的方案。宅基地的选址、面积和公共设施配套等必须在村庄规划、城乡规划、国土空间规划下科学确定。〔2〕“空心村”和闲置宅基地的整治、宅基地的分配以及宅基地的开发和转为其他产业用地都要符合国土规划和用途管制,而制定和调整各类规划的科学性和民主性,也需要相关主体特别是宅基地使用权人的有效参与。

三、制度要点

深化宅基地制度改革,应在价值显化、集约高效等价值目标指引下,重点完善和保障宅基地使用权,有限放活宅基地流转,积极进行宅基地整治,进一步完善宅基地制度功能。

(一)保障宅基地使用权

根据《民法典》第363条及《土地管理法》第62条的规定,宅基地使用权的取得是农村集体经济组织成员向集体经济组织申请,由乡(镇)人民政府审核批准从而取得宅基地使用权的行为。

1. 宅基地使用权的申请主体

对于宅基地使用权的申请主体,学界存在是以户为主体,还是以

〔1〕 参见黄忠:《城乡统一建设用地市场的构建:现状、模式与问题分析》,载《社会科学研究》2018年第2期。

〔2〕 有学者从赋权和放松管制的角度,怀疑针对不同历史时期的特殊情况所作出的规划管控是否还切合当下的社会经济现实。参见高圣平:《农村宅基地制度:从管制、赋权到盘活》,载《农业经济问题》2019年第1期。

集体成员个人为主体的争议。课题组认为,集体成员是申请宅基地的权利主体,而户是宅基地申请权的行使主体。以户作为宅基地申请权的行使主体,是法律规定的当然之义,符合农村以户为生产经营基本单位的现实。《土地管理法》确认了农村宅基地"一户一宅"的原则。在我国,农村宅基地同样受人地矛盾的制约。为保护耕地和实现村社内部宅基地分配的平等和公正,法律从申请、审批、面积控制等方面对农村宅基地采取了种种严格的管制措施。立法的出发点是以"一户一宅"限制宅基地的需求,以"一户一宅"限制"一户多宅",防止一个家庭拥有多块宅基地。

未来改革应以集体成员权整体构造为思路,构建宅基地农户资格权益保障制度。宅基地"三权分置"明确使用了"资格权"的表述,使得其集体成员权属性更易达成共识。无论是从农地制度改革的协同性考虑,还是从农地权利体系的协调性考虑,都宜将土地承包权和"宅基地资格权"界定为农民集体成员权。无论是土地承包权,还是"宅基地资格权",其成员权属性的重要意义不在于解决了"三权分置"中"一物一权""房地一体"原则的理论问题,而在于使其真正成为承包地和宅基地流转中的"压舱石",在坚持承包地和宅基地的社会保障功能的基础上兼顾经济利用功能。

保障"宅基地资格权",其根本是尽快实现集体成员权立法,关键是在宅基地使用权的得丧变更中对宅基地农户资格权的区别对待和实现。对于前者,我国尚无集体成员权立法,而《民法典》亦未在农村集体经济组织部分作出相应规定,在此背景下,最优路径应当是将农民集体成员权制度置于未来农村集体经济组织立法之中。这便是政策中论及的土地承包权和"宅基地资格权"具体演绎成法制的基础。后者则主要表现在宅基地分配权、费用豁免权和优先受让权等方面。

2. 宅基地使用权的申请条件

宅基地使用应坚持“一户一宅”“面积法定”“无偿使用”[1]原则。集体成员基于成员资格取得的宅基地使用权,本质上是以实现社会保障功能为目的的住宅用地,也是我国宅基地使用权的主要类型,自当延续严格的管制政策。首先,“一户一宅”和“面积法定”原则是《土地管理法》第62条确立的宅基地使用权取得的两大基本原则,禁止申请人把宅基地用于非生活性、非自用性的商业用途,其重要制度价值在于实现节约集约用地、保护有限土地资源和粮食生产安全,必须予以坚持并在私法层面予以体现。其次,坚持集体成员宅基地使用权的无偿取得,符合广大农村的实际。宅基地使用权的无偿取得和使用权的永久性,表明宅基地的分配具有福利性和社会保障功能。在我国农村社会保障体系有待完善、宅基地制度和法律尚不健全的情况下,宅基地的福利保障功能对农村社会的稳定具有极其重要的作用。

明确宅基地使用权申请的积极条件和消极条件。积极条件一般包括无住房或符合分户条件需要重新申请宅基地、原有宅基地面积未达到法定标准、因排危避险需要搬迁、参加旧村改造且自愿拆除或者交回现有住宅等,其具体细节宜交由地方结合实际具体化。消极条件是宅基地管理和利用的原则和底线,一般包括宅基地选址不符合土地利用总体规划和城乡规划,出卖、出租或者以其他形式转让宅基地上住宅等情形。关于宅基地出卖、出租或转让的消极条件,国务院先后数次发文限制宅基地的流转范围。

未来宅基地制度改革应继续探索多种形式贯彻“一户一宅”政

[1] 对于主张宅基地无偿长期使用会导致宅基地闲置的观点,从立法来看,《土地管理法》第62条的规定表明,立法者是不允许宅基地使用权人自由处分其宅基地的。宅基地闲置的关键成因在于宅基地缺少有效、多元的流转途径,一旦宅基地流转开禁后,宅基地的经济利用自然会形成激励机制,尤其是在我国农民出村、本地工业化、农外就业、工资性收入居于支配地位、农业发展方式转变等因素作用下,宅基地有偿使用的比例会逐渐增高,宅基地的经济效益亦可凸显,其社会保障功能也不至于弱化。参见陈小君:《宅基地使用权的制度困局与破解之维》,载《法学研究》2019年第3期。

策:对于"土地利用总体规划确定的城镇建设用地规模范围外的传统农区",继续实行"一户一宅"的宅基地分配制度,对其中人均耕地少,第二、第三产业比较发达的地区,探索实行相对集中统建、多户联建等方式落实"一户一宅",原则上不再进行单宗分散的宅基地分配;而对于"土地利用总体规划确定的城镇建设用地规模范围内的农区",通过集中建设农村公寓、农民住宅小区,以"户有所居"落实"一户一宅"的住房保障功能;[1]对已没有新增宅基地可供分配的地区,可以利用存量建设用地,集中建设公寓式住宅,落实宅基地权益。[2]

(二)流转宅基地以实现价值显化

落实宅基地制度,就是要建立实现宅基地财产价值的体制机制,畅通宅基地经济利用的法制路径。尽管宅基地在初次分配中,由成员无偿取得体现了一定福利属性,但不能因此否认宅基地作为资源性资产的财产属性。"以维护村庄封闭性为目的的宅基地使用权转让规则也违背了市场交易的基本原则。"[3]宅基地财产价值不能显化和实现,既不利于土地资源的合理配置,也无法为乡村振兴用地提供有效补充。实现共同富裕已对宅基地制度改革提出了内在要求,显化宅基地财产价值已是应有之义。

1. 建立宅基地适度流转制度

宅基地适度流转,即在保障农民基本居住需求的前提下,适当放开宅基地流转的地域和身份限制。它与宅基地分配取得不同,后者基于成员身份无偿取得没有期限限制的用益物权。建立与宅基地分配取得相区分的流转取得制度,才能纠正以宅基地分配取得规则来遏制

---

[1] 参见高圣平:《农村宅基地制度:从管制、赋权到盘活》,载《农业经济问题》2019年第1期。

[2] 参见王爱民:《农村宅基地制度改革再认识》,载《中国土地》2017年第6期;高圣平:《宅基地制度改革试点的法律逻辑》,载《烟台大学学报(哲学社会科学版)》2015年第3期。

[3] 参见高圣平:《宅基地制度改革政策的演进与走向》,载《中国人民大学学报》2019年第1期。

宅基地流转取得的错误路径。宅基地债权性利用的主要方式为租赁，目前不存在制度障碍，亦不应对其作出过多限制。宅基地流转的难题主要为物权性流转，因受限于现有取得规则，该流转仍无法实现。我国宅基地制度改革一直审慎推进，现阶段宅基地流转也不应完全放开。

首先，仍应当禁止宅基地单独流转。宅基地使用权人取得宅基地并用于建造房屋及其附属设施是法律明确规定的宅基地用途，《确定土地所有权和使用权的若干规定》第52条也规定“空闲或房屋坍塌、拆除两年以上未恢复使用的宅基地，不确定土地使用权。已经确定使用权的，由集体报经县级人民政府批准，注销其土地登记，土地由集体收回”。当前，宅基地流转仍在于着力解决“房地一体”背景下农房财产权的实现问题，因此现阶段不宜将单独的宅基地作为财产要素流入市场。其次，采纳部分试点地区经验，将宅基地流转范围扩展至县区域内的农村，但为防止违法违规建设，受让人受让的宅基地数量、面积、具体经营利用的方式要予以限制。〔1〕再次，应当允许受让人通过有偿取得的方式，合法取得农房所有权和有期限的占有、使用宅基地权利。最后，要建立宅基地增值收益分配机制，由所有权人农民集体和原宅基地使用权人分享宅基地流转收益，促进农民农村共同富裕。

2. 建立宅基地整理与利用机制

中共中央、国务院《关于构建更加完善的要素市场化配置体制机制的意见》提出：“深化农村宅基地制度改革试点，深入推进建设用地整理，完善城乡建设用地增减挂钩政策，为乡村振兴和城乡融合发展提供土地要素保障。”福建省晋江市、海南省文昌市等试点改革地区均已有宅基地整理利用的实践探索，但在法律层面，尽管《土地管理法》第62条提及宅基地自愿有偿退出和两类主体盘活利用闲置宅基地和闲置住宅，但相关规则未有明确。因此，建立宅基地整理与利用

〔1〕参见耿卓：《宅基地“三权分置”改革的基本遵循及其贯彻》，载《法学杂志》2019年第4期。

机制仍然十分必要。

首先,明确宅基地整理的范围。依法收回、自愿退出的宅基地应纳入整理范围,但因乡(镇)村公共设施和公益事业建设等特定用途收回宅基地的,按照《土地管理法》第66条和其他相关规定执行。其次,明确宅基地整理的主体。农村集体经济组织根据宅基地整理方案,实施宅基地整理与利用工作,但也允许农村集体经济组织和其他投资单位、个人合作开展宅基地整理与利用。最后,明确宅基地整理与利用的方式。其既包括将纳入宅基地整理方案的宅基地上附着物进行拆除,就地作为建设用地使用,也可以予以复垦以增加有效耕地面积,并通过耕地"占补平衡"政策实现建设用地指标交易;零散且面积狭小的宅基地,无法作为建设用地就地使用,也无法复垦为耕地的,可以复绿。

3. 建立宅基地地性转换制度

宅基地地性转换在改革中也有探索,如泸县在"三块地"改革中探索宅基地向集体经营性建设用地转化,并按出让(协议、招标、拍卖或挂牌)、租赁、作价出资(入股)等有偿使用方式入市。北京市大兴区通过将村庄改造中节省出的宅基地转为集体经营性建设用地,因地制宜地发展特色农业旅游产业。农用地和建设用地是农村土地的主要类型,在土地总量不变的情况下,农用地和建设用地存在此消彼长的关系。[1] 在严格保护耕地政策背景下,建设用地只能实现内部的流动和补充。宅基地整理机制建立后,除衔接耕地占补平衡政策外,将节余的宅基地转性为集体经营性建设用地然后入市,也是实现宅基地财产价值的有效途径。

宅基地关乎农村和谐稳定和农民安居乐业,建立宅基地地性转换制度要坚守底线和原则。首先,要坚持农村土地集体所有。在土地公有制背景下,农村宅基地地性转换的决定和行使主体只能是农村集体经济组织。但集体所有权必须由集体成员进行民主管理并依照法定

---

[1] 参见耿卓:《集体建设用地向宅基地的地性转换》,载《法学研究》2022年第1期。

程序进行,因此地性转换事宜应该通过民主决议的形式,即召开成员大会决定。决定的事项包括可否开展地性转换、地性转换的具体对象、地性转换后的利用形态(是否入市)、土地增值收益分配方案等。《土地管理法实施条例》第35条明确“乡(镇)人民政府和农村集体经济组织、村民委员会等应当将退出的宅基地优先用于保障该农村集体经济组织成员的宅基地需求”。如此,成员大会决定宅基地地性转换事项时,居住权益尚未得到保障的集体成员可以提出异议,并要求先解决其居住问题。其次,严守耕地保护红线。在经济利益的驱使下,易滋生占用耕地扩大建设用地范围的违法现象。因此,宅基地地性转换的前提是确权,包括对集体土地所有权和宅基地使用权进行确权。只有符合国土空间规划,能够完成权属确认的宅基地才能进行地性转换。一方面,其可以防止非法建房占用的农用地纳入地性转换范围;另一方面,可以确认土地增值收益分配主体。最后,要保障农民的基本权益。要保障农民居住权,地性转换中农民的知情权、参与权、申诉权和监督权,以及农民分享土地收益的权利;要防止违背农民的主观意愿对农村房屋的强拆强收;[1]要建立宅基地地性转换的正当程序,尽管由集体决定是否可以开展宅基地地性转换,但涉及土地用途的转变,应该由县级人民政府审核批准并公示。

(三)整治宅基地以集约高效

宅基地整治应以宅基地使用权为基础,在政府引导下由集体主导,并与市场主体合作,优先复垦为耕地,也可以整理为用于乡村产业开发的集体建设用地,对宅基地的集约高效利用意义重大。

1. 宅基地整治原则、规划和方案

明确宅基地整治原则在于为宅基地整治的具体规则和程序提供指引,以改善农村居民生活环境条件,促进合理配置、集约利用土地资源,推动城市化、城乡一体化和农村现代化的发展。宅基地整治的原

---

〔1〕 参见巩前文、穆向丽:《闲置宅基地转变为集体经营性建设用地入市的政策思考》,载《农村经营管理》2020年第4期。

则应主要包括：其一，符合规划原则。符合规划原则明确了宅基地整治专项规划的开展道路。宅基地整治规划应在符合全国土地整治规划的总体要求下，按照行政级别分级设定，依据"规划先行、政策引导、村民自愿、多元投入"的要求，按规划、有计划、循序渐进、积极稳妥地推进。其二，统筹协调原则。土地整治本身是政府主导下的治理行为，其决策在充分考虑自然条件的基础上，需要统筹该地区的经济发展水平、社会发展、政策导向等各种资源条件。其三，利益平衡原则。政府在推进土地整治的过程中，需充分考虑农民的利益。农民作为弱势一方，在治理中主要关注的核心利益就是"经济收入和居住环境改善"[1]。因此，政府在宅基地整治的过程中，需要把利益平衡原则放在首位，在兼顾各方利益诉求的基础上，优先保障农户利益不受损，最终实现农户经济利益和生活权益的双重保障。其四，科学治理原则。科学治理原则主要表现在宅基地整治的模式、方式等事项上。在宅基地建设的过程中，应充分强调科学化模式的运用，追求一种"合理化"的结果。

鉴于整治规划的前置性和基础性意义，应在宏观层面上对宅基地整治规划进行规定，明确要求和程序，为地方立法和行政管理提供指引。宅基地整治规划大致有三类：一是村镇规划。村镇规划作为"不同规模和类型的村庄和集镇建设发展的综合性规划"[2]，其作用主要是根据区域村落、集镇的实际情况，确立各类建设项目，明确未来的发展方向。土地整治规划与村镇规划两者本身均是为了促进村镇的发展，在目标上是一致的，两者也是协调关系。二是土地利用规划。土地利用规划作为"针对某一个特定的发展时期所提出的土地利用结构调控方案"[3]，其与宅基地整治有着直接的关联，宅基地与其他

---

〔1〕冯应斌、孔令燊、郭元元：《基于农户视角的宅基地整治决策机制研究》，载《山西农业大学学报（社会科学版）》2018年第10期。

〔2〕杨展、李希圣、黄伟雄主编：《地理学大辞典》，安徽人民出版社1992年版，第609页。

〔3〕马世发等：《土地利用规划模型研究综述》，载《中国土地科学》2014年第3期。

用途土地的转化直接影响土地利用，因此，两者之间必须一致。三是农村发展战略。农村发展战略作为“从农村发展全局出发制定出一个较长期内经济发展和人民生活提高所要达到的目标，以及实现战略目标的途径和方法”[1]，从某种程度上说，宅基地整治与农村发展战略本身就是一体两面，宅基地整治服务于农村发展战略。同时，考虑到各个省的情况不一样，发展重心也不一样，各省往往有自己的农村发展战略，因此宅基地整治规划既应符合国家农村发展战略，也应遵循本省的农村发展战略。

宅基地的整治方案一般包含“村庄改造、归并村庄”等，至于整治方案的具体内容尚不宜明确。这主要是因为：一方面，作为宏观立法，不必规定得过于细致；另一方面，土地整治方案本身应是开放的，即无法具体明确所有整治方案的类型，便可通过抽象的方式为地方立法预留更多的空间，地方立法可对方案类型、内容予以细致化的规定。在程序设置上，可以设置一个审批程序，提供上级政府监督制约的审批机会，一旦宅基地整治规划违反上述要求或有其他情形，上一级人民政府即可要求更正。由于县级人民政府是宅基地整治的主体单位，其理应成为规划的编制主体，上一级人民政府即成为监督主体。同时，在政府信息公开这一背景下，宅基地整治规划在批准后应及时公开，相关条款也无须对公开的具体细节进行规定，直接依据《政府信息公开条例》进行公开即可。

2. 宅基地整治程序和法律后果

为了有效开展宅基地整治，要根据乡镇土地利用总体规划编制村庄建设用地规划和村庄宅基地整治规划，将宅基地整治指标具体细化到地块，以确保宅基地整治能有计划、有步骤地开展。因此，宅基地整治需要由政府主导，具体由农村集体经济组织自行编制宅基地整治方案。为此，可作如下制度设计：县（区）级、乡（镇）级人民政府应当按

[1] 柯明中、张立中主编：《中国社会主义建设词典》，中国劳动出版社 1991 年版，第225-226 页。

照相应的国土空间规划,组织农村集体经济组织制定宅基地整治方案,并组织实施。宅基地整治所需费用,按照“谁受益谁负担”的原则,由农村集体经济组织承担。农村集体经济组织可凭批准后的宅基地整治方案向有关金融机构申请贷款。

农村集体经济组织虽然可以作为宅基地整治方案的制定主体,但考虑到农村集体经济组织编制能力弱这一因素,应明确由乡(镇)人民政府提供协作支持。宅基地整治方案应涵盖宅基地整治的基本信息、安置方案、后续处置方式等内容。通过明确上述内容,尽量统一编制内容,规范宅基地整治行为。考虑到宅基地整治方案的专业性和复杂性,可选择设立双重审查体制,由县(区)自然资源主管部门和规划行政主管部门进行初步的审批,最后由县(区)人民政府批准。该审批体制也与撤并村组的程序保持了一致。宅基地整治方案的实施主体是多元的,应当包括农村集体经济组织和乡(镇)人民政府。乡(镇)人民政府参与宅基地整治,可以避免宅基地整治自主进行的缓慢低效。

归纳起来,农村集体经济组织对宅基地进行整理应按下列程序进行:一是农村集体经济组织会同乡(镇)级人民政府拟定宅基地整理方案。整理方案应包括:拟整理地块的位置、面积,整理宅基地需搬迁的村民户数、人数、宅基地和房屋的面积,需搬迁的村民的安置补偿办法和安置规划方案,以及整理后多余宅基地的处置方式。二是农村集体经济组织和乡(镇)级人民政府将整理方案报县(区)级自然资源行政部门和规划行政部门审核后,报县(区)级人民政府批准。三是农村集体经济组织和乡(镇)级人民政府按照县(区)级人民政府批准的整理方案实施宅基地整治。

在“占补平衡”这一背景下,明确宅基地的复垦和验收。一方面,贫困地区实施易地搬迁后,就会遗留废弃宅基地,在考虑废弃宅基地的用途时,要坚持对迁出地生态环境修复和保护优先,统筹处理好迁出地资源开发与经济社会发展、环境保护、生态修复的关系。考虑到要保持耕地数量不动摇,要严格执行占用耕地补偿制度,对遗弃宅基地进行复垦。另一方面，宅基地会占用农用地，可采取城乡建设用地增减挂钩的方式，推进“空心村”治理、旧宅基地及废弃建设用地复垦。对于占用耕地进行宅基地建设的宅基地复垦，要考虑到占用农用地建设住宅的行为既可能是集体行为，也可能是村民个体行为，复垦义务人应确定为农村集体经济组织和村民个人。随着宅基地的退出和集中建房的推进，在满足耕地“占补平衡”的前提下，应妥善利用节余的闲置宅基地，提高土地利用效率。对于实践中完成土地复垦任务仍有宅基地节余的情形，可以明确闲余宅基地转化为集体建设用地的渠道，转化的集体建设用地由原集体经济组织占有和经营，具体的经营利用方式可由集体经济组织决定。

第五章　健全集体建设用地制度，促进农村全面发展

集体建设用地改革是解决城乡差异问题的关键切入点，也是实现乡村振兴的重要途径，在“三块地”改革中取得显著进展。毋庸讳言，乡村振兴战略全面实施和促进农民农村共同富裕对集体建设用地改革提出新要求，集体建设用地改革也面临政策制度供给不足和实践运行不畅的困难，亟待进一步深化改革，需要再出发。

第一节　集体经营性建设用地自由平等入市兴业富农

“三块地”改革已于 2019 年告一段落，集体经营性建设用地入市取得重大成果，并在 2019 年《土地管理法》及其实施条例修改时得以确认，但仍存在集体经营性建设用地使用权的法律地位尚未明确、制度体系尚不健全、与土地征收和宅基地改革协同联动不强等制度疏失，以及存量土地量小零碎效率低、增量来源单一和与闲置宅基地整治衔接不够等现实障碍，改革需要再出发。这既有观念羁绊，也受到制度约束，还受到传统的影响。对此，我们必须更新集体经营性建设

用地入市的原则和理念，以拓宽农民增收致富渠道、增强脱贫地区和脱贫群众内生发展动力为目标导向，以权利构造、权利流转和制度配套保障为重点加以规范，助推乡村振兴，促进农民农村共同富裕。

一、集体经营性建设用地入市改革之老问题与新挑战

中共中央办公厅、国务院办公厅印发《关于农村土地征收、集体经营性建设用地入市、宅基地制度改革试点工作的意见》，标志着“三块地”改革启动，进入试点阶段；2019 年《土地管理法》修改完成，意味着“三块地”改革告一段落。这一轮集体经营性建设用地入市改革的开展，就是为了实现与国有建设用地“同等入市”，这对于缩小城乡差异、增加农民收入具有重要意义。集体经营性建设用地入市经历了入市客体从存量到增量、入市方式从单一到多元、入市用途被进一步拓宽以及收益分配兼顾政府、集体以及集体成员三方的演进过程，并取得良好成效。

随着国内外发展环境的变化，我国的农业发展理念、政策举措发生了重大转变，农业发展面临着新挑战。党的十九大报告指出，必须始终把解决好“三农”问题作为全党工作重中之重，并提出实施乡村振兴战略。《中华人民共和国国民经济和社会发展第十四个五年规划和 2035 年远景目标纲要》明确了到 2035 年基本实现社会主义现代化远景目标，首次提出“全体人民共同富裕取得更为明显的实质性进展”。这为集体经营性建设用地入市提出了新的要求，同时其又面临着新的难题，集体经营性建设用地入市改革需要进一步深化，直面新要求，聚焦新问题，突破新困境。

（一）新时代对集体经营性建设用地入市的新要求

从本质上看，实现共同富裕的要求与乡村振兴战略实施的总要求具有内在一致性。当前，我国共同富裕的最大短板在于农民农村，农民农村既是共同富裕的重点难点，也是着力点。从新型城乡关系营造高度全面推进乡村振兴战略是农民农村共同富裕的必由之路。

1. 优先发展农业农村,缩小城乡发展差距

我国已经全面建成小康社会,[1]但对已有发展成果进行审视,我们可以发现城市和农村之间、不同地区的农村之间以及农村不同群体之间仍然存在较大差距。尽管城镇化和工业化的发展会逐渐惠及农村及低收入群体,但市场本身存在一定排斥力量,导致生产要素更倾向于向城市这类更高效率的空间集聚。同时,在资源配置方面,那些发展水平起点较低且资金配套能力落后的地区和农村,往往难以获得上级政府扶持项目的大力支持,以至于城乡区域之间的差距依然十分明显。[2] 在建设用地指标的分配方面,尽管 2020 年中央一号文件要求新编县乡级国土空间规划应安排不少于 10%的建设用地指标,来重点保障乡村产业发展用地,但根据《土地管理法》第 63 条的规定,符合规划和用途管制是集体经营性建设用地入市的前提,无论是土地利用总体规划还是正在编制过程中的国土空间规划,主体都是地方政府。在对建设用地指标进行严格控制的背景下,出于利益的考量,地方政府往往更倾向于将建设用地指标分配给城市而非农村。[3]

实现共同富裕,最艰巨、最繁重的任务仍然在农村。农村产业发展基础不牢、农村基础设施建设和公共服务水平较低等问题依然制约着农业农村的发展,也给扎实推动共同富裕造成阻碍。因此,实现共同富裕,必须坚持农业农村优先发展,并以此为导向采取相应的改革措施。一方面,应进一步巩固和拓展脱贫攻坚的成果,加强农村地区基础设施和公共服务的体制建设,努力实现基本公共服务均等化;[4]

---

[1] 参见中华人民共和国国务院新闻办公室:《中国的全面小康》,载《人民日报》2021 年 9 月 29 日,第 10~12 版。

[2] 参见叶兴庆:《以提高乡村振兴的包容性促进农民农村共同富裕》,载《中国农村经济》2022 年第 2 期。

[3] 参见陈小君:《集体建设用地使用权物权规则之省察反思》,载《现代法学》2021 年第 6 期。

[4] 参见汪三贵、冯紫曦:《脱贫攻坚与乡村振兴有效衔接的逻辑关系》,载《贵州社会科学》2020 年第 1 期。

另一方面,应着眼于提升农村居民的财产性收入,通过完善农村基本经济制度,壮大农村集体经济,为共同富裕提供经济支撑,使农民共享发展成果。

2. 推进城乡双向开放,实现城乡融合发展

新时期的农村发展与城乡共富,不是单一的农村地区的重建,也不是城市化下的“以城统乡”,而应当是通过建立城乡双向开放的格局,实现城乡共同发展、共同繁荣。曾经长期以来,我国一直实行“城市优先农村”“工业优先农业”的发展政策,这种城市偏向的发展导向导致了农村地区发展则相对滞后。因此,新的时代背景下解决城乡发展不平衡问题,实现城乡融合发展,畅通城乡要素流动,应着眼于构建城乡统一的要素市场,实现土地、人才、资本等要素的双向流动,吸引更多资本、技术和人才参与农村建设,从而做到以城市化和工业化带动农业农村发展。就集体经营性建设用地入市而言,则须加大土地征收制度和集体经营性建设用地入市的改革力度,进一步盘活农村集体经营性建设用地资源,从而发展乡村新产业和新业态。同时,通过多种途径对农村集体经济组织及其成员还权赋能,从而促进农村的转型与复兴,实现城乡平等发展与融合。

(二)集体经营性建设用地入市面临的新困境

《土地管理法》第 63 条一举打破了集体经营性建设用地不得直接入市交易的困局,疏通了集体经营性建设用地入市流转的路径,实为推动乡村振兴与城乡共同富裕的重大举措。然而,立法上的突破需要与政策、实践等进行多方面配合才能真正发挥效用,而新的背景下集体经营性建设用地入市也面临新的问题。

1. 法律困境

首先,法律地位尚待明确。实现集体经营性建设用地和国有建设用地同等入市、同权同价,首要的条件就是二者的法律地位平等。集体经营性建设用地入市的重要前提,就是其所指向的权利具有明

确性。[1]《民法典》在"建设用地使用权"章节中回避了集体经营性建设用地使用权这一用益物权,仅通过第361条的引致条款将集体经营性建设用地的相关规定交给土地管理的法律法规处理。[2] 同时,《土地管理法》受其公法属性的限制,不足以对集体经营性建设用地使用权的权利运行规范进行详细设计,以至于我国现行法律中缺乏按照物权设计的逻辑构建的集体经营性建设用地使用权的规则体系,[3]使二者实难做到"同权"。在《民法典》已经颁布实施的情况下,以何种方式明确集体经营性建设用地使用权的法律地位,是当下亟待解决的问题。

其次,制度体系尚待健全。建立和完善集体经营性建设用地入市规则体系,其根本在于集体经营性建设用地使用权的得丧变更问题。[4]《土地管理法》第63条第4款只是规定,集体经营性建设用地的出租,集体建设用地使用权的出让及其最高年限、转让、互换、出资、赠与、抵押等"参照同类用途的国有建设用地执行",而参照哪些规定、如何参照、缺乏可参照规则又该如何处理等问题,缺乏明确的说法;"具体办法由国务院制定"的规定,也仅见于《土地管理法实施条例》第40条、第41条和第43条。集体经营性建设用地使用权的设立、取得、行使、转让和消灭等具体制度仍不健全:其一,是否应对集体经营性建设用地使用权的取得主体进行限制,是否一定要将不得进行商品房开发作为集体经营性建设用地的取得条件,以及如何规定取得期限及期限届满后的续期方式;其二,使用权人应当遵循哪些程序,政府以何种方式参与土地增值收益分配,以及如何确定集体与集体成员

---

[1] 参见宋志红:《集体建设用地使用权设立的难点问题探讨 兼析〈民法典〉和〈土地管理法〉有关规则的理解与适用》,载《中外法学》2020年第4期。

[2] 参见陈小君:《〈民法典〉物权编用益物权制度立法得失之我见》,载《当代法学》2021年第2期。

[3] 参见陆剑:《集体经营性建设用地入市的法律规则体系研究》,法律出版社2015年版,第22页。

[4] 参见陆剑:《集体经营性建设用地入市的法律规则体系研究》,法律出版社2015年版,第55页。

之间的收益分配比例;其三,集体经营性建设用地使用权的消灭事由应包括哪些,不符合条件的集体经营性建设用地使用权如何收回,等等。

最后,协同联动尚待推进。从改革实践来看,集体经营性建设用地入市与土地征收、宅基地制度改革的联动性有待加强,系统思维仍需进一步强化。《土地管理法》对政府征地范围的界定较为宽泛,尤其是对城区连片开发的界定较为模糊,一定程度上限缩了集体经营性建设用地入市的空间。为盘活农村闲置土地资源,政策允许在农民自愿的情况下将闲置宅基地转化为集体经营性建设用地入市流转,但如何在法律层面上落实上述要求,以及在面临集体经营性建设用地粗放利用与宅基地供应不足的矛盾时是否应允许集体经营性建设用地转换回宅基地等问题并未得到应有关注。〔1〕

2. 现实困境

从现实状况和发展态势来看,除了上述制度障碍,集体经营性建设用地入市还面临以下实践困境。

(1)存量建设用地:量少、零碎、低效率。存量的集体建设用地按性质可分为公益性的集体建设用地和经营性的集体建设用地。根据《土地管理法》第 61 条的规定,用于公益性事业建设的集体建设用地使用权应通过行政审批的方式设立,实践中公益用途的集体建设用地使用权的取得通常参照国有建设用地划拨的相关规定,由集体土地所有权人无偿提供。〔2〕 2019 年中共中央、国务院《关于建立健全城乡融合发展体制机制和政策体系的意见》也明确表示并未放开集体公益性建设用地的流转。因此,可入市的存量建设用地仅包括经营用途的集体经营性建设用地。《土地管理法》在 2019 年修改前,乡镇企业用地是宅基地和集体公益性建设用地以外,唯一一种能够直接保留原

〔1〕 参见耿卓:《集体建设用地向宅基地的地性转换》,载《法学研究》2022 年第 1 期。

〔2〕 参见宋志红:《集体建设用地使用权设立的难点问题探讨　兼析〈民法典〉和〈土地管理法〉有关规则的理解与适用》,载《中外法学》2020 年第 4 期。

性质进行利用而无须通过政府征收的建设用地。[1] 因此,可入市的存量集体经营性建设用地基本是由原本的乡镇企业用地转化而来,并且具有以下特征:一是规模数量较少。自 1997 年我国开始实行建设用地指标审批管理,县级以下的农村地区自然很少分配到建设用地指标。[2] 同时,原有的"征收+出让"的入市模式也使大量集体经营性建设用地被转为国有建设用地从而进入市场。二是分布较为分散。在原有的入市模式之下,集体经营性建设用地被转化为国有土地之后才能被纳入城乡规划中,而未被国有化的集体经营性建设用地的规划编制尚不健全,以至于村民私搭乱建房屋等现象较为突出,部分村民盲目扩大宅基地,甚至占用村庄交通等公共用地面积,导致村庄布局十分混乱,集体经营性建设用地利用呈现"碎片化"状态,极大影响了集体经营性建设用地利用的规模效应。[3] 三是利用方式较为粗放。长期以来,集体经营性建设用地入市受到严格限制,且确权登记、分割转让等方面的规定均存在缺失,农村集体经济组织出于自身经济发展需要不得不私下出租集体经营性建设用地,或利用集体经营性建设用地建造厂房用于出租。这种游离于法律之外的隐性流转导致集体经营性建设用地的利用较为低效,只能建设低端产业,难以形成具备规模和档次的产业园区或产业带。[4]

(2)增量建设用地:规划指标落实难且与闲置宅基地整治衔接不够。《土地管理法》突破了试点地区不允许增量集体经营性建设用地入市的规定,将入市的客体拓展至存量和增量的集体经营性建设用地,在法律层面上为乡村振兴产业用地难的问题疏通了路径。政策

---

〔1〕 参见汪洋:《"三块地"改革背景下集体建设用地使用权的再体系化》,载《云南社会科学》2022 年第 3 期。

〔2〕 参见蒋省三、刘守英、李青:《中国土地政策改革:政策演进与地方是谁》,上海三联书店 2010 年版,第 52 页。

〔3〕 参见刘守英:《土地制度与中国发展》,中国人民大学出版社 2018 年版,第 114 页。

〔4〕 参见宋小青、杨木壮:《农村集体经营性建设用地"入市"思考》,载《中国土地》2015 年第 4 期。

上，2020年中央一号文件也对新编县乡级国土空间规划中集体经营性建设用地指标的分配作出了明确要求。然而，上述规定带来的实际效果并不显著。一方面，由于城市和乡村发展水平的差异，政府更倾向于将指标分配给能够带来更多效益的城市建设用地，很少有政府愿意主动将增量建设用地指标赋予农村。〔1〕另一方面，我国在法律和政策上规定的建设用地指标分配要求仅具有宣示意义，并未配备相应的监管和惩罚机制，也一定程度上导致了增量集体经营性建设用地指标落实效果不足。此外，尽管宅基地与闲置公益性用地可转化为集体经营性建设用地已被政策所明确，但该政策的贯彻落实还有待法律化。〔2〕《土地管理法》及其实施条例只是鼓励允许进城落户农村村民"依法自愿有偿"退出宅基地，所依据之法缺如，补偿程序、补偿标准不明，严重影响集体经营性建设用地的供应。

二、集体经营性建设用地入市改革面临问题的成因

集体经营性建设用地入市改革的困境具有多方面的成因，既有观念羁绊，也受到制度约束，还受到传统的影响。

（一）观念羁绊

1. 传统观念对集体所有权重视不够

在传统社会主义公有制下，集体所有制下的集体并不拥有对土地的依法处置权利，以及对土地产品充分的收益权利，学界对集体所有权的关注及重视存在不足。一方面，集体所有权中的"集体"一直存在边界模糊的问题。排他性是所有权制度中最重要的内涵之一，然而《民法典》第262条却为集体所有权设立了三层主体，包括村内农民集体、村级农民集体和乡镇农民集体，难以体现集体所有权的排他特

---

〔1〕参见陈小君：《〈民法典〉物权编用益物权制度立法得失之我见》，载《当代法学》2021年第2期。

〔2〕参见杨遂全：《论集体经营性建设用地平等入市的条件与路径》，载《郑州大学学报（哲学社会科学版）》2019年第4期。

性。另一方面,集体所有权权能被弱化甚至虚化,[1]也弱化了权利人为实现收益最大化而选择合适主体类型的动力。

2. 对农村土地节约集约利用的认识不足

相较于城市土地,农村土地的获取成本较低,对大多数农村土地的利用主体来说,珍惜和高效利用农村土地的观念并不强烈。就农民主体而言,土地是农民生存之本,长期以来自给自足的小农思想对农民的观念存在较大影响,以至于农民对土地资源十分重视,从而导致“多占地”“占好地”“早占地”现象出现,甚至“一户多宅”“多重占地”等现象屡见不鲜。即便离开农村进城生活,农民也难以放弃原本所占土地。农民的占地现象在一定程度上导致了农村地区难以形成集中连片的集体经营性建设用地,集体建设用地布局较为分散,规模效益难以体现。就集体而言,由于经济实力不足,极易出现只重眼前、偏重短期投资的情况。部分农村地区对招商数量十分重视,却忽略了对招商项目的审核与筛选,以至于土地的投入与经济产出不成正比,集体经营性建设用地的产出效率较低,未能发挥有效利用土地对优化资源配置的积极作用。同时,部分集体的管理水平较低,也容易出现对土地政策理解不到位以至于具体操作出现偏差等情况,对于土地粗放经营以及闲置等行为也难以采取有效措施进行引导和调整。

就土地使用者而言,集体经营性建设用地的使用者主要为企业,追求利益并使效益最大化是企业的根本属性,因此对于投资效益较低的农业产业以及公益性的生态化改造,企业往往缺乏动力。相较于国有建设用地,集体经营性建设用地的取得成本较低,实践中经常出现集体经营性建设用地之上所建厂房的建筑密度低、土地粗放利用现象普遍等情况。还有部分使用集体经营性建设用地的企业,基于投机心理将集体经营性建设用地闲置,等待时机高价转让或者获取高额赔偿。以上种种因素均导致了农村地区土地资源浪费严重,集体经营性

---

[1] 参见夏晨:《集体土地所有权的张力及其消解——以集体土地的自然资源属性为进路》,载《农业经济问题》2021 年第 7 期。

建设用地利用效率低下。

（二）制度约束

1. 土地管理法制缺乏市场机制参与

土地资源是人类生存和发展的先决条件,为保证我国的土地管理秩序稳定,需要国家管控的合理参与。尤其是针对我国幅员辽阔、地理环境多样、区域发展差距较大以及市场经济机制不完善等情况,国家管控具备执行效率高、针对性强等优势,能够精准高效地解决问题,维护土地管理秩序。因此,我国的土地管理制度自创设以来,整体上呈现较为浓厚的行政管理色彩。

随着我国对土地管理秩序的进一步探索,相关理论和实践经验进一步丰富,土地管理制度自身不断完善,传统的管理模式已经不完全适应新时期土地管理的需要。在信息的收集与处理方面,海量信息和多主体收集处理信息反而使有价值信息被淹没,从而增加了政府掌握和处理可靠信息的难度,导致其决策容易存在信息盲区。[1] 同时,政府自身的组织构造也使各个管控主体收集与交换信息的难度进一步加大。[2] 在管理成本方面,国家管控作用的有效发挥依赖庞大的人力、物力、财力的支持,需要投入极大的管理成本。此外,土地管理秩序中国家管控力量介入过多极易导致权力寻租等腐败现象。因此,土地管理秩序的长期稳定发展无法依靠单一的国家管控力量来维持,需要市场调控的适当介入。相较于国家管控,无论是土地资源的规划、流转,还是土地收益的分配等环节,市场调控发挥的效用都比较有限。在农村地区,上述问题则更为突出。

2. 计划供应制度制约集体经营性建设用地供应

为加强土地管理,我国自 1997 年开始实行建设用地指标审批管

---

〔1〕 参见张康之:《论主体多元化条件下的社会治理》,载《中国人民大学学报》2014 年第 2 期。

〔2〕 参见陈小君:《民法典时代土地管理法制改革契机与优化路径论纲》,载《学术月刊》2022 年第 3 期。

理制度。建设用地指标由政府严格把控,从而确保基本农田保有量,防止地方盲目利用土地,威胁国家粮食安全。具体做法为中央政府根据在20世纪90年代末期制定的土地利用总体规划,结合各地的经济发展情况,自上而下地将建设用地指标下达给地方政府,各省级人民政府再按照本行政区域内各地区的发展状况,对建设用地指标进行分配。[1] 但是,随着工业化和城市化的迅速发展,建设用地的需求进一步扩张,国家对建设用地用量进行严格控制的做法已难以适应现实中对土地的高额需求。在此背景下,出于自身发展考虑,省级人民政府自然倾向于将紧缺的建设用地指标用于省会城市和其他发展水平较高的中心城市,大多数县域经济发展地区很少能分配到用地指标,发展较为落后的农村地区取得建设用地指标则更难。长期以来,土地出让费一度是地方政府财政收入的主要来源,这种做法也限制了我国农村集体经营性建设用地的供应。

(三)传统影响

1. 土地管理重“权力”、轻“权利”

我国的土地管理制度具备典型的权力中心化特征,权力在土地管理法制中占据着绝对地位。在我国的治理传统中,与权利自治相比,国家权力干预往往更受重视,这种做法也辐射至土地管理领域。在我国土地管理制度发展初期,国家权力的广泛参与是培育和维持土地管理秩序、营造良好土地管理环境的有力举措。然而,随着市场经济机制的逐步完善,若继续维持国家权力对土地管理秩序高度把控的局面,恐会阻碍土地管理自身内在动力的发展与壮大。土地管理制度的进一步完善,需要更多的土地权利主体的参与。在主体自治规则和平等博弈原则的引导下,土地管理秩序能够进行自发调节,无须国家权

[1] 参见刘守英:《中国土地问题调查:土地权利的底层视角》,北京大学出版社2017年版,第161页。

力的过度把控，[1]国家权力在土地管理秩序的逐步健全过程中所应承担的角色是监督者而非主导者。

2. 长期以来的城乡二元分治结构

我国的土地资源被分为城镇土地和农村土地两种类型，土地制度呈现城乡二元结构。城乡二元结构的出现源于我国曾实行的计划经济体制。自改革开放以来，我国逐步建立了社会主义市场经济制度，通过多项改革改变传统的城乡二元格局，缓解城乡市场分割的问题，但离城乡融合发展目标还有很大差距。从土地分布格局来看，呈现城镇土地不断兼并农村土地的趋势。[2] 城镇化的进一步扩张伴随对土地的高额需求，当存量城镇土地无法满足需求时，必然会出现突破城乡边界、吸收农村土地的现象。这种兼并主要是通过征收补偿机制进行的，而非按照市场价格交易，实际上是以农村的土地补贴城镇化。农村发展水平的落后导致对农村产权制度建设重视度不足，农村土地管理基础较弱。作为集体经营性建设用地入市主体的农村集体经济组织，就存在自身建设不健全、管理能力和水平较低、产权归属不明确等问题。[3]

城乡二元土地所有制下，城乡统一的建设用地市场的建设更是任重道远。首先，以宅基地为主的集体非经营性建设用地进入土地交易市场受到重重限制。宅基地只能在本集体经济组织成员间进行交易，且出卖方还必须放弃再次申请宅基地的资格，[4]而集体内部成员的

[1] 参见陈小君：《民法典时代土地管理法制改革契机与优化路径论纲》，载《学术月刊》2022 年第 3 期。

[2] 参见陈小君：《民法典时代土地管理法制改革契机与优化路径论纲》，载《学术月刊》2022 年第 3 期。

[3] 参见杜伟、赵华、黄善明：《深化农村集体经营性建设用地流转改革研究》，科学出版社 2020 年版，第 17-18 页。

[4] 参见韩立达、王艳西、韩冬：《农村"宅基地"三权分置：内在要求、权利性质与实现形式》，载《农业经济问题》2018 年第 7 期。

宅基地交易也不活跃。〔1〕这些原因导致大量宅基地处于闲置状态，即便其具备经济价值也无从体现。其次，地方政府对集体经营性建设用地入市的积极性不高。从试点来看，政府很难以税收方式筹集到足够的公共设施建设资金，以至于试点地区政府对集体经营性建设用地入市改革兴趣不足，改革推进缓慢。〔2〕可见，城乡二元分治结构是现有土地问题的深层原因。如何改变城乡二元分割格局，实现集体土地与国有土地"同地、同权、同价"，是集体经营性建设用地入市深化改革面临的核心问题。

三、集体经营性建设用地入市改革再出发的法治路径

集体经营性建设用地入市改革再出发，要求我们必须更新集体建设用地入市的原则和理念，以权利构造、权利流转和制度配套保障为重点加以规范，助推改革进一步深化。

（一）原则理念

集体经营性建设用地入市改革牵涉政府、农村集体经济组织及其成员多方利益，更与农村产业发展，劳动力、资本下乡密切相关。在乡村振兴战略下，深化集体经营性建设用地入市改革，解决以往改革中出现的种种问题，应结合问题成因，明确改革的原则理念，以指导后续法律框架的设计和规则体系的完善。

首先，坚持农民权利保护的权利本位思维。农民权利保护一直以来都是土地制度改革的重要目标之一。然而，在集体经营性建设用地入市改革过程中，农民利益受损的问题并未得到妥善解决。因此，基于农民权利保护的立场，深化集体经营性建设用地入市改革的制度设计，于内应完善权利行使机制，保障农民权利的行使具有坚实的理论基础，获得具体可行的程序保障；于外则既要避免公权力缺位，转变政

---

〔1〕参见杨振、韩磊：《城乡统一建设用地市场构建：制度困境与变革策略》，载《学习与实践》2020年第7期。

〔2〕参见黄忠：《集体建设用地制度改革的征税与征收模式辨析》，载《中外法学》2022年第1期。

府角色,使其以“协助者”“督导者”的身份参与入市,又要防止公权力越位,避免公权力过多干涉。

其次,坚持节约集约利用农村土地资源。在深化集体经营性建设用地入市改革中,必须树立并大力弘扬节约集约利用农村土地资源的原则理念,提高农村地区土地利用效率,优化用地水平。在具体设计方面,第一,应科学合理编制农村空间规划。符合规划和用途管制是集体经营性建设用地入市的前提,一旦城镇规划脱离限制,不仅导致耕地被破坏、土地管理秩序混乱以及更多土地违法行为发生,更会使农民的根本利益受损。在节约集约利用农村土地的原则之下编制空间规划,引导人口向城镇集中、工业向园区集中、居住向社区集中,在解决集体经营性建设用地分布散、效率低等问题的同时,推动农村人居环境的改善,提高乡村建设水平。第二,要统筹开展农村土地整治,集合各部门的项目建设资源,结合村庄建设规划有序实施,最大化地提高项目实施所获效益,切实增加农民收入。第三,必须严格落实耕地保护制度,村庄建设不能以牺牲耕地为代价,既要充分调动基层群众的耕地保护意识,又应加大非法占用耕地的处罚力度,从而全方位提高农村节约集约用地水平。

最后,坚持社会主义市场经济的资源配置方式。社会主义市场经济要求市场在资源配置上起决定作用。农村土地制度改革也应合理定位市场与国家宏观调控的关系。市场在资源配置中起决定性作用,是指哪宗土地入市、哪宗土地不入市以及土地价格等因素均由市场需求来决定,而不是由国家去确定入市的地块和价格。由市场决定集体经营性建设用地入市,既能体现对农民意愿的尊重以及对其权益的保护,又能体现对经济运行规律的遵循。一方面,可入市的集体经营性建设用地必须以国家土地利用规划为条件,实施用途管制,避免农用地随意转为建设用地。另一方面,集体经营性建设用地的入市也需要国家提供的基础设施和服务作为支撑,入市所必需的统一的制度规范和交易平台均需由政府提供,从而确保集体经营性建设用地入市交易有序推进。

(二)制度要点

1. 集体经营性建设用地使用权权利构造

第一,权利主体。农村土地属于农村集体经济组织所有。"集体"的法律性质和构造有待进一步明确,[1]这是集体经营性建设用地入市流转的前提。我国对于集体经营性建设用地使用权的权利人并未设立严格的资格准入门槛,因此矛盾主要聚焦在集体的抽象性所带来的集体经营性建设用地使用权设立主体模糊问题。根据《土地管理法》第11条的规定,集体所有土地的经营和管理主体的范围包括乡(镇)集体经济组织、村集体经济组织、村民委员会和村民小组。在实践中需要进一步明确集体经营性建设用地入市的实施主体,以增强该条规定的可操作性。从"三块地"改革试点的运行经验来看,不少地区均采用了委托代理制度,部分地区规定,属于镇集体经济组织的集体经营性建设用地,该镇的资产管理公司或其代理人可以作为入市的实施主体,属于村集体经济组织的集体经营性建设用地入市,也可以由镇资产管理公司作为代理人代为实施。集体所有权的主体缺位以及缺乏入市能力的问题虽然可以通过实行委托代理制来解决,但是这种做法存在一定的道德风险,可能会损害集体及其成员的合法利益,因此从根本上解决集体所有权主体缺位的问题,必须完善农村集体经济组织制度。[2] 集体经营性建设用地使用权的权利设立主体,应当明确为农村集体经济组织。

第二,权利客体。集体建设用地按功能用途可以分为集体公益性建设用地和集体经营性建设用地,集体经营性建设用地使用权的客体应仅限于经营性用途的建设用地。根据《土地管理法》第61条的规定,集体公益性建设用地需用于乡(镇)村的公共设施和公益事业建

[1] 参见李国强:《〈土地管理法〉修正后集体建设用地使用权的制度构造》,载《云南社会科学》2020年第2期。

[2] 参见陈小君:《集体建设用地使用权物权规则之省察反思》,载《现代法学》2021年第6期。

设。基于集体公益性建设用地的无偿取得和公益性等特性，一般不允许其入市流转。在乡(镇)村内建设公共设施的主体，往往是农村集体经济组织自身，而其同时也是集体土地所有权主体。换言之，此时集体公益性建设用地的所有人和使用人是同一主体，也就是农村集体经济组织。因此，从权利运行逻辑来看，农村集体经济组织在集体公益性建设用地之上建设公共设施、开展公益事业的行为，实际上是其行使集体所有权使用权能的体现，此时并未真正设立集体经营性建设用地使用权。只有在出现农村集体经济组织以外的适格的使用权主体之后，集体经营性建设用地使用权才能够从集体所有权中分离出来，成为一项真正的用益物权。关于集体经营性建设用地范围的争议，主要集中在"圈内"和"圈外"之争上。事实上，无论是处于土地利用规划确定的城镇建设用地范围内还是范围之外的集体经营性建设用地，两者的性质都是相同的，均属于集体所有，自应采取相同的入市方式，以加快推动建立城乡统一的建设用地市场。而且，《土地管理法》第47条对政府征收程序的完善也实质上赋予被征收人更加完整的权利，[1]为集体经营性建设用地直接进入"圈内"创造了条件。因此，应允许城市规划范围内的集体经营性建设用地直接入市，这既是与国有建设用地同地、同权、同价目标的要求，也是实现城乡平等发展的应有之义。

2. 集体经营性建设用地使用权入市流转

第一，流转方式。实践中集体经营性建设用地入市流转的方式包括出租、出让、作价出资(入股)、转让、互换、抵押、赠与等，其中既有土地一级市场的流转行为，也存在土地二级市场中的交易行为。尽管土地一级交易市场中的作价出资(入股)并未在《土地管理法》第63条第3款中列举出来，但这种流转方式的实质是土地所有人在其享有的集体所有权上设定集体经营性建设用地使用权并用于交易企业的

---

〔1〕 参见欧阳君君：《集体经营性建设用地入市范围的政策逻辑与法制因应》，载《法商研究》2021年第4期。

股权,这种交易行为实际上包含了集体经营性建设用地使用权出让。[1] 因此,作价出资(入股)也应被看作集体经营性建设用地使用权的设立方式之一,《土地管理法》第63条第1款可解释为实证法基础。我国现行法律对于集体经营性建设用地入市流转方式的规定仅停留在原则性规定的层面上,并未对入市流转具体规则进行相应明确,故应按照流转次序分别制定规则,既要明确初次流转时集体经营性建设用地使用权的设立原则与程序、出让出租以及作价出资(入股)的具体规则[包括出让、出租和作价出资(入股)的条件、年限及续期方式、价格以及收益分配方式等],也要明确再次流转时集体经营性建设用地使用权的转让、互换、入股、赠与和抵押等具体规定。

第二,流转平台。在土地交易平台的搭建方面,根据"公开、公正、公平"原则的要求,可以在原有国有建设用地交易平台上增设集体经营性建设用地入市交易的模块,以发挥现有平台的优势,减少建设成本,同时为全国统一土地指标交易市场建设奠定基础。考虑到集体经营性建设用地表现出的地块小、分布散等特点,集体经营性建设用地的流转平台可以引入土地整备中心(或其他此类主体)进行合作的模式,在土地整备中心对集体经营性建设用地进行整理并重新规划之后,由其作为交易主体与土地使用者签订合同。土地所有人与土地整备中心进行合作,后者对零碎的集体经营性建设用地进行重新整合规划作为集体经营性建设用地入市的前置程序,以实现集体经营性建设用地流转效益最大化。

第三,流转价格。为实现集体经营性建设用地与国有建设用地同地同价,应当建立覆盖城乡土地市场的土地交易价格体系,包括土地实物价格评估和土地指标交易价格评估机制。集体土地实物价格评估机制具体可以参考国有建设用地的价格评估制度,设立集体经营性建设用地入市流转的最低保护价格,并根据当地的经济状况与土地交

---

[1] 参见宋志红:《集体建设用地使用权设立的难点问题探讨　兼析〈民法典〉和〈土地管理法〉有关规则的理解与适用》,载《中外法学》2020年第4期。

易基本情况进行适时调整。[1] 由于集体土地的交易价格机制依赖市场配置，因此需按照区域经济发展水平，对不同区片的集体经营性建设用地进行地块划分和分等定级，再进行价格评估，确定土地价格，为土地交易双方提供价格参考。[2]

3. 制度配套与保障

实现集体经营性建设用地入市与土地征收、宅基地制度改革效益的最大化，必须更加重视改革联动，注重协同集成。[3]

第一，拓展入市集体经营性建设用地来源。一是疏通集体经营性建设用地与宅基地自由转换的法律路径。宅基地的退出以及其与集体经营性建设用地的转换既需要集体经营性建设用地出让主体承担起闲置土地资源整理与履行转换程序的责任，也需要用于宅基地退出补偿的资金支持。当集体经营性建设用地的出让主体不足以承担起宅基地转换为集体经营性建设用地的任务时，可以考虑引入中介机构，如闲置宅基地代管收储中心，代为办理相关业务。为平等保护宅基地丧失后原宅基地使用权人和从未取得宅基地的农民的权利，应进一步关注集体经营性建设用地向宅基地的反向转换，促进集体经营性建设用地入市与宅基地制度的协同改革，从而实现二者的效益最大化。[4] 二是土地整治。针对集体经营性建设用地分布散、效率低、闲置浪费等问题，可以通过土地置换、增减挂钩等方式进行土地整理。例如，江苏省宜兴市万石镇余庄村，就将原本村民自主经营的较为分散、不成规模的经营用房以 1∶1.5 的比例置换为某石材市场的经营用地，从而使该村的经营性地块得到充分整合，还腾出净地 300 余亩

---

〔1〕 参见何格、别梦瑶、陈文宽：《集体经营性建设用地入市存在问题及其对策——以成都市为例》，载《中州学刊》2016 年第 2 期。

〔2〕 参见杜伟、赵华、黄善明：《深化农村集体经营性建设用地流转改革研究》，科学出版社 2020 年版，第 130 页。

〔3〕 参见耿卓、孙聪聪：《乡村振兴用地难的理论表达与法治破解之道》，载《求是学刊》2020 年第 5 期。

〔4〕 参见耿卓：《集体建设用地向宅基地的地性转换》，载《法学研究》2022 年第 1 期。

并引入规模更大的建设项目。[1] 此外,也可以采用将部分位置较偏的建设用地复垦为耕地以腾挪出集中连片的集体经营性建设用地入市流转,在保证不触及耕地红线的前提下提高集体经营性建设用地的利用效率。

第二,完善土地增值收益分配机制。集体土地增值收益是政府、集体与农民个人三方共同作用的结果。保证各方主体合理分配土地增值收益,是其积极参与入市流转、维护入市土地产权及相关利益的必要条件。首先,应当明确政府与集体之间的收益分配。政府的运转以及对公共服务的提供依赖这些税收与基金的支持,而政府提供的公共服务为入市集体经营性建设用地的增值作出重要贡献,故应当允许政府在集体经营性建设用地入市流转中共享土地增值收益。[2] 实践中政府一般通过收取土地增值收益调节金的方式参与集体经营性建设用地入市的收益分配,这种土地调节金在功能和性质上与土地增值税具有相似性,因此,可以将土地调节金改造为土地增值税,从而将其纳入税费体系管理。[3] 由于土地增值税地利共享目的之实现依赖中央政府的参与,因此土地增值税的获利主体应涵盖地方政府和中央政府。[4] 其次,集体经营性建设用地入市的增值收益分配还应兼顾集体与农民的利益。在合理划分土地增值收益分配时,应在集体土地所有权"三级所有,队为基础"这一格局下考虑。乡镇集体经济组织所有的集体经营性建设用地入市,所获得的增值收益不宜直接进行

〔1〕 参见李倩:《江苏省宜兴市"集体建设用地年租制"调查》,载自然资源部官网 2014 年 7 月 3 日,https://www.mnr.gov.cn/dt/ywbb/201810/t20181030_2274605.html。

〔2〕 参见刘守英、程国强等:《中国乡村振兴之路——理论、制度与政策》,科学出版社 2021 年版,第 358 页。

〔3〕 参见宋志红:《中国农村土地制度改革研究:思路、难点与制度建设》,中国人民大学出版社 2017 年版,第 268-269 页。

〔4〕 参见黄忠:《集体建设用地制度改革的征税与征收模式辨析》,载《中外法学》2022 年第 1 期。

分配,而应当主要用于该辖区的基础设施建设以及社会保障项目等公共支出。村集体经济组织所有的集体经营性建设用地入市,应当提取一定比例的金额归村集体所有,用于村内公共设施的维护与管理,[1]其余收益可在农村集体经济组织成员间公平分配。

此外,制度完善还有立法体例及其选择的问题。在理想状态下,《民法典》作为基本私法,理应将集体经营性建设用地使用权的规则体系纳入其中,使其与国有建设用地使用权相并列,而不宜将具有公法性质的《土地管理法》作为承载集体经营性建设用地使用权制度的法律规范,以免集体经营性建设用地使用权权利规范错置。[2] 鉴于《民法典》和《土地管理法》均未改变原有立法模式,[3]且短期内再次修订也不现实,因此需要另辟蹊径。《土地管理法》第 63 条第 4 款及《土地管理法实施条例》第 43 条第 2 款,为将来制定集体经营性建设用地使用权条例及相关法规预留出空间,[4]可以通过制定集体经营性建设用地使用权条例建立集体经营性建设用地使用权制度体系。[5] 具体而言,集体经营性建设用地使用权条例应明确的内容包括集体经营性建设用地使用权的含义、范围和取得方式,集体公益性建设用地使用权和集体经营性建设用地使用权的设立、转让和消灭规则,以及该条例与《民法典》建设用地使用权章节的关系。[6]

---

〔1〕 参见吴昭军:《集体经营性建设用地土地增值收益分配:试点总结与制度设计》,载《法学杂志》2019 年第 4 期。

〔2〕 参见姜楠:《集体建设用地使用权制度的困局与突破》,载《法治研究》2021 年第 5 期。

〔3〕 参见高圣平:《论集体建设用地使用权的法律构造》,载《法学杂志》2019 年第 4 期。

〔4〕 参见房绍坤:《民法典用益物权规范的修正与创设》,载《法商研究》2020 年第 4 期。

〔5〕 参见李敏:《民法法源论》,法律出版社 2020 年版,第 70 页。

〔6〕 参见陆剑:《集体经营性建设用地入市的法律规则体系研究》,法律出版社 2015 年版,第 251 页。

第二节　集体公益性建设用地纳入法治轨道服务安农

随着20世纪90年代以来各地进行的无序自发实践，经营性建设用地及其流转成为学界关注的焦点，党的十八届三中全会作出的其与国有建设用地同等入市、同地同权的决定以及随后推行的试点改革，更使其成为社会各界关注的热词。与经营性建设用地相对的公益性建设用地自从由2003年党的十六届三中全会《中共中央关于完善社会主义市场经济体制若干问题的决定》从缩小征地规模、改革征地制度角度明确提出后却被有意无意地忽视了，呈现冰火两重天的局面。公益性建设用地的有效利用是统筹乡村基础设施和公共服务布局、建设宜居宜业和美乡村的关键，但其到底如何准确界定，逻辑构造如何，运行机理如何，如何在乡村振兴中发挥积极作用，都亟待从理论上作出回答。

一、集体公益性建设用地的现状与成因

集体公益性建设用地的有效利用是实现乡村振兴的重要保障，乡村振兴战略实施的公共建设需要把握现存集体公益性建设用地法律制度存在的问题，剖析其原因之所在，为公益性建设用地法律制度完善提供参酌。

（一）集体公益性建设用地现状问题之检视

《土地管理法》对集体公益性建设用地采取"乡（镇）村公共设施""公益事业建设"的立法表达，但就何为集体公益性建设用地并未给予确切的定义，以致其内涵和外延都含混不清，同时存在集体公益性建设用地适用规则不明、缺乏法律保障等问题。

1. 集体公益性建设用地内涵、外延不清

集体公益性建设用地的表述在中央文件中体现为"废弃的集体

公益性建设用地转变为集体经营性建设用地入市”，[1]而何为集体公益性建设用地在中央文件中并没有得到直接解释。关于公益性建设用地的内涵和外延即使在《城市用地分类与规划建设用地标准》《土地利用现状分类》等分类标准中有所体现，也并未作出直接规定。例如，2017 年实施的《土地利用现状分类》规定了公共管理与公共服务用地的一级类型，在其下二级分类中规定了社会福利用地和公用设施用地，并对其进行了界定和用途类型列举。《土地管理法》将土地分为农用地、建设用地和未利用地三大类，而建设用地中并未直接规定公益性建设用地，直接规定了公用设施用地、社会福利用地、医疗卫生用地等类型。在此情况下，何为公益性建设用地不得可知，更何况集体公益性建设用地。

除此之外，现有的法律法规亦未能寻得集体公益性建设用地的痕迹，与之最为紧密的是规定农村土地利用规则的《土地管理法》。根据《土地管理法》的规定，“乡（镇）村公共设施、公益事业建设”的列举式表达是立法上最为接近的内容，而立法就公共设施、公益事业建设用地的含义也处于缺乏的状态。并且，《民法典》也仅规定国家建设用地的使用规定，对于集体公益性建设用地缺乏相应的规定。在立法和政策缺乏集体公益性建设用地的内涵和外延界定的情况下，乡村振兴下集体土地的充分利用未能得到有效保障。

2. 集体公益性建设用地适用规则不明

《民法典》第 361 条规定，“集体所有的土地作为建设用地的，应当依照土地管理的法律规定办理”。而《土地管理法》中仅第 59 条、第 61 条提及公共设施和公益事业建设用地的使用规则，即要求符合乡（镇）土地利用总体规划和土地利用年度计划，并对集体公益性建设用地申请用地的审批主体以及收回情形进行了规定，但欠缺村级规

[1] 参见 2019 年中共中央、国务院《关于建立健全城乡融合发展体制机制和政策体系的意见》。

划导致公益用地无法纳入土地利用总体规划的长期性制度安排,[1]并且就哪些主体参与集体公益性建设用地、各方权益如何、集体公益性建设用地享有哪些权能等方面均欠缺明确规定。

国有建设用地和集体建设用地各有其特点,即使集体公益性建设用地适用规则可以参照国有建设用地类推适用,也不能原封不动地类推适用。如在集体公益性建设用地的取得上,公共设施和公益事业的国有建设用地取得采用划拨方式,是基于该地的所有权属于国家。然而,集体建设用地的所有权主体为农村集体经济组织,若按照《土地管理法》第61条的规定,乡(镇)人民政府审核、县级以上地方人民政府批准的规定,那么适用"划拨"符合现有立法之规定,但政府并非集体土地所有权主体,其法理基础欠缺。

此外,集体公益性建设用地的哪些主体以及在哪些项目类别上可以参与集体公益性建设用地建设项目的投资和利益分配,在充分保障农民财产性权利的改革浪潮中,集体公益性建设用地能否流转以及其地上建筑物或构筑物能否作为物权客体而享有用益物权和担保物权,这些内容现有的法律并未有较为全面、系统的规定。

3. 集体公益性建设用地缺乏制度保障

近年来,集体公益性建设用地虽得到政府的关注,但无论是在立法还是政策上,集体公益性建设用地并未得到应有的重视,导致集体公益性建设用地的利用不能得到充分的保障。在政策层面,国家推动农村改革,多数谈及农用地"三权分置"、宅基地"三权分置"、农村集体产权制度改革等方面,即使提出补"农村公共设施、公益事业建设"短板,加强乡村公共基础设施建设,也仍未将集体公益性建设用地上升到宅基地、集体经营性建设用地的重视程度。尽管提出将废弃的公益性建设用地转换为经营性建设用地入市,集体公益性建设用地与农用地、其他集体建设用地之间的转化也缺乏指引。政策上单方面的土

[1] 参见郭洁:《乡村振兴视野下村庄公益用地法律制度改革研究》,载《法学评论》2020年第5期。

地供给,无法保障集体公益性建设用地的用地需求。

在立法上,无论是《民法典》还是《土地管理法》关于公益性建设用地的规定仅限于用地的审批,对于集体公益性建设用地在使用过程中所遇到的权利纠纷等问题并未给予明确规定。集体公益性建设用地使用权在《土地管理法》中并不具备与经营性建设用地的同等地位。同时,《城乡规划法》将国家土地规划分为4个层次,而作为其中之一的村庄规划并无总体规划和详细规划要求,导致集体公益性建设用地缺乏有力的规划保障,规划和利用缺乏前瞻性。[1] 况且,法学界目前研究的重点仍是农村集体产权制度改革、宅基地"三权分置"改革等方面,并未将集体公益性建设用地的法律问题作为重点。因此,在未受立法和政策重视下,集体公益性建设用地的有效利用尚未得到保障。

4. 集体公益性建设用地法律地位未得以凸显

自2017年乡村振兴战略提出以来,农村土地制度改革的步伐加快,众多土地制度改革成果得到立法的确认。承包地"三权分置"制度改革得到2020年制定的《民法典》、2018年修正的《农村土地承包法》等法律规范的重视,如《民法典》第339条至第342条和《农村土地承包法》第36条至第47条对土地经营权进行了规定,通过立法的方式回应了农地制度改革的需求。

同样地,宅基地法律制度改革成为学界探讨的焦点,虽然宅基地法律制度从《物权法》到《民法典》并未调整,但《民法典》将宅基地使用权专门列为一章进行规定,足以彰显宅基地在立法中的地位。并且2019年修正的《土地管理法》对村民进城落户后宅基地制度进行了调整,主要表现为第62条第6款"国家允许进城落户的农村村民依法自愿有偿退出宅基地,鼓励农村集体经济组织及其成员盘活利用闲置宅基地和闲置住宅",回应了宅基地自愿有偿退出的改革需求。

---

[1] 参见余敬、梁亚荣:《社会转型视域下农村集体公益用地功能变迁与现实回应》,载《南京农业大学学报(社会科学版)》2018年第2期。

作为集体建设用地的经营性建设用地法律更是得到重大发展，集体经营性建设用地入市制度写入 2019 年修正的《土地管理法》及 2021 年修订的《土地管理法实施条例》，迈出集体建设用地和国有建设用地"同权同价同等入市"关键一步，为乡村振兴战略的实现画上浓墨重彩的一笔。

然而，集体公益性建设用地在《民法典》中并未得到肯定，即使《土地管理法》第 61 条、第 66 条有"乡（镇）村公共设施""公益事业建设"的立法表述，在政府审批权、集体经济组织收回权的框架内，集体公益性建设用地的法律地位也并未得以凸显。

（二）集体公益性建设用地法律制度问题之缘由

集体公益性建设用地始于计划经济时代，既受农村集体经济组织主体意识和财产能力的限制，又受其本身功能和规划的桎梏而逐渐脱节于社会改革和发展。

1. 集体公益性建设用地所有权主体缺位

集体公益性建设用地的存在以满足乡村公益设施和公共建设为目的，满足主体的社会需求，其开发和利用同样无法脱离权利主体，即表现为主体归属及主体建设能力。在中国农村，虽《宪法》《民法典》《土地管理法》等法律明确规定了集体所有权的"集体成员集体所有"，但长期以来，所有制或所有权下的"集体"的概念仍然比较模糊，容易导致集体所有权主体虚置，[1] 无法保证集体公益性建设用地使用权的落实。

除此之外，农村集体土地承载着社会保障的功能，而其财产性功能在历史的发展过程中受到限制，集体资源尚未转化为市场化的资产。在此情况下，农村集体缺乏足够的财力，无力自主开发和利用集体公益性建设用地，无法满足公益事业建设。不言而喻，其结果是政府基于公共利益而征收集体建设用地，将所征土地的权属从农村集体

[1] 参见江平、木拉提：《中国民法典集体所有权的理解与适用》，载《政法论坛》2021 年第 2 期。

经济组织所有转变为国家所有,集体丧失所有权,抑或集体公益性建设用地荒置,无法满足农村集体建设的需求。

2. 集体公益性建设用地公益性功能滞后

在历史传统中,集体建设用地的公益性主要体现为庙宇、墓地、祠堂、学堂等用途,以满足集体的公共需求,而新中国成立以来我国集体公益性建设用地的开发利用随着国家政策的调整而变化,具有很强的政策紧密性。在人民公社时期"三级所有,队为基础"的框架内,公社承担了集体公益性建设用地建设的资金供给职责,而"七站八所"满足了农村公益需求,所以,为了配套国家工业化建设,集体公益性建设用地的功能就以保障工业和经济建设为指向,其公益性功能未能充分显现。

在改革开放后至农村税制改革之前,集体公益性建设用地建设的资金主要来源于"三提五统",集体提留的公益金可用于集体公益事业建设,保障了集体公益性建设的资金供给渠道。但以家庭联产承包责任制为核心的农村土地制度改革重心偏向农村私用性质的土地分配上,弱化了农村集体经济组织功能,造成了农村集体公益用地建设、利用规模的萎缩。〔1〕

2003 年农村税制改革后,"三提五统"制度被废除,农村集体公益性事业采用"一事一议"筹资筹劳政策,但缺乏配套的制度支撑。即使保有集体公益性建设用地和政府财政奖助制度,主要费用也仍由农村集体经济组织承担,在农村集体经济基础薄弱的情况下缺乏必要的建设资金,导致集体公益性建设用地无法有效利用,农村集体公益事业成为阻碍农村发展的短板。近年来,农村集体公益性建设用地的使用逐渐得到重视,各项基础设施建设比例有所提升,但发展仍有所局限(见表 5-1)。

---

〔1〕 参见余敬、梁亚荣:《社会转型视域下农村集体公益用地功能变迁与现实回应》,载《南京农业大学学报(社会科学版)》2018 年第 2 期。

表 5-1　全国农村基础设施建设情况

单位：%

农村基础设施	第一次农业普查①	第二次农业普查②	第三次农业普查③
有体育场所的村	3.9	10.7	59.2
有文化站的村	5.0	13.4	—
有医疗站(卫生室)的村	68.2	74.9	81.9
有幼儿园、托儿所的村	23.1	30.2	32.3
生活垃圾集中处理或部分集中处理的村	—	15.8	73.9
生活污水集中处理或部分集中处理的村	—	24.5	17.4

① 参见 1996 年第一次全国农业普查，载国家统计局：http://www.stats.gov.cn/tjsj/pcsj/nypc/dycnypc/。

② 参见 2006 年第二次全国农业普查，载国家统计局：http://www.stats.gov.cn/tjsj/pcsj/nypc/nypc2/nc/indexch.htm。

③ 参见 2016 年第三次全国农业普查，载国家统计局：http://www.stats.gov.cn/tjsj/pcsj/nypc/nypc3/d3cqgnypchzsj.pdf。

二、新时代对集体公益性建设用地的新要求

进入新时代后，党和国家立足于我国基本矛盾的变化，更加注重“三农”问题的解决，以促进农村农民共同富裕为目标的乡村振兴战略的实施，对包括集体公益性建设用地在内的土地制度提出了新要求。

（一）新时代集体公益性建设用地的新需求

2021 年颁布的《乡村振兴促进法》将乡村界定为“城市建成区以外具有自然、社会、经济特征和生产、生活、生态、文化等多重功能的地域综合体，包括乡镇和村庄等”，并提出在“二十字总要求”指引下实现乡村振兴。因此，按照乡村振兴总体要求，农村集体公益性建设用

地的地位得以体现。

一是农村集体公益性建设用地满足生态宜居用地需求。生态宜居意味着生态社会的建设符合农村社会生活的要求，实现生态和生活的协调发展，进而建设美丽乡村。生态宜居是乡村振兴的关键，[1]但在乡村发展过程中，生活垃圾、生活污水、农田土壤、农村绿化等问题是影响乡村生态宜居的主要原因，即在整个发展过程中，相对应的生态基础设施建设不完善，导致生活垃圾乱扔、生活污水乱排等问题严重影响乡村生态环境改善，甚至加剧环境恶化。为营造宜居的生态环境，要求在实现产业兴旺之余，借助集体产权改革、农地改革，赋予乡村生态建设更多的资金支持。更为重要的是，乡村生态环境的建设离不开具体的土地建设，在农村集体建设用地上开展符合生态建设的各项配套措施，如农村厕所、污水处理设施、农村生活垃圾收运处置体系、农村人居环境设施管护等。因此，若要实现美丽宜居乡村，需要正面保障生态建设的土地来源，明确规划生态建设用地范围，进而发挥集体公益性建设用地的供地角色，突出集体公益性建设用地在乡村振兴生态宜居中的重要价值。

二是农村集体公益性建设用地提供乡风文明用地保障。乡风文明建设意为乡村社会文化的建设，包含传统文化以及体现社会主义核心价值体系的新文化。破解推进乡村文化振兴的重点难点问题关键在于赋予乡村生活以灵魂，不仅需要充分挖掘优秀的乡村历史文化传统，还要为农民参与乡村文化生活提供便利。[2] 因此，在乡村风俗文化挖掘、传承、创新上，一方面，要保护乡村历史文化载体，充分挖掘宗祠、书院、传统建筑、文物古迹等物质文化资源。诸如此类的文化建筑用地的属性在物权体系中最为相近的便是农村集体公益性建设用地。另一方面，乡风文明振兴包含非物质文化的传承，通过集体公益性建设用地建设各类场所，为民间技艺、民间曲艺、民俗文化延续和展现提

---

〔1〕 参见2018年中共中央、国务院《关于实施乡村振兴战略的意见》。

〔2〕 参见黄承伟：《推进乡村振兴的理论前沿问题》，载《行政管理改革》2021年第8期。

供舞台，为农民参与文化生活提供便利。诸如学校、乡村图书馆、乡村文化中心、博物馆等场所建设以及数字化技术服务等，为乡村精神文明建设提供弘扬条件，形成追求精神文明和物质文明的乡村风尚。乡村教育建设、城乡公共文化服务体系一体建设、文化惠民工程等乡村物质文化和非物质文化的建设，均离不开建设用地的提供和制度保障，其最直接的体现是集体公益性建设用地的制度供给。通过集体公益性建设用地供给守住乡村文化遗产，同时丰富农民精神文化生活。

三是农村集体公益性建设用地确保治理有效用地实现。治理有效是国家治理水平和治理能力提升的直接体现，最终表现为乡村治理具有良好的办公场所、集体成员参与村集体各项事业的决策的有效实现，以及无论是在措施上还是在规则上均能保障集体成员参与乡村建设权利的有效表达。一个良好的决策在于群众参与以实现村民的自主治理，实现自主治理不可缺乏信息对称，为集体成员参与集体建设提供决策、执行、监督等不同环节信息，保障实实在在的自主治理。这在集体公益性建设用地上体现为信息公开所需场地，诸如布告宣传栏所需用地。除此之外，乡村的治理有效是多元主体共同参与的过程，不仅保障集体成员掌握信息的设施用地，集体成员参与决策所需场所，还需满足基层自治组织、集体经济组织等主体办公建筑的用地供给，其在土地上的表达为集体建设用地的供给，即集体公益性建设用地的制度保障。

国家的政策安排逐步勾勒出乡村振兴的图景，从承包地“三权分置”，到集体经营性建设用地入市，再到宅基地“三权分置”，体现的不仅是农村土地制度逐渐实现从归属到利用的转变，更是农村从农用地到建设用地全方位的乡村功能转变，即从单一的生产功能向社会功能、发展功能等社会性功能综合转变，以突破城乡二元体制，实现城乡统一协调。因此，在乡村振兴战略实施的背景下，围绕乡村振兴战略“二十字总要求”，需要将公益设施建设纳入乡村发展环节，保障集体公益性设施建设与农地建设的同等地位，以实现乡村社会生活的保障。

（二）新时代集体公益性建设用地法律制度的理念定位

集体公益性建设用地的法律制度需要在乡村振兴战略的框架内构建,必须明确制度构建的理念以协调乡村振兴,既符合国家对乡村建设的要求,又符合法律的基本框架和原则。

1. 坚持人民主体地位,结合政府主导协调集体公益用地的公私利益

公共物品的概念界定涵括公共需求、依托公共权力、共识与非对称性合作等方面,[1]集体公益性建设用地无论是在其目的还是在依托手段上均符合公共物品的构成,公共权力的依托不仅体现为政府的公权力,还表现为集体的公权力。同时,在私法领域,《民法典》将农村集体经济组织、村民委员会定义为特别法人,具有私主体的地位。与集体公益性建设用地及其上建筑物、构筑物供给最为密切相关的是政府和农村集体经济组织,基于政府提供社会公共服务的职能,在农村公共设施的提供过程中,公权力不能退出,而且必须发挥重要作用。

首先,农村公共物品的提供是依靠集体公益性建设用地,集体公益性建设用地的所有权属于农村集体经济组织,在集体所有的土地上提供公共物品强调农民的主体地位具有法理上的合理性。其次,集体公益性建设用地和国有公益性建设用地虽同属于建设用地,但公权力要在集体公益性建设用地的使用过程中发挥决定性作用,需要通过征收将集体所有的公益性建设用地转换为国有的建设用地,而该转换需要符合征收的基本前提。最后,公权力在集体公益性建设用地的使用过程中,发挥的是一种依托作用,即发挥政策指导、利益协调、服务提供的功能,为集体建设和利用公益性建设用地开展公共物品建设提供服务,具体可以体现为财政奖补制度能够纠正单纯一事一议模式的缺

---

〔1〕 参见张晋武、齐守印:《公共物品概念定义的缺陷及其重新建构》,载《财政研究》2016年第8期。

陷,提高村民福利和公共物品供给水平,改善村庄公共物品的配置效率。[1]

除此之外,公权力和私权利的协调还需要解决责任义务的问题。例如,集体公益事业建设的责任义务不仅是纯粹的集体公益性建设用地问题,还体现为集体公益性建设用地之上所建建筑物和构筑物的运营管理的责任义务。诸如学校、医疗卫生站等需政府履行社会公共服务职能的物品供给在运营过程中所发生的侵权结果需要处理政府和集体的责任义务。因此,在集体公益性建设用地的利用中,体现的是公权力和私权利的融合,将农村集体经济组织的主体地位与政府的主导作用相结合,发挥公权力服务私权利的作用。

2. 城乡融合发展,以准公益定位满足城乡主体的公益需求

农村集体公益项目的建设是以集体公益性建设用地为客体,即所用的土地为集体的土地,根据《村民一事一议筹资筹劳管理办法》的规定,集体生产生活等其他公益事业项目采取筹资筹劳的方式开展,由户籍人员或者受益人员提供资金和劳力,并由村民进行一事一议。由此可见,无论是否需要建设,还是建设什么、如何建设等项目内容,均需经村民会议或村民代表大会讨论决定,发挥农民的主体地位。而农民意愿的表达从自身公共利益需求出发,项目建设完全体现的是农民自身公共利益需求,公益项目的直接利益由集体农民共享。同时,在农村生活的除集体成员外,还包括非集体成员,因此公共利益需求同时承载着非集体成员的公共利益需求,集体所有的公益设施通常存在外部人员的使用,如集体所有的公共道路、文化广场、体育设施等均存在集体外部人员的需求。

从传统意义上来看,纯公共物品供给的主体是政府,政府提供纯

---

〔1〕 参见徐琰超、尹恒:《村民自愿与财政补助:中国村庄公共物品配置的新模式》,载《经济学动态》2017 年第 11 期。

公共物品理所当然。[1] 然而，实际情况是公益性设施建设资金来源主要体现为集体资产和村民劳力，非集体成员并未承担资金供给和劳力提供的义务。即使这样，政府财政在公益事业项目建设中仍承担着“补助奖补”的功能，公民的纳税是政府财政来源之一，据此可理解为政府为非集体成员承担了资金提供的义务。那么在集体公益性建设用地建设和公益设施使用过程中，非集体成员的公共利益需求是否考虑在内，非集体成员的利益需求如何体现，不无疑问。为协调和满足集体成员和非集体成员的公共利益需求，集体公益性建设用地上所提供的公共物品应采取半开放式的公益性功能选择。

首先，公益性项目所用土地是集体所有的公益性建设用地，其利益由集体成员共同享有。其次，集体成员和非集体成员在集体公益项目建设过程中承担的责任义务的差异，决定了两者不具备享有相同权益的基础。最后，政府在集体公益性建设用地的使用和建设过程中提供指引、协调、财政奖补等服务职能，政府行为具有全民的代表性，因此集体公共物品不应由集体独自享用。另外，在我国农村，完全满足非排他性和非竞争性的纯公共物品是很少的，大部分的农村公共物品都在一定程度上存在排他性和竞争性，属于准公共物品，对准公共物品的使用者进行收费并补偿生产成本在技术上是可行的。[2] 据此，采用半开放性的公共利益需求满足，能够更好协调不同主体的利益需求。

3. 社会资本引入，推动集体公益性建设用地公益设施现代化

党的十八届三中全会提出“使市场在资源配置中起决定性作用”，但市场的决定性作用存在其适用范围，即在经济领域才具备决定性作用。因此，必须将经济领域和公益领域相区分，集体公益性建

---

〔1〕 参见邓大松、刘志甫：《我国农村公共物品有效供给问题与策论》，载《江西社会科学》2016 年第 10 期。

〔2〕 参见刘凤伟：《民间资本参与农村公共物品供给的公私合作机制研究》，载《农业经济》2016 年第 4 期。

设用地并非纯粹的市场要素,而是公益领域,其承载着集体公共服务的功能,因而不能完全按照市场规律进行活动,必须按照公益领域的价值追求和运作规律活动,但可引入和运用市场参与集体公益性建设用地的开发和利用。

其一,政府通过系列的农村土地制度改革,不断放宽社会资本进入农村土地利用领域的条件,政策和法律的不断调整为市场进入农村公益领域提供支撑,如土地经营权写入《民法典》,社会资本可参与农用地的利用。其二,社会资本是否参与并非区分公益项目的标准,在2004年《土地管理法》第43条第1款的理解上,乡(镇)村公共设施和公益事业,既可以由本乡(镇)村投资建设,也可以由其他市场主体投资建设。[1] 并且国家关于电力、供水、天然气等基础设施的立法规定和地方性法规均有允许私主体参与建设的规定。其三,由于我国农村集体经济组织发展水平不一,在集体经济薄弱的地区,完全由集体自主建设将缺乏有力的资金支撑,若地方政府供给能力欠缺、没有市场机制调节、没有社会资本的参与,将可能出现集体公益性建设用地闲置、纯粹成为土地征收的资源库、农民为使用成本买单等问题,[2]适当引入其他投资主体有利于提高供给效率。[3] 其四,从功能上辨析,公益性用地与其他用地相同之处在于它们均具有可进行市场化开发与利用的经济属性。例如,在公益性建设用地上所修建的农村基础设施、所产出的农村公共产品将有利于推进农业现代化的进程、更新生产工具、提高生产效率、降低生产成本、增加农业产出、提高农产品质量,从而达到农民增收的目的。[4] 因此,在集体公益性建设用地的开发利用中,单一的集体建设模式无法全面满足公益项目的建设需求,

---

〔1〕 参见高圣平:《论集体建设用地使用权的法律构造》,载《法学杂志》2019年第4期。

〔2〕 参见胡绍雨:《我国农村公共产品供给问题研究》,载《经济论坛》2014年第4期。

〔3〕 参见宋志红:《集体建设用地使用权设立的难点问题探讨 兼析〈民法典〉和〈土地管理法〉有关规则的理解与适用》,载《中外法学》2020年第4期。

〔4〕 参见徐文:《集体公益性建设用地政治与经济属性平衡论》,载《中国土地科学》2015年第9期。

社会资本因在公益领域而不具备决定性作用,但可引入市场要素参与集体公益性建设用地开发利用,推动公益设施的高效服务。

三、立法框架与规则设计

在立法缺位的情况下,结合乡村振兴战略的制度安排,集体公益性建设用地的利用规则宜将集体公益性建设用地定义为既有私权利内容,又包含公权力管控的权利集合。其法律制度的构建以民法的权利逻辑为核心,以土地集约节约利用及权利权能发挥为路径展开。

(一)集体公益性建设用地使用权规则的设计

农村公共物品的供给与推动乡村全面振兴紧密相连,而集体公益性建设用地是农村公共物品的载体,满足公共物品的供给就需要明确规定集体公益性建设用地的使用规则,从用地供给到用地主体再到主体权利流转等方面的规则建设必不可少,这也是集体公益性建设用地法律制度构建的核心。

1. 参照并区别于国有"划拨"的"拨用"规则

国有建设用地使用权的取得方式包括出让和划拨,城市基础设施用地和公益事业用地需要经县级以上人民政府依法批准并通过划拨方式取得。乡(镇)村公共设施、公益事业建设需要使用土地的,需要经县级以上人民政府的批准,在形式上与国有建设用地的划拨均需人民政府的审批。据此,有学者认为集体公益性建设用地用于公益目的与划拨方式设定的国有建设用地使用权并无功能上的实质区别,[1]并且为建立城乡统一的经营性建设用地和公益性建设用地分类和初始设立制度,[2]集体公益性建设用地采用划拨方式设立并适用国有建设用地划拨规则。

然而,该观点忽视了集体建设用地和国有建设用地的所有权主体

---

[1] 参见李国强:《〈土地管理法〉修正后集体建设用地使用权的制度构造》,载《云南社会科学》2020 年第 2 期。

[2] 参见陆剑:《集体经营性建设用地入市的实证解析与立法回应》,载《法商研究》2015 年第 3 期。

的差异性,忽视了集体所有权的特殊性。其一,集体公益性建设用地使用权的设立是基于集体所有权人的权利行使,属于纯粹的私权行为,政府参与审批是国家履行行政职能的体现,是为保障集体土地合法建设所进行的行政许可行为,仅是形式上的审查,若是理解为国家所有权的行使,则需将集体建设用地转换为国有建设用地后开展公益性建设,如此则会导致集体土地的流失,集体利益受损。其二,基于物权的排他性原则,政府无法干涉集体行使其所有权。其三,国家公益性建设用地的划拨是国家行使国家所有权的方式,为了区分国家行为和集体行为不应采用国有建设用地的划拨表述。在地方实践中“拨用”无偿设立集体建设用地使用权的方式,〔1〕用于集体公益性建设用地使用权的设立具有实践基础。

2. 区分纯公益性与准公益性用地的主体规则

集体公益性建设用地虽是用于公益建设的集体建设用地,但其既有用途的非排他性、惠及对象的广泛性、涵盖行业的多样性等特点,又有地域的特定性、惠及对象群体的限定性特点。〔2〕 集体公益性建设用地上所承载的目的和功能是农村公共物品的供给,与纯公益性和准公益性用地相对应的是纯公共物品和准公共物品。根据公共物品的定义,公共物品具有“非排他性”和“非消费性”,非排他性要求不具备排除他人消费和受益的可能性,如生态环境建设的污水处理、垃圾处理等所涉及的公共卫生,满足所有人均能享受优良的环境的需求。诸如公共卫生、义务教育、基本医疗等类型公共物品主要由国家供给和集体供给,因此在纯公益性用地中,国家和集体在不改变集体公益性建设用地的所有权的基础上承担建设义务。

同时,根据公共物品的公共性不同,部分公共物品的公共性和非

〔1〕 参见宋志红:《集体建设用地使用权设立的难点问题探讨　兼析〈民法典〉和〈土地管理法〉有关规则的理解与适用》,载《中外法学》2020 年第 4 期。

〔2〕 参见耿卓:《深化集体建设用地制度改革》,载《中国社会科学报》2018 年 5 月 30 日,第 4 版。

排他性仅限于集体范围之内。与此类公共物品相对应的是准公共物品，即在准公益性建设用地上所提供的物品，在集体内部具有非排他性，但可通过收费以实现集体外部的非排他性。此类公共物品主要体现为公共水利设施、村内道路、文化场所、信息服务设施、体育场所等既可由集体成员享受福利，也可通过收费的方式由集体外人员享有。由于准公共物品在“非排他性”和“非消费性”属性的减弱，可适当引入社会资本参与。一方面，可通过市场竞争的机制提高集体公益性建设用地的利用和公共物品的质量；另一方面，可缓解农村集体经济组织财力薄弱所带来的集体公益性建设用地闲置状态。因此，对准公益性建设用地的开发利用，可形成政府、集体、市场等多元主体开发模式，并区分普通个体、法人、非法人团体采取不同的操作方法。[1]

3. 合公益目的的集体公益性建设用地使用权流转规则

《土地管理法》第 63 条第 4 款规定，“集体经营性建设用地的出租，集体建设用地使用权的出让及其最高年限、转让、互换、出资、赠与、抵押等，参照同类用途的国有建设用地执行。具体办法由国务院制定”。有学者认为《土地管理法》第 63 条仅仅规定了集体经营性建设用地的有偿使用和流转，并未涉及集体公益性建设用地，[2]但第 63 条第 4 款还对集体建设用地进行了规定。集体公益性建设用地是否可以设立使用权以及出让、转让等流转规则需要参照国有建设用地的用途，与《土地管理法》第 54 条国有建设用地“城市基础设施用地和公益事业用地”用途相对应是该法第 61 条集体建设用地“乡（镇）村公共设施、公益事业建设”的用途。从条文逻辑上，集体公益性建设用地可参照国有建设用地设置建设用地使用权，并可进行相应的流转。

---

〔1〕参见余敬、梁亚荣：《社会转型视域下农村集体公益用地功能变迁与现实回应》，载《南京农业大学学报（社会科学版）》2018 年第 2 期。

〔2〕参见宋志红：《集体建设用地使用权设立的难点问题探讨　兼析〈民法典〉和〈土地管理法〉有关规则的理解与适用》，载《中外法学》2020 年第 4 期。

当然,集体公益性建设用地使用权的流转是有限制的流转,否则主要是用于科、教、文、卫、体等公益事业的公益性建设用地,必将用于经营性建设,不利于农村公益事业的发展和农民生活质量的保障。[1] 但在实践中往往会出现原有使用人管理和使用不当导致集体公益性建设用地及其地上公共物品的废弃,如果将废弃的集体公益性建设用地转换为集体经营性建设用地入市,则事实上改变了集体公益性建设用地的土地用途,最终会减少公益建设的土地供给。因此,可从集体公益性建设用地自身出发,在用途不变的情况下,通过将其流转给有能力的建设主体,实现集体公益性建设用地的功能。

(二)界别公益性建设用地及其地上物的处分权能

集体公益性建设用地及其地上物同属于物权范畴,但基于两者权利主体的差异性,集体公益性建设用地的所有权在土地建设过程中保持所有权主体不变,从中分离出使用权以满足多元主体建设的需求,同时对其地上建筑物与构筑物的处分遵循集体公益性建设用地的用途目的。

1. 公益性建设用地的所有权保有与使用权处分

根据《宪法》和《民法典》的规定,农村土地所有权的主体只能是“本集体成员集体”,具体为农村集体经济组织,这是国家制度之根本。在集体公益性建设用地的利用过程中,无论何时都不能以丧失集体所有权为手段,而是以落实集体公益性建设用地的集体所有权为基础,放活集体公益性建设用地使用权。与所有权不同,用益物权的目的在于促进物尽其用,作为用益物权的集体公益性建设用地使用权,其目的在于利用集体土地提供公共物品和公共服务,同时提供高质量的内容。根据物权逻辑,所有权人享有处分权能,可对其所有之物进行物理上及权利上的处分,集体土地所有权人可对集体公益性建设用地使用权加以处分,将使用权转让给其他主体,由具有相应法律行为

[1] 参见陈耀东:《集体经营性建设用地入市流转的法律进路与规则设计》,载《东岳论丛》2019 年第 10 期。

能力的主体开发利用。并且,初始取得集体公益性建设用地使用权后,权利主体基于使用权的处分权能可再次处分使用权。

然而,集体公益性建设用地承载着农村基础建设和公益事业的重要功能,其并非纯粹意义上的物权,决定其在享有私权内容的同时,受国家行政的管制,诸如符合土地用途、政府审批等要求。因此,集体公益性建设用地使用权在处分过程中需要符合以下条件:第一,集体公益性建设用地的再次利用必须符合土地的用途,即开展集体公益建设;第二,需经所有权人的同意,集体公益性建设用地使用权的再次处分是基于合同而设立,权利义务的移转需符合债的基本规则;第三,须向原先批准用地的乡镇人民政府备案。

2. 公益范围内的建筑物和构筑物的物权处分

集体公益性建设用地上建设基础设施和公共事业等建筑物和构筑物,其所有权归属于集体,但社会资本的引入弱化了集体对该物品的绝对所有权地位,除完全由政府和集体出资开展集体公益性建设用地建设所产生的建筑物和构筑物外,应由出资主体根据约定进行处理。根据房地一体原则,对相应建筑物和构筑物的处理需与集体公益性建设用地一同处理,因此,若要处分构筑物和建筑物必须符合集体公益性建设用地使用权的处分规则。此外,《民法典》第 399 条第 3 项规定“学校、幼儿园、医疗机构等为公益目的成立的非营利法人的教育设施、医疗卫生设施和其他公益设施”不得抵押。由此基于公益性考量,无论是由政府、集体出资开展集体公益性建设用地建设的设施,还是由社会资本参与投资建设的设施,均不得进行抵押,以保障公益目的的有效实现。

第六章　落实最严格保护耕地制度，保障粮食安全

新冠疫情在全世界范围内流行，导致包括农业生产在内的各产业链受到严重冲击。世界主要粮食出口国家如泰国、越南等已经大幅减少甚至禁止粮食出口，而我国粮食产量和粮食储备仍然有所保证，这与农业经营制度的坚持和完善、农业技术的提高和广泛运用是分不开的。更重要的是，这与我国长期以来坚持把饭碗牢牢端在自己手上的战略思维、牢牢守住 18 亿亩耕地红线的底线思维是分不开的，也更加凸显了耕地的不可替代的、特殊重要的基础性价值。党的二十大报告提出坚定不移走生产发展、生活富裕、生态良好的文明发展道路，实现中华民族永续发展，为新时代强化耕地保护提供了方向指引。

第一节　最严格保护耕地的政策演进与多维意义

耕地具有的多维属性对应多重功能。其作为资源，是人类赖以生存的基础，既构筑人类社会得以维持的生态安全，也满足人类的基本生存保障；其作为资产，是人类的基本生产资料，通过与生产力和生产

关系的结合创造财富满足人类实现自身解放的物质需求；其作为权利，不仅是不动产的重要客体，而且在其之上形成了包括土地所有权、用益物权和债权在内的逻辑分明的权利束，奠定了稳定“三农”和确保国家粮食安全的制度基础。

一、耕地保护政策的演变

耕地是土地之精华、粮食生产之根基。[1] 自党的十八大以来，历年中央一号文件均强调耕地保护，其他政策文件也对耕地保护多有提及，整体呈现“落实和完善最严格的耕地保护制度”态势，并通过坚守18亿亩耕地红线、加强基本农田建设、耕地占补平衡、农业资源休养生息等制度规则从质、量和生态三方面予以落实。

（一）党的十八大以来一系列中央一号文件

2013年中央一号文件提出：“强化农业物质技术装备。落实和完善最严格的耕地保护制度，加大力度推进高标准农田建设。”

2014年中央一号文件提出：“任何时候都不能放松国内粮食生产，严守耕地保护红线，划定永久基本农田，不断提升农业综合生产能力，确保谷物基本自给、口粮绝对安全。更加积极地利用国际农产品市场和农业资源，有效调剂和补充国内粮食供给”；“支持地方开展耕地保护补偿”；“促进生态友好型农业发展。落实最严格的耕地保护制度、节约集约用地制度、水资源管理制度、环境保护制度，强化监督考核和激励约束”；“开展农业资源休养生息试点……启动重金属污染耕地修复试点。从2014年开始，继续在陡坡耕地、严重沙化耕地、重要水源地实施退耕还林还草”；“完善城乡建设用地增减挂钩试点工作，切实保证耕地数量不减少、质量有提高”。

2015年中央一号文件提出：“实施耕地质量保护与提升行动。全面推进建设占用耕地剥离耕作层土壤再利用”；“实施新一轮退耕还

---

〔1〕 参见孔祥斌、陈文广、温良友：《以耕地资源三个安全构筑大国粮食安全根基》，载《农业经济与管理》2022年第3期。

林还草工程,扩大重金属污染耕地修复、地下水超采区综合治理、退耕还湿试点范围";"健全粮食主产区利益补偿、耕地保护补偿、生态补偿制度";"稳步推进农村土地制度改革试点。在确保土地公有制性质不改变、耕地红线不突破、农民利益不受损的前提下,按照中央统一部署,审慎稳妥推进农村土地制度改革"。

2016 年中央一号文件开篇就提出:"持续夯实现代农业基础,提高农业质量效益和竞争力",并把"大规模推进高标准农田建设"和"大规模推进农田水利建设"作为首要支点,明确要求"将高标准农田划为永久基本农田,实行特殊保护。将高标准农田建设情况纳入地方各级政府耕地保护责任目标考核内容",并且要"适应新型农业经营主体和服务主体发展需要,允许将集中连片整治后新增加的部分耕地,按规定用于完善农田配套设施"。

2017 年中央一号文件继续重申:"持续加强农田基本建设。深入实施藏粮于地、藏粮于技战略,严守耕地红线,保护优化粮食产能。全面落实永久基本农田特殊保护政策措施,实施耕地质量保护和提升行动,持续推进中低产田改造。加快高标准农田建设,提高建设质量";"允许通过土地整治增加的耕地作为占补平衡补充耕地的指标在省域内调剂,按规定或合同约定取得指标调剂收益";"改进耕地占补平衡管理办法,严格落实耕地占补平衡责任,探索对资源匮乏省份补充耕地实行国家统筹"。

2018 年中央一号文件提出实施乡村振兴战略,继续落实最严格的耕地保护政策,进一步要求:"全面落实永久基本农田特殊保护制度,加快划定和建设粮食生产功能区、重要农产品生产保护区,完善支持政策。大规模推进农村土地整治和高标准农田建设,稳步提升耕地质量,强化监督考核和地方政府责任";"健全耕地草原森林河流湖泊休养生息制度,分类有序退出超载的边际产能。扩大耕地轮作休耕制度试点";"推进重金属污染耕地防控和修复,开展土壤污染治理与修复技术应用试点,加大东北黑土地保护力度"。

2019 年中央一号文件提出:"强化粮食安全省长责任制考核";

"推进重金属污染耕地治理修复和种植结构调整试点"；"扎实开展新增耕地指标和城乡建设用地增减挂钩节余指标跨省域调剂使用，调剂收益全部用于巩固脱贫攻坚成果和支持乡村振兴"；"全面完成粮食生产功能区和重要农产品生产保护区划定任务，高标准农田建设项目优先向'两区'安排"。

2020年中央一号文件提出："支持产粮大县开展高标准农田建设新增耕地指标跨省域调剂使用，调剂收益按规定用于建设高标准农田"；"坚守耕地和永久基本农田保护红线"；"强化农业设施用地监管，严禁以农业设施用地为名从事非农建设"；"将农业种植养殖配建的……辅助设施用地纳入农用地管理"。

2021年中央一号文件提出："科学划定各类空间管控边界，严格实行土地用途管制。采取'长牙齿'的措施，落实最严格的耕地保护制度"；"坚决遏制耕地'非农化'、防止'非粮化'"；"明确耕地利用优先序"；"明确耕地和永久基本农田不同的管制目标和管制强度，严格控制耕地转为林地、园地等其他类型农用地，强化土地流转用途监管，确保耕地数量不减少、质量有提高"；"健全耕地数量和质量监测监管机制，加强耕地保护督察和执法监督，开展'十三五'时期省级政府耕地保护责任目标考核"；"实施国家黑土地保护工程，推广保护性耕作模式。健全耕地休耕轮作制度。持续推进化肥农药减量增效，推广农作物病虫害绿色防控产品和技术"。

2022年中央一号文件提出："实行耕地保护党政同责，严守18亿亩耕地红线。按照耕地和永久基本农田、生态保护红线、城镇开发边界的顺序，统筹划定落实三条控制线"；"分类明确耕地用途，严格落实耕地利用优先序"；"加大中低产田改造力度，提升耕地地力等级"；"落实和完善耕地占补平衡政策，建立补充耕地立项、实施、验收、管护全程监管机制"；"加大耕地执法监督力度，严厉查处违法违规占用耕地从事非农建设。强化耕地用途管制，严格管控耕地转为其他农用地。巩固提升受污染耕地安全利用水平。稳妥有序开展农村乱占耕地建房专项整治试点"；"落实工商资本流转农村土地审查审核和风险防范制度”。

（二）其他中央政策文件

2013 年 11 月《中共中央关于全面深化改革若干重大问题的决定》提出:“稳定农村土地承包关系并保持长久不变,在坚持和完善最严格的耕地保护制度前提下,赋予农民对承包地占有、使用、收益、流转及承包经营权抵押、担保权能,允许农民以承包经营权入股发展农业产业化经营”;“稳定和扩大退耕还林、退牧还草范围,调整严重污染和地下水严重超采区耕地用途,有序实现耕地、河湖休养生息”。

2015 年 4 月中共中央、国务院《关于加快推进生态文明建设的意见》要求“强化农田生态保护,实施耕地质量保护与提升行动,加大退化、污染、损毁农田改良和修复力度,加强耕地质量调查监测与评价”;“划定永久基本农田,严格实施永久保护,对新增建设用地占用耕地规模实行总量控制,落实耕地占补平衡,确保耕地数量不下降、质量不降低”。既要肯定又要指出不足,国家基于粮食安全、生态维护等公共利益设立永久基本农田保护有其必要性和正当性,但存在农民因其身份职业和生产方式而独立承受公共利益所形成负担的失衡,而且“以行政手段为核心的直接调整”和“高标准农田建设中的附带性间接调整”也存在缺陷。[1]

2017 年中共中央、国务院《关于加强耕地保护和改进占补平衡的意见》对耕地保护做出了一系列部署。(1)明确指导思想,确立基本原则(坚持严保严管、坚持节约优先、坚持统筹协调、坚持改革创新),并提出总体目标;(2)严格控制建设占用耕地:加强土地规划管控和用途管制,严格永久基本农田划定和保护,以节约集约用地缓解建设占用耕地压力;(3)改进耕地占补平衡管理:严格落实耕地占补平衡责任,大力实施土地整治,落实补充耕地任务,规范省域内补充耕地指标调剂管理,探索补充耕地国家统筹,严格补充耕地检查验收;(4)推

---

〔1〕 参见郭洁、佟彤:《论永久基本农田质量保护的物权模式》,载《农村经济》2021 年第 1 期。

进耕地质量提升和保护:大规模建设高标准农田,实施耕地质量保护与提升行动,统筹推进耕地休养生息,加强耕地质量调查评价与监测;(5)健全耕地保护补偿机制:加强对耕地保护责任主体的补偿激励,实行跨地区补充耕地的利益调节;(6)强化保障措施和监管考核:加强组织领导,严格监督检查,完善责任目标考核制度。

2017年中共中央、国务院《关于加强耕地保护和改进占补平衡的意见》在改进耕地占补平衡管理、健全耕地保护补偿机制方面总结实践经验,提出系统性对策,有其重要价值,但是对耕地保护责任主体的补偿激励、跨地区补充耕地的利益调节主要用于耕地保护、设施管护与修缮、地力培育等,而对增加农民收益的效果显然有限,[1]因而对激励农民保护耕地也极其有限。

乡村振兴战略实施后,耕地保护力度进一步提升。2018年国务院办公厅印发《跨省域补充耕地国家统筹管理办法》和《城乡建设用地增减挂钩节余指标跨省域调剂管理办法》,对跨省域调剂限定在"三区三州"虽然稍显保守,但无疑是朝着正确方向迈出的关键一步,同时又做了进一步的细化和深化,值得肯定。

2020年国务院办公厅发布《关于坚决制止耕地"非农化"行为的通知》和《关于防止耕地"非粮化"稳定粮食生产的意见》,在总结以往耕地保护经验、梳理以往耕地保护措施的基础上,对防止耕地"非农化"和"非粮化"作出了专门部署。2021年自然资源部、农业农村部、国家林业和草原局联合发布《关于严格耕地用途管制有关问题的通知》,进一步落实和加强了耕地用途管制政策。这些都对我国粮食安全和耕地保护产生了极为重要的影响。

(三)小结

党的十八大以来,我国耕地保护政策的演进路径可以总结为以数

---

[1] 对农民来说,耕地质量提高至多意味着粮食产量的提高,而这并不必然意味着收入的增加,即使农业收入增加,这种增加也是有限的。这也是产生"谁来种田"之问的内在经济动因。

量为主转变为数量和质量双重保护，再到数量、质量和生态三位一体保护的政策演进，整个过程具有显著的路径依赖、强制性变迁特征，[1]其中有坚守也有创新，在守成和进取中构建了最严格的耕地保护机制。坚守主要表现为历年中央政策文件始终将“严守18亿亩耕地红线”和“保障粮食安全”作为耕地保护政策的基石，在此基础上强调提升耕地质量，实现耕地生态价值，并通过制度创新和完善形成了最严格保护耕地的政策制度体系。进取则主要体现在以下几方面。

第一，数量和质量并举。党的十八大以来，国家不断出台新举措切实落实耕地18亿亩保有量，完善耕地占补平衡和增减挂钩结余指标跨省域调剂使用制度，在优化土地资源配置、缓解城镇建设用地紧张等方面起到了积极作用。[2] 一方面，通过土地整治补充耕地；另一方面，严格控制耕地转用，从进出两方面确保耕地数量不减少。在耕地质量有保障的基础上，更加强调耕地质量的提升，其中永久基本农田特殊保护和高标准农田建设是提升耕地质量的基本路径，农田水利建设、农业物质技术装备、化肥农药减量增效、中低产田改造等是提升耕地质量的重要手段。同时，通过耕地监测和评价体系对耕地保护予以可视化考核，进一步加强耕地保护督察和执法监督。

第二，注重发挥生态价值。耕地作为资源，具有重要的生态资源价值。[3] 党的十八大以来党和国家将生态文明建设纳入国家总体布局，发挥耕地的生态功能就是在耕地保护领域推进国家“五位一体”总体布局的具体体现。近年来，中央政策文件出台了一系列具体制度多角度确保了耕地生态功能的实现，如农业资源休养生息制度、重金属污染地修复制度、退耕还林还草制度、生态补偿制度、耕地轮作

---

[1] 参见刘蒙罢、张安录：《建党百年来中国耕地利用政策变迁的历史逻辑及优化路径》，载《中国土地科学》2021年第12期。

[2] 参见蔡继明、刘梦醒：《论我国城乡建设用地增减挂钩模式的转变》，载《天津社会科学》2021年第5期。

[3] 参见刘梦：《“三权分置”背景下耕地生态保护补偿对象的确定》，载《河南财经政法大学学报》2022年第2期。

轮耕制度、土壤污染治理与修复技术推广等。这些制度不断形成合力，在实现耕地生态价值方面发挥了重要作用。事实上，耕地质量和生态价值具有内在的统一性，耕地质量的提升是耕地生态功能实现的前提，耕地生态功能的实现又是耕地质量的促进。

第三，构建差异化保护制度。我国耕地资源总量丰富，分布零散，进行一体化保护既存在一定的困难，也不能适应社会发展的需求。党的十八大以来，中央政策文件综合研判、科学安排，构建了差异化保护制度。首先，划定粮食生产功能区和重要农产品生产保护区，高标准农田保护等项目优先向“两区”安排；其次，科学划定各类空间管控边界，对耕地和永久基本农田实行不同的管制目标和强度；最后，按照永久基本农田、生态保护红线、城镇开发边界的顺序，统筹划定落实三条控制线，确定不同的保护和开发要求。这些差异化政策工具直接影响了耕地保护的效果。[1]

第四，不断强化政府责任。虽然我国耕地作为集体财产由农村集体经济组织享有，并通过权利分置由集体成员或其他主体使用，但是在耕地保护上一直呈现出的是政策推动下的政府主导。党的十八大以来不断强化各级政府在耕地保护上的责任落实，以实现中央政策的贯彻实施，不仅将高标准农田建设纳入地方各级政府耕地保护责任目标考核内容，强化监督考核和地方政府责任，而且建立了粮食安全省长责任制考核和省级政府耕地保护责任目标考核机制，并提出耕地保护党政同责，不断强化耕地保护的监督考核和激励约束。政府责任的强化既加强了耕地保护的实效，也出现了一些问题。

总而言之，党的十八大以来，系列中央政策文件将落实“最严格的耕地保护制度”提到了新高度，通过一系列政策工具的创新和完善，形成了耕地保护的多元协同机制，在遏制耕地“非粮化”和“非农化”等方面取得了显著成效，也为在新时代实施乡村振兴战略，逐步

---

〔1〕 参见张晏维、卢新海：《差异化政策工具对耕地保护效果的影响》，载《资源科学》2022年第4期。

推进中国式农业农村现代化奠定了基础。

二、最严格保护耕地的意义

耕地因其多维属性具有多重功能，在国家政治、经济、社会、文化和生态发展中具有重要地位。耕地保护对于国家与区域土地利用意义重大，〔1〕对促进社会经济均衡发展具有重要意义；〔2〕其质量和数量持续下滑，严重危及国家粮食与生态环境安全以及社会稳定。〔3〕耕地资源具有经济、社会和生态三大功能，与乡村生产和生活密切相关，全面核算耕地资源资产价值，对于加强耕地资源保护、优化国土空间开发格局同样具有现实意义。〔4〕耕地还是农耕文明形成的基础，以农耕文明为核心的乡村文化是中国特色社会主义先进文化的重要组成部分，弘扬农耕文明有助于实现中华优秀传统文化的创造性转化、创新性发展，所以耕地保护对文化的促进发展也应值得关注。整体而言，在新时代落实最严格耕地保护政策的最大意义就是为社会主义现代化强国建设奠定坚实根基。

落实最严格的耕地保护政策，是确保国家粮食安全的需要。粮食安全是促进经济发展、保障社会稳定和维护国家安全的重要基础；〔5〕人民日益增长的美好生活需要已然对粮食产出提出更高要求。〔6〕耕地是粮食安全的重要保障，保护已有耕地、平衡好耕地与其

---

〔1〕参见冯艳芬：《华南经济发达地区农户耕地价值认知及保护意愿——以广州市番禺区为例》，载《中国农业资源与区划》2013年第6期。

〔2〕参见刘利花、李全新：《基于耕地非市场价值和机会成本的耕地保护补偿标准研究——以江苏省为例》，载《当代经济管理》2018年第6期。

〔3〕参见李国敏、卢珂、黄烈佳：《国家尺度下耕地功能占补平衡模式研究》，载《地域研究与开发》2017年第6期。

〔4〕参见张友、刘玉：《乡村多功能视角下耕地资源资产价值核算研究》，载《中国农业资源与区划》2022年第4期。

〔5〕参见仇焕广、雷馨圆等：《新时期中国粮食安全的理论辨析》，载《中国农村经济》2022年第7期。

〔6〕参见方斌、牛善栋、黄木易：《吃饱和吃好语境对我国耕地保护的启示》，载《长江流域资源与环境》2021年第10期。

他行业发展对土地需求之间的矛盾，激发地方政府、农户与农村集体经济组织耕地保护的积极性，是亟须解决的问题。〔1〕从粮食质量需求视角来看，到2030年我国人口高峰年，耕地需求仍有不足的风险，实施最严格的耕地保护制度仍是我国必须坚守的基本国策，确保耕地质量“纯洁性”将成为耕地保护转型的重要方向。〔2〕耕地保护制度对粮食安全的保障作用可以从量和质两方面来理解。首先，“18亿亩耕地红线”是粮食安全保障的基础，受制于生产力和生产条件，只有保证耕地的数量，才能保证口粮绝对安全，才能使14亿中国人具有“手中有粮，心中不慌”的底气；其次，提升耕地质量，提升产出能力和水平，是在新时代实现高质量粮食安全的必然需求。粮食安全作为国家整体安全的组成部分，其本身也具有不同层次。保证口粮安全和重要农产品的供给是粮食安全的最低要求，实现重大风险应对和提升国际竞争力是粮食安全更高层次的追求。特别近年来受疫情和全球农业资源市场的挑战，粮食安全的内涵已从传统的数量型安全向资本型安全和能力型安全转变，〔3〕在此背景下通过保证耕地质量提升整体粮食安全水平，更具现实意义。

落实最严格的耕地保护政策，是稳定“压舱石”，实现新时代高质量发展的需要。如果没有社会的稳定，那就意味着改革和发展进程的中断，意味着已有的改革和发展成果的丧失，意味着综合国力的削弱。〔4〕社会稳定也是新时代实现高速发展向高质量发展转变的必要条件，对于我国社会而言，农业人口在我国总人口中占比仍然较大，农业发展仍具有基础性地位，是工业、服务业发展的基础，而农村更是

---

〔1〕参见刘利花、杨永福、李全新：《基于粮食安全的耕地保护补偿研究》，载《西北农林科技大学学报（社会科学版）》2017年第1期。

〔2〕参见方斌、牛善栋、黄木易：《吃饱和吃好语境对我国耕地保护的启示》，载《长江流域资源与环境》2021年第10期。

〔3〕参见卞靖、陈曦：《新时代粮食安全保障需提升三重能力——基于对粮食“三重属性”的分析》，载《宏观经济管理》2020年第12期。

〔4〕参见吴忠民：《社会稳定：中国改革和发展的必要前提》，载《科学社会主义》2003年第1期。

农业发展和农民生活的空间载体，所以可以说“三农”稳定是社会整体稳定的基础。2021年中央一号文件就明确肯定了农业农村发展的历史成就为“党和国家战胜各种艰难险阻、稳定经济社会发展大局，发挥了‘压舱石’作用”。耕地为农业发展之基，农业为农民生存之本，[1]落实最严格的耕地保护政策对实现“三农”稳定具有重要保障作用。首先，耕地保护可以维持农业稳产增产。事实上，保证农业稳产增产和实现国家粮食安全具有内在的逻辑性和统一性。逻辑性主要表现为前者是后者的基础，而后者是前者的目标之一；统一性表现在二者都以耕地质和量的保证为现实条件。从这个意义上讲，落实最严格的耕地保护政策，本身就是通过保证农业产出实现粮食安全。其次，耕地保护可以保障农民生活。耕地是农民最基本的生产资料和最重要的财产，以耕地为客体构造的权利体系不仅是农业生产力和生产关系在上层建筑中的反映，也是国家代替城镇社会保障制度，为广大贫苦农民提供社会保障的主要制度形式，尽管农民也在参加城乡居民基本养老保险，但其养老金水平可能很难养老。[2] 农民不仅可以将自己的劳动力同耕地这一生产资料相结合创造自身生存所需的最为基本的物质条件，也可以通过土地流转等方式实现兼职农民身份的转变，获得人身解放，通过非农收入获取更多的物质财富。最后，耕地保护有利于农村稳定。农村在本质上是一定范围内农民群体同土地等生产生活资料的结合关系和农民之间共同生产生活的关系，所以农业稳定和农民的稳定本身构筑了农村稳定的基础。在此之外，通过制度设计实现村民自治和公共基础设施的提升，进一步稳固农村社会。

落实最严格的耕地保护政策，是应对新时代新要求和新挑战的需要。现有研究已经开始关注耕地保护与乡村振兴战略实施的内在联

[1] 参见刘峰：《耕地征收补偿制度重构视角下的耕地保护研究》，载《江淮论坛》2017年第3期。

[2] 参见贺雪峰：《超龄农民工路在何方》，载《人民论坛》2022年第13期。

系，乡村振兴背景下，耕地资源的社会服务价值更为突出；[1] 充分释放耕地社会生态效益是落实乡村振兴战略“生态宜居”的内在要求。[2] 乡村振兴离不开永久性基本农田保护，加强永久性基本农田的保护对防止耕地面积减少、保障国家粮食安全、维护社会稳定发展具有重要而深远的意义。[3] 进入社会主义新时代，我国社会的主要矛盾发生了转变，因应社会主要矛盾的变化，党和国家进一步深化农村体制改革，出台了一系列举措，承包地“三权分置”改革、“三块地”改革、农村集体产权制度改革和实施乡村振兴战略等系列实践为农业农村发展提供了新的机遇，也产生了新的挑战，对耕地保护尤其如此。机遇主要表现为随着农业经营方式和农地产权制度的创新和完善，耕地的生产能力获得进一步提升，在市场和社会资本的助推之下，农业与工业和服务业的联结方式更加多元和紧密，农产品的流通也更加顺畅。但不可否认的是，市场化改革也对耕地保护提出了新的挑战。在新时代下，耕地的利用主体更加多元、利用方式更加市场化，社会资本和市场这只“无形的手”前所未有地接近农业生产，但是农业具有天生的弱质性，加之耕地本身的复杂属性和承载的多重功能可能使其并不具备完全市场化的特征，所以很可能会出现市场失灵。对此，如何在改革的复杂架构中和市场资本逐利的本质下，坚守耕地的基本功能和作用，实现耕地的有效保护是一个不小的挑战。

落实最严格的耕地保护政策，是维护生态安全实现资源永续利用的需要。经济补偿是生态文明建设的主要政策工具，耕地保护补偿是生态补偿的重要构成。[4] 耕地生态补偿是平衡耕地保护与区域发

---

〔1〕 参见张友、刘玉：《乡村多功能视角下耕地资源资产价值核算研究》，载《中国农业资源与区划》2022 年第 4 期。

〔2〕 参见史雨星、李超琼、赵敏娟：《非市场价值认知、社会资本对农户耕地保护合作意愿的影响》，载《中国人口・资源与环境》2019 年第 4 期。

〔3〕 参见闻丽英、蔺紫玄：《乡村振兴背景下我国永久性基本农田保护的立法完善》，载《西安财经大学学报》2021 年第 2 期。

〔4〕 参见柴铎、林梦柔：《基于耕地“全价值”核算的省际横向耕地保护补偿理论与实证》，载《当代经济科学》2018 年第 2 期。

展的重要手段,也是耕地资源永续利用的关键。[1] 耕地资源具有强烈的外部性,其所产生的生态效益在我国整个生态系统的维护中发挥着巨大的作用。[2] 耕地保护的安全收益惠及一国公民及国家。[3] 耕地资源具有社会财产和自然资源的双重属性。[4] 作为自然资源,耕地的数量和质量直接影响着生态安全的实现。如果过度利用造成土壤板结、沙化甚至荒漠化等生态问题,将给生态安全造成不可逆的损害。作为社会财产,耕地具有很强的公共属性和代际属性。公共属性是指其所承载的利益不仅是农民的利益,也通过粮食安全、生态安全等直接体现为全民族的利益;代际属性是指耕地并非由某一代人所有,而是世世代代所必须依赖的基本生活条件,落实最严格的耕地保护政策保护耕地,既是保护本代人的利益,也是在保护后代人的利益,根本目的就是保证耕地这一稀缺资源在代际间传承,实现永续利用。

总而言之,作为最重要的农业生产资料、稀缺自然资源和农民重要财产的耕地,在保障国民经济健康有序发展的同时,对维护国家粮食安全、保证社会和谐以及保全生态环境起着至关重要的作用。[5] 落实最严格的耕地保护政策,是顺应新时代社会发展的必然要求,也是保护人类自身发展利益的现实需要。

---

〔1〕 参见张俊峰等:《流域耕地生态盈亏、空间外溢与财政转移——基于长江经济带的实证分析》,载《农业经济问题》2020 年第 12 期。

〔2〕 参见曹瑞芬、张安录、万珂:《耕地保护优先序省际差异及跨区域财政转移机制——基于耕地生态足迹与生态服务价值的实证分析》,载《中国人口·资源与环境》2015 年第 8 期。

〔3〕 参见胡必坚:《耕地占用"实化"与耕地保护"虚化"——以耕地占用税制度变迁为视角》,载《现代经济探讨》2013 年第 9 期。

〔4〕 参见褚睿刚:《耕地"占用"课税:从耕地占用税到资源税》,载《南京工业大学学报(社会科学版)》2018 年第 4 期。

〔5〕 参见张长青、陈东旭、李晓亮:《中央政府与地方政府在耕地保护中的演化博弈》,载《商业研究》2016 年第 11 期。

第二节　最严格保护耕地政策的现状与问题

尽管中央政策文件提出了最严格的耕地保护要求，并构建了严密的制度规则体系，但尚未进行法律转化。政策并不和法律一样具有严格的体系性和逻辑性，也不能具有同法律一样强制性和普遍性。既不满足重大改革于法有据的改革要求，也催生了一系列耕地保护的难题。

一、规范现状

《宪法》第 10 条第 5 款规定："一切使用土地的组织和个人必须合理地利用土地。"这是包括耕地保护在内的土地利用制度的宪法要求，也是中央系列政策和我国现行法律制度关于耕地保护举措的宪法渊源，对落实最严格的耕地保护制度具有至高无上的指导地位。

《土地管理法》第 1 条把"合理利用土地，切实保护耕地"作为基本立法目标；第 3 条第 1 句明确规定，把"十分珍惜、合理利用土地和切实保护耕地"作为我国的基本国策；第 4 条第 2 款第 2 句提出要"严格限制农用地转为建设用地，控制建设用地总量，对耕地实行特殊保护"；第 16 条规定各级政府编制的土地利用总体规划中的"耕地保有量不得低于上一级土地利用总体规划确定的控制指标"，"省、自治区、直辖市人民政府编制的土地利用总体规划，应当确保本行政区域内耕地总量不减少"；第 17 条则把"占用耕地与开发复垦耕地数量平衡"作为编制原则；第 46 条、第 48 条和第 55 条对农用地转作建设用地的特别程序、土地征收补偿和新增建设用地的土地使用补偿费支出项目及比例作了专门规定。不仅如此，第四章还直接以"耕地保护"为题，用 14 个条文进行专章规定。

《土地管理法》第四次修改在落实修法理念、突出修法重点和提高立法技术等方面取得了显著进步，值得肯定：一是坚持以人民为中心的发展思想，落实全面深化改革精神，注重发挥市场在资源配置中的决定性作用,删除落后于现实发展的条文,如删除2004年《土地管理法》第43条和第63条。二是立足实践经验,根据改革要求,突出修法重点,强化土地利用规划和用途管制,对耕地实施最严格保护,如第30条、第33条、第34条、第35条、第37条、第38条、第76条等。三是回应现实问题,合理修改部分条文,如2004年《土地管理法》第55条第2款"新增建设用地的土地有偿使用费……都专项用于耕地开发",不符合实际,也难以落实执行,更不符合土地出让金等有偿使用费的本意,对此2019年《土地管理法》取消了土地有偿使用费具体用途的规定。

《农业法》第五章"粮食安全"第31条第2款规定:"国家建立耕地保护制度,对基本农田依法实行特殊保护";第58条规定:"农民和农业生产经营组织应当保养耕地,合理使用化肥、农药、农用薄膜,增加使用有机肥料,采用先进技术,保护和提高地力,防止农用地的污染、破坏和地力衰退。县级以上人民政府农业行政主管部门应当采取措施,支持农民和农业生产经营组织加强耕地质量建设,并对耕地质量进行定期监测"。

《耕地占用税法》第1条开宗明义,把"合理利用土地资源,加强土地管理,保护耕地"作为立法宗旨,对建设建筑物、构筑物或者从事非农业建设占用耕地的税收进行了详细而周密的条文设计,严格遵循税收法定原则确定了占用耕地进行非农建设的纳税主体、纳税依据、纳税税额、纳税程序等内容,并以耕地保护为理念引领对加征、减征、免征耕地占用税的具体情形进行了明确。该法是国家通过宏观税收政策落实耕地保护的重要立法。

2022年通过的《黑土地保护法》是针对黑龙江、吉林、辽宁和内蒙古优质黑土耕地保护的专门立法。该法"明确了黑土地优先用于粮食生产的导向,实行严格的黑土地保护制度,强化黑土地治理修复,确保黑土地总量不减少、功能不退化、质量有提升、产能可持续"[1]。

---

[1] 《解读黑土地保护法:保护"耕地中的大熊猫"就是保障国家粮食安全》,载廊坊市自然资源和规划局网2022年6月28日,http://zrghj.lf.gov.cn/lfsgt/banshi/zhengcejiedu/1075683953357713817 6.html。

黑土地是耕地中的“大熊猫”，对国家粮食安全、生态安全和资源永续利用都具有重要的战略意义，对其进行专门的立法保护，是保证耕地质量和生态功能实现的重要手段，是保障国家粮食安全和资源永续利用的必然要求，也是耕地保护中的重中之重。

《土地复垦条例》是规范土地复垦活动、进行土地复垦管理的专门立法，其中第 4 条对生产建设活动不占或少占耕地以及占用的具体要求进行了明确；第 16 条建立了土地复垦的质量控制制度，提出了耕地复垦的土壤条件；第 34 条从鼓励土地权利人自行复垦损毁土地补充耕地的角度，规定了县级以上人民政府的补贴义务；紧接着第 35 条规定了县级以上人民政府复垦损毁土地补充的耕地可以充当非农建设占用耕地的补充指标，从国家的角度鼓励了复垦损毁土地补充耕地的行为；第 39 条则明定了土地复垦义务人违反复垦义务的法律后果。

作为耕地保护主力的《基本农田保护条例》在 1998 年重新制定后，仅在 2011 年作了将“征用”改为“征收”的修订，已经不能完全适应新时代的新发展理念要求、新的问题和挑战、新的压力和风险，亟须对永久基本农田保护、占补平衡及跨省域调剂、耕地保护补偿、多规合一下“三条红线”等基础性制度作出具体规定。

目前，我国有关耕地保护的法律制度以《宪法》关于土地合理利用的规定为上位法依据，除《黑土地保护法》外，相关条款散见于《土地管理法》《耕地占用税法》《农业法》《基本农田保护条例》《土地复垦条例》中，又以《土地管理法》《黑土地保护法》《基本农田保护条例》为主要规范基础，整体上表现为公法规范为主的特点，且规定缺乏统筹集成、有效衔接和与时俱进。除《土地管理法》第四次修改和《黑土地保护法》对党的十八大以来政策指导下的耕地保护实践成熟经验进行了有限的立法转化以外，其他法律关于耕地保护的规定或较为宏观或较为基础，对政策指导下形成的耕地多元保护机制转化不足，未反映最新实践情况，也不满足新时代以来关于耕地保护的新要求。乡村振兴战略的实施和中国式农业农村现代化的推进都对土地制度的变革特别是耕地的保护提出了新挑战。这一背景下急需一部科学有效、逻辑严密的耕地保护法统筹整合现有规则、转化政策经验，构筑保护耕地的法律基础，将耕地保护推向更高层次。[1]

二、问题检视

总体来看，我国耕地保护表现出数量目标导向下的压力层层传导特点，产生了政策治理主导、依法治理不足，单向管制主导、综合治理不足，数量目标主导、源头治理不足，政策措施碎片化、体系化治理不足等问题。

第一，政策治理主导、依法治理不足。耕地保护政策工具是政策执行主体为完成耕地保护目标采取的具体手段，[2]除了中央发布的政策文件外，法律法规主要为历经4次修改的《土地管理法》的原则性专章规定、《农业法》对耕地肥力的规定以及作为主力的《基本农田保护条例》，而该条例在1998年重新制定之后，仅在2011年作了“征用”改为“征收”的修订，已经不能适应新时代的新发展理念要求、新的问题和挑战、新的压力和风险。

第二，单向管制主导、综合治理不足。我国耕地保护忽视了离耕地最近、关系最密切的广大农民及其集体在耕地保护中的主体地位。农民保护耕地的收益极其有限甚至没有收益，反而是破坏耕地（非农建设）更有利可图。这既无法有效抵御来自地方政府和工商业资本对耕地的占用、破坏和侵蚀，也因农民保护耕地动力机制的缺失而使农民在耕地保护方面积极性不高。在实践中我国的耕地保护主要是政府主导，市场机制尚未全面有效发挥。但行政中心主义下的政府单方面主导，对耕地保护力有不逮，与其他社会力量协同联动不够，综合治理有待加强。然而，构建耕地共同保护机制是实现数量、质量与生

---

〔1〕 2022年9月5日《耕地保护法（草案）》（征求意见稿）已由自然资源部公布，该草案共10章72条。

〔2〕 参见张晏维、卢新海：《差异化政策工具对耕地保护效果的影响》，载《资源科学》2022年第4期。

态“三位一体”耕地保护目标的内在需求。[1]

第三，数量目标主导、源头治理不足。个别领导干部在畸重经济发展的政绩观指引下，没有牢固树立底线思维，把耕地保护责任推到其他地区甚至寄希望于进口粮食替代，耕地保护说起来重要、做起来忘掉。目前数量保护成效较好，但质量保护远未达到要求，[2]数量目标主导下重管制惩罚、轻引导激励，在法律手段上重刑事行政处罚、轻民事补偿赔偿。占补平衡政策被钻空子，占优补劣、移花接木、无中生有等违法行为在土地督察中屡有发现。

第四，政策措施碎片化、体系化治理不足。多目标治理如发展经济与保护耕地目标任务之间有摩擦、兼顾平衡存在不确定性，退耕还林水湖草与耕地保护此消彼长，土地利用规划的宏观特性与微观实施存在内在张力。政策碎片化成为影响耕地“非粮化”的重要因素。[3]农村土地集体公有制虽然在一定程度上因涨价归公而缓解了农民的耕地非农化冲动，但村民自治组织的孱弱和集体经济组织的虚弱在保护耕地时即使心有余力也不足。农村土地特别是承包地确权工作意义重大，应认识到土地确权的正向尤其是反向效应。土地确权强化了权利人的权利，增强了其对所有耕地的支配，使权利人对外来侵占破坏有更强的动力予以抵制，但也助推了权利人对外来占用支付超额对价时的逐利行为（可以解释为什么很多农民希望政府征收自己的承包地）；同时，也增强了权利人对自己财产随意处分的冲动。

三、问题成因

从学界研究情况来看，管理学、经济学等学科对耕地保护中的耕地经济、生态、社会文化价值、检测和测度以及等级标准，农地非农化、

---

[1] 参见陈美球：《构建耕地共同保护机制：理论基础、制约因素与实现路径》，载《农业经济与管理》2022 年第 3 期。

[2] 参见王文旭、曹银贵等：《我国耕地保护政策研究：基于背景、效果与未来趋势》，载《中国农业资源与区划》2020 年第 10 期。

[3] 参见王前、熊银：《政策碎片化对耕地“非粮化”的影响及其治理对策——以 Z 市 J 区 Y 镇为例》，载《湖南工业大学学报（社会科学版）》2022 年第 2 期。

耕地补偿及财政转移支付,各方主体主要是农户、地方政府的意愿和行为,相关因素如城镇化、土地征收、产权制度、粮食安全等的影响和内在关联作了大量研究,[1]对保护方式如督查、行政问责、法律和社会责任、保护基金建立,占补平衡、耕地污染及其治理作了一定研究。[2] 但是法学研究对以上议题关注较少,从现有研究和趋势来看,尽管总体上呈现从重视耕地保护传统管制到主张耕地保护的激励性管制,从重视公权干预到其与私权激励的协调平衡的趋势,但也存在一定不足且尚未深化,难以为法治化保护耕地提供理论支撑,是上述问题的制度成因。

第一,包括私法在内的法学研究的及时性和针对性不强。仅从党的十八大以来,连续10份中央一号文件和多份中央、国务院及其各部门政策文件均对耕地保护及治理着重强调,耕地保护成为农业现代化的重中之重。中共中央、国务院历年重要会议也多次强调耕地保护问题,如早在2016年中央经济工作会议就提出:要加大农村环境突出问题综合治理力度,加大退耕还林还湖还草力度。要严守耕地红线,推动藏粮于地、藏粮于技战略加快落地,保护和提高粮食综合生产能力。中央还曾强调,加强耕地保护和改进占补平衡,要坚守土地公有制性质不改变、耕地红线不突破、农民利益不受损三条底线,坚持最严格的耕地保护制度和最严格的节约用地制度。还要坚持耕地数量、质量、生态“三位一体”保护,坚持耕地管控、建设、激励多措并举保护,严格控制建设占用耕地,推进耕地质量建设,健全耕地保护补偿机制。对跨地区补充耕地等重大举措,要严格程序规范运作。2017年1月中

---

[1] 参见李武艳、张艺弘等:《农户耕地保护补偿方式选择偏好分析》,载《中国土地科学》2018年第7期;王晓琼、刘国勇、程路明:《技术认知、获得程度与农户耕地质量保护提升行为》,载《中国农业资源与区划》2022年第6期;唐盟、邵磊:《耕地保护政策与地方政府土地出让行为》,载《财经研究》2022年第1期。

[2] 参见张树峰、刘雅楠:《我国耕地生态补偿法治化的困境与出路分析》,载《人民论坛·学术前沿》2021年第8期;祁欣欣、许实、方斌:《基于耕地非经济价值基础的省级耕地保护责任量配置》,载《中国土地科学》2015年第7期;蒋瑜等:《中国耕地占补平衡研究进展与述评》,载《资源科学》2019年第12期。

共中央、国务院更是专门出台了《关于加强耕地保护和改进占补平衡的意见》，规范耕地占补平衡制度。然而，法学研究尚未及时跟进，未能给政策向法律转化提供足够的智力支撑，导致实践先行—政策引导—立法规范的农地演进路径受阻，相关实践只能停留在政策规制和政府管控层面。

第二，市场观念和法治观念不够深化。受制于政策传统和“三农”工作的复杂化，我国耕地保护长期坚持政策主导，在实践中往往是政府包办，市场机制尚未全面有效发挥，[1] 在树立法治观念、纳入法治轨道加以法律转化和法治保障上还有很长的路要走。相关问题的法学研究非常薄弱，私法理念、私法逻辑和私法制度的揭示、弘扬与运用均不充分；法律的约束和激励机制尚未制度化、规范化、程序化，与公法的协调交融和共进也明显不足。

第三，研究方法和视角较为陈旧。在研究方法上普遍采用规范分析，较为单一，尽管实证研究逐渐得到重视，但还不够普遍。缺乏新理论、新视角的引入，法治思维和体系思维薄弱；本土化思维和国际化思维也存在兼顾不足的问题。在具体研究倾向上，一是走极端，重视一方面而轻视甚至忽视另一方面的倾向时有出现，尚未辩证地认识各种治理手段之间的互补关系；二是普遍囿于学科专业导向研究，坚持问题导向的研究不多，公法和私法、实体法和程序法之间的学科樊篱尚未打通，从较为宏观的层面展开体系性、整体性、深入性的研究尚未得到重视；三是功能目标未合理确定、价值顺位未准确厘定，分类进行制度未有效设计。

---

[1] 参见刘勇、王光辉、刘洋：《京津冀土地管理一体化的现状、问题与创新机制》，载《经济体制改革》2020 年第 5 期。

第三节 最严格保护耕地政策的观念更新与制度改进

党的二十大报告提出"全方位夯实粮食安全根基,全面落实粮食安全党政同责,牢牢守住十八亿亩耕地红线,逐步把永久基本农田全部建成高标准农田,深入实施种业振兴行动,强化农业科技和装备支撑,健全种粮农民收益保障机制和主产区利益补偿机制,确保中国人的饭碗牢牢端在自己手中",对耕地保护政策的观念更新和制度改进具有重要的指导意义。

一、价值理念

为了更好地落实最严格的保护耕地国策,应坚持问题导向、实践导向和目标导向,实行依法治理、综合治理、源头治理、系统治理,合理确定功能目标、准确厘定价值顺位,处理好政府与市场的关系,平衡国家、地方、农民集体及农民个人,发达地区与欠发达地区,城镇与农村之间的利益,创新激励约束机制,打通公法和私法、实体法和程序法之间的樊篱,建立以贯彻新理念为价值内核(一主),以市场化、法治化为手段(两翼)的体系完备、制度齐整、逻辑有序、科学可行的法规制度体系,形成政府、市场与社会主体参与的互动性连接机制,[1]提升治理能力,实现耕地保护治理体系和治理能力现代化。

要毫不动摇地坚持底线思维、在耕地保护上落实红线思维。统筹经济社会发展必须坚持底线思维。耕地的数量是基础,耕地的质量是关键。没有相当的数量保证,质量即使有保证也难以保证粮食安全。在质量和数量获得保证的前提下实现耕地的生态功能是追求,新时代下中国耕地利用承担着新的历史使命,面临新的挑战,对此要构建耕

---

〔1〕 参见吴宇哲、沈欣言:《中国耕地保护治理转型:供给、管制与赋能》,载《中国土地科学》2021 年第 8 期。

地“数量+质量+生态”三位一体利用和保护的政策法律体系。[1]

要坚持以人民为中心的发展思想在耕地保护领域的贯彻。突出农民及其集体的主体地位,充分调动广大农民爱护耕地的积极性和主动性,实现从上到下的传统单向管制,转型为由上到下和从下到上结合的双向激励性治理,从重视公权干预到其与私权激励的协调平衡,实现政府力量与农民力量的互动协同。现行耕地保护更偏重上级政府单向严格管制,对基层政府和广大农民激励不足,因此必须激发内生动力,调动外生动力。对政府,差异化设置考核指标,对农业地区与工业地区分类考核,并通过财政转移支付和耕地保护补偿予以平衡,其中跨区域财政转移制度是解决耕地保护区域非均衡的重要工具;[2]健全内在动力机制,激发最广大农民的积极性、主动性和创造性,使乱占乱建等对耕地的破坏行为陷入人民群众谴责的汪洋大海之中。

要贯彻农业农村优先发展理念。在政策、资源上优先投入、优先保障,畅通城乡要素流动,实现乡村的全面振兴,为耕地保护奠定基础、创造环境。耕地是农业农村农民的物质基础和基本前提,保护耕地是推进农业高质量发展的必然要求,[3]而没有农业农民农村的耕地,终将走向荒芜退化和非农化。在我国,土地非农用途的收益与农业用途的收益相差较大,但又必须继续保持农地的农业或环境生态用途,法律赋予农村集体经济组织及其成员(农民)因经营农业而获得相应补偿权利的意义在于“保护粮食安全与环境生态安全”“增加农民收入,提高种田积极性”“壮大农村集体经济,更好地服务‘三农’”“缩小城乡差别”,最终保障农民权益的实现,推动乡村发展。

---

〔1〕 参见刘蒙罢、张安录:《建党百年来中国耕地利用政策变迁的历史逻辑及优化路径》,载《中国土地科学》2021 年第 12 期。

〔2〕 参见曹瑞芬、张安录:《跨区域财政转移制度的耕地保护效应——以新增建设用地使用费为例》,载《资源科学》2019 年第 9 期。

〔3〕 参见王桂霞、杨义风:《当代中国农村耕地资源保护的实践探索与策略优化——以黑土地保护为中心兼及其他》,载《河北学刊》2021 年第 6 期。

二、《耕地保护法(草案)》(征求意见稿)评析

党的二十大报告提出加强重点领域立法,增强立法系统性、整体性、协同性和时效性,以良法促进发展、保障善治。2022 年 9 月 5 日,自然资源部网站发布《耕地保护法(草案)》(本部分以下简称征求意见稿)公开征求意见,全文共计 10 章 72 条。据其所附说明可知,该立法工作从 4 月启动,到征求意见稿公布,前后仅历经 5 个月左右,不可谓不高效。这得益于党的十八大以来的政策法律实践为其奠定了深厚的立法基础,但征求意见稿并不是对以往政策法律实践的机械转化和整合,而是在其基础之上进行了一定的制度完善和创新,由此表现出了自身的特点和不足。征求意见稿的特点表现为注重统筹集成、突出政策转化、严格土地利用、精进制度规则、"三位一体"保护和强化责任落实,但从整体上看,征求意见稿仍显政策法律集成不足和不够与时俱进。

(一)征求意见稿的特点

1. 注重统筹集成

征求意见稿公布之前,以《土地管理法》为核心的系列法律规范已经构筑了耕地保护的基本制度规则,所以征求意见稿主体内容并非新立条款,而是对以往散见于各法律规范中有关耕地保护规定的整合,其中又以《土地管理法》及其实施条例、《基本农田保护条例》和《黑土地保护法》有关土地利用和保护的规定为主要规范来源,以《农业法》《土地复垦条例》有关条款为辅助参考,甚至借鉴《民法典》第 1232 条关于环境污染、生态破坏侵权的惩罚性赔偿制度,规定了故意污染耕地的惩罚性赔偿。同时,征求意见稿并不是对现有规则的被动整合,而是能动的集成。一方面,表现为对现有规定的选择性吸收和合理的提炼总结,而不是全文照抄;另一方面,表现为对现有制度的补充和完善,例如,《土地管理法》中虽多处涉及罚款的规定,但并未明确罚款数额或裁量范围,征求意见稿在"法律责任"一章对破坏耕地

罚款的裁量范围进行了明确。[1]

2. 突出政策转化

尽管以《土地管理法》为核心的法律规范已经形成了耕地保护的基本制度规则,但面对人地关系复杂化的现状和新时代新要求新挑战,[2]现行法律存在一定的滞后性,造成制度供给不足。对此,党的十八大以来,党中央在最严格保护耕地方面形成了一些成熟的政策实践和良好经验,被征求意见稿吸收和转化。征求意见稿第 2 条规定"国家实行最严格的耕地保护制度","最严格的耕地保护制度"本身就是政策话语;[3]第 4 条规定了耕地保护的用养结合原则,该原则是对政策实践中农业资源休养生息制度、重金属污染地修复制度、退耕还林还草等制度的抽象总结。第 43 条确立了耕地污染监测与防控制度,也是中央政策要求"健全耕地数量和质量监测监管机制"的法律落实。[4] 表现最为突出的当属征求意见稿严格落实中央政策文件中关于加强各级人民政府耕地保护责任的要求,不仅明确了各级政府在耕地保护中的权责,而且规定了责任承担机制,更是将"党政同责"明确写入本法。[5]

3. 精进制度规则

征求意见稿在整合现有法律和转化政策实践的基础上进行了一定的制度完善和重构,使耕地保护制度更加科学合理。比如,征求意见稿第 9 条对申请易地补充耕地的对象和条件进行了调整:《土地管理法》第 32 条只规定耕地后备资源不足的个别省和直辖市在新增建设用地后,耕地补充不足的可以申请易地补充,从文本上看自治区原

[1] 参见征求意见稿第 61 条、第 62 条、第 64 条、第 65 条、第 67 条相关规定。

[2] 参见姚志:《中国农村人地矛盾:未现之谜与二轮延包处置思路》,载《经济体制改革》2021 年第 6 期。

[3] 参见 2013 年以来历年中央一号文件中有关表述。

[4] 参见 2021 年中共中央、国务院《关于全面推进乡村振兴加快农业农村现代化的意见》。

[5] 参见征求意见稿第 5 条、第 9 条、第 18 条、第 31 条、第 48 条、第 60 条等相关规定。

则上不包括在内；本条区分了耕地资源不足的直辖市和补充耕地能力不足的省和自治区两类申请对象，并在申请条件上增加了实施国家重大建设项目的要求，既考虑了申请易地补充耕地的不同情况，又对易地补充耕地进行了限制。再如，征求意见稿第20条规定耕地"进出平衡"制度，对耕地转为其他农用地进行单独规定，科学区分了耕地转为其他农用地和建设用地占用耕地两种不同行为，并明确了不同于建设用地占用耕地的转用条件和报批程序，改变了《土地管理法》将二者混合到一起的立法模式，有利于根据耕地转化性质进行差异化管控。

4. 严格耕地利用

首先，在保护范围上，征求意见稿第51条对国有耕地的保护进行了专条规定，对其保护责任和收回转用事项进行了明确，体现了与集体耕地一体保护的原则。其次，在耕地转用上，征求意见稿第20条严格禁止永久基本农田转为其他农用地；第32条将建设项目施工和地质勘查需要临时用地的审批权限上提到地级市人民政府，严格了审批程序；第33条规定农业配套设施建设涉及少量占用或优化永久基本农田布局的，也需要严格按照进出平衡，进行等质等量耕地的补充。相较于《土地管理法》的规定，耕地的转用更为严格。在耕地用途上，征求意见稿第19条明确规定了永久基本农田重点用于粮食生产，第26条更是首次提出建立耕地种植用途管控制度，深入落实"农田就是农田，而且必须是良田"[1]。在进出平衡和占补平衡上，征求意见稿第22条明确了耕地转用时耕地的占用和补充条件，同时进一步限缩了可以转用耕地的范围；第30条和第31条细化了《土地管理法》中有关耕地占补平衡的相关规定，整体呈现从严态势。

5. "三位一体"保护

在篇章体例的设置上，第三、四、五章实际上是对耕地数量的规

[1] 顾仲阳、常钦、庞革平、何勇：《农田就是农田，而且必须是良田》，载《人民日报》2022年2月19日，第1版。

定，通过永久基本农田的划定和保护，以及耕地转用和建设用地占用耕地的严格控制，落实“18 亿亩耕地红线”的要求。第六章和第七章将耕地质量和耕地生态设专章规定，突出了其重要地位，在具体制度规范上，则通过对现有政策实践的立法转化，新增诸多制度保障耕地质量和生态功能的实现。在质量方面，不仅规定建立耕地质量建设评价制度，要求制定评价标准，进行长期定点监测，还对高标准农田建设、占用耕地的耕作层土壤剥离和复垦提出了具体要求，同时鼓励轮作休耕、土地连片与新技术运用，采取多种手段实现耕地质量稳中有升。在生态方面，要求建立耕地污染监测与防控制度；首次规定生态退耕制度，从正反两方面确定了生态退耕的范围；明确耕地污染处置规则和耕地生态保护修复要求；与时俱进，规定了社会资本参与耕地保护的基本利益分配规则，鼓励耕地生态产品价值实现的多元路径探索。

6. 强化责任落实

征求意见稿构建了较为完善的耕地保护体系，对土地所有权人和利用主体的权利义务，尤其是各级地方人民政府在耕地保护中的权责关系进行了明确，同时规定了各方主体的责任承担。在个人方面，赋予耕地权利人对破坏耕地行为的制止权和检举控告权；规定了非法占用耕地、非法占用耕地造成种植条件破坏、非法占用耕地建住宅、拒绝复垦临时用地、破坏永久基本农田保护标志、转变永久基本农田用途、拒绝自行拆除复耕和耕地污染等责任；甚至规定了农业生产经营者责任，以取消耕地保护补贴和赔偿损失为实现方式。在政府责任方面，将“党政同责”明确写入征求意见稿，强化上级政府对下级政府和党委的监管，首次提出增违挂钩和增存挂钩制度；建立耕地保护责任目标考核制度，将耕地保护的责任落实到领导人员，通过纳入任期综合考核、离任审计等方式，强化耕地保护作为；完善耕地保护督察制度，通过明确督察范围、完善督察措施、细化督察整改程序、明确督察结果运用，发挥土地督察制度在耕地保护中的重要作用；还建立了耕地保护公益诉讼制度,加强耕地公益保护。[1]

(二)征求意见稿的不足

尽管立法有其严肃性,不能对政策实践全面吸收,但也要充分且综合考虑历史基础、现实需要和未来发展,尽力完备周全,以求既适用于当下,又具有长久生命力。

1. 政策法律集成仍显不足

以《土地管理法》和《基本农田保护条例》为核心的耕地保护规则体系,存在立法的滞后性和非专门性,而政策实践往往更符合现实需求,需要走在立法修法之前,表现为国家法律的先导和指引。[2] 从这个意义上讲,征求意见稿的立法思路应是对现有法律规定的梳理和集成,在梳理集成的基础上,再根据政策实践进行制度完善和创新,为落实最严格的耕地保护提供一部逻辑严谨、体系科学、与时俱进,反映当下耕地保护实践和新时代耕地保护需求的法律。所以,征求意见稿立法重点有二:一是对现有法律规定的统筹集成,二是对当前政策实践的立法转化。于前者,只有当现有规定出现价值冲突等无法集成时,才有转致适用或者按照《立法法》规定的原则进行适用的情况;于后者,则要体现与时俱进的立法思想,通过制度完善和创新增强耕地保护法律体系的完备性、科学性。

但征求意见稿的内容主要表现为对《土地管理法》及其实施条例、《基本农田保护条例》的统筹集成,并且统筹集成不足,对《土地复垦条例》《农业法》《农村土地承包法》等法律更是关注不够。例如,《土地管理法实施条例》第 21 条规定了抢险救灾和疫情防控等急需使用土地的报批程序,征求意见稿对此未有吸收;又如,《土地复垦条例》规定了历史遗留损毁土地复垦的规则,而征求意见稿对此类土地复垦尚未规定,而因疫情设置防疫站点临时占用耕地或因历史问题损

---

〔1〕 参见征求意见稿第八章、第九章相关规定。

〔2〕 参见陈一新:《学习贯彻习近平法治思想需要把握好十大关系》,载《人民日报》2021 年 12 月 7 日,第 10 版。

毁土地需要复垦的情形应属常见。另外,征求意见稿尽管对政策实践进行了一定的立法转化,但仍有实践中形成的良好耕地保护制度尚未在本次立法中得到反映,如增减挂钩结余指标跨省域调剂使用制度、重金属污染地修复制度、粮食生产功能区和重要农产品生产保护区区分制度等。

2. 与时俱进仍显不足

制定一部与时俱进的耕地保护法是新时代应对农民农村共同富裕、中国式农业农村现代化新需求和保障土地法制改革以实施乡村振兴战略新挑战的必然需求。从征求意见稿内容来看,面向土地要素市场化改革和中国式农业农村现代化进行了一些制度创新。比如,征求意见稿第 39 条规定"县级以上人民政府应当采取措施推进土地集中连片建设,完善农田基础设施",有利于中国式农业现代化的实现,因为农业现代化必然是农地规模化和农业设施的高效化;[1]第 46 条规定"国家鼓励和引导社会资本参与耕地保护和修复,按照'谁投资、谁受益'的原则,保护社会投资者的合法权益",消除了社会资本进入耕地保护领域的法律障碍,有利于耕地保护市场化。但是整体来看,征求意见稿对现实需求和未来发展的助益稍显不足。

一方面,未关注土地法制改革对耕地保护的新挑战。土地法制改革是深化农村体制改革的主要路径,进入新时代农村土地制度改革更加深入,法律关系更为复杂,每一项改革都涉及土地权利的变动和调整,在资本和利益的驱动下,都存在侵蚀和破坏耕地的可能,对此仅从严格耕地转用和加强耕地用途管制等方面落实耕地管控,可能并不足以防范对耕地的隐性侵害,还需要明确各项改革实践中耕地保护责任的具体落实和责任承担。另一方面,未关注土地规模化经营和新型经营主体对耕地保护的新挑战。承包地"三权分置"为土地流转和新型

---

〔1〕 参见高静、白佶:《农地流转意愿和规模如何影响农业现代化水平》,载《农业经济》2022 年第 6 期。

经营主体利用耕地提供了法律便利,[1]也助推了中国式农业农村现代化的实现,但随着耕地利用主体和经营模式的多元化,耕地损害的风险也随之加大,构建适宜的风险防范制度实属必要,但征求意见稿对破坏耕地的风险防范尚未关注。

三、制度改进

耕地保护相关制度的设计,应当在完整、准确、全面贯彻新发展理念的同时,以现有政策体系为制度依托,坚持农民主体地位,激发农民内生动力。

(一)健全以农民为中心的治理机制

为有效保护耕地,必须转变观念,运用法治思维,主张有限政府,强化有为市场,尊重耕植规律,创新激励约束机制,必要时联动协同巩固脱贫攻坚工作,有效激发农民保护耕地的内生动力。唯有耕作者之农民,方是保护耕地最近、最及时、最容易、最有效的主体。

1. 突出农民主体地位,实施综合治理

农民是耕地资源的直接使用者,他们的耕地利用行为决定耕地保护绩效的高低,[2]其主体地位除了以人民为中心思想等价值原则理念外,更有实证基础。课题组调研结果显示,在政府有合理投入经费激励的条件下,最能长久有效保护耕地的主力一致首选是农民(耕作者)。应当从以下几方面体现农民的主体地位:

第一,畅通农民有效参与国土空间规划的渠道。规划也是耕地保护存在的重要问题,因此必须增强规划编制的科学性、民主性,强化用途管制的刚性,不要让规划成为"图上画画、墙上挂挂"的摆设。

第二,土地督察制度方面要借用或吸收农民力量,发挥农民分布广、零距离、有经验的突出优势,让广大农民成为土地督察的"千里

[1] 参见肖鹏:《"三权分置"下的农村土地权利结构研究》,载《中国土地科学》2018 年第 4 期。

[2] 参见郭珍:《制度变迁、认知偏差与农户耕地利用行为》,载《南通大学学报(社会科学版)》2020 年第 6 期。

眼、顺风耳”,在耕地违法行为发生的第一时间吹哨。打造网络大数据违法信息搜集平台,畅通违法信息传送渠道,健全违法情况处置反馈机制。

第三,鼓励、总结农民集体珍惜、保护耕地的实践探索经验。中央立法应为相关地方立法留出空间,鼓励地方特色立法,适时吸收实践经验做法。例如,自 2009 年 6 月江苏省金坛市成立全国第一家农民耕地保护协会以来,多个省份相继成立了数十家类似组织,成效明显。在破除组织力量不足、资金匮乏和法律依据缺乏等障碍后,相信类似组织定能发挥独特、有效的作用。

2. 满足农民合理需求,实施源头治理

首先,健全激励机制,精准有效激励种田人。一是健全永久基本农田保护制度,完善划定、建设和维护规则,创新资金筹集、运用方式,强化农业技术推广及其保障措施。二是规范实施占补平衡制度,进一步放开占补平衡及跨省域调剂,探索建立全国性补充耕地指标交易平台,规范流程,保障农民在交易资金及耕地开垦费分配和使用上的主体地位。三是对耕地保育突出经济补偿和生态补偿。耕地具有生态涵养功能,对耕地破坏行为,围绕谁来补偿、补偿给谁、补偿多少、怎么补偿四个问题,完善落实耕地保护补偿到位的制度。构建差别化的耕地保护生态补偿机制是提供有效耕地保护激励的关键和难点。[1] 四是形成农民主导的土地整理(包括碎片化整理)利益分配结构,明确整理主体,优先满足农民和农民集体的需求。

其次,满足农民居住、发展的合理需求。建房是农民占用、破坏耕地和耕地保护中的突出问题。只有切实满足农民的合理需求,才能促使农民由耕地破坏力量转化为耕地保护主力。应建立集体建设用地与宅基地、集体建设用地内部经营性和公益性转换机制,提高存量建设用地和宅基地的集约度和利用效率;激发宅基地收回制度的活力,

〔1〕 参见宋敏、金贵:《规划管制背景下差别化耕地保护生态补偿研究:回顾与展望》,载《农业经济问题》2019 年第 12 期。

解决宅基地闲置难题。

最后,尊重农民诉求、优化财政支持政策。应畅通意见搜集渠道,及时了解农民诉求,找准财政金融制度激励与约束的着力点,提高补贴和支持的精准性、有效性。可以借鉴护林员制度,建立护田员制度。针对实践中反映的“农田水利建设落后”问题,进一步加大财政投入,以实现促进农民就业和改善农业生产条件的双重目标。

3. 法治保障农民集体,实施系统治理

第一,尽快立法修法,为善治出台良法。聚焦农村集体土地且秉持从“权力中心化”转换至“权利中心观”的核心对接场域,[1]根据立法最新进展和实际需求,系统清理各类政策文件,全面修订《基本农田保护条例》,尽快通过耕地保护法而不是简单平移原来的条例,将占补平衡实体化、跨省域调剂政策法律化。根据实践需求和农民意愿,专门制定土地整理办法,试行制定轮作休耕等制度。

第二,坚持和完善农村基本经营制度。农村基本经营制度和耕地保护制度都是围绕和针对农业用地设计的,并且联系紧密,[2]前者是从保护耕地到实现粮食安全链条上的关键环节。完善家庭承包经营并兼顾统分结合,宜统则统,宜分则分,进一步放宽并规范农民流转土地承包经营权的权利,减少各种抛荒行为,满足农业新型经营主体设施用地需求,提高农业现代化水平。

第三,壮大并有效实现农村集体经济。农村集体经济的发展是保护耕地的经济基础,农村集体经济组织是保护耕地的法权基础和组织基础。从法律原理和历史逻辑出发,农村集体经济组织就是集体所有权主体,主体应该对自己的不动产土地享有权利、履行义务、承担责任。事实上,课题组调研中过半数受访的农村采取了各种保护措施,

---

〔1〕 参见陈小君:《民法典时代土地管理法制改革契机与优化路径论纲》,载《学术月刊》2022 年第 3 期。

〔2〕 参见李殿安:《关于农村基本经营制度和耕地保护制度的思考和建议》,载《农村经营管理》2009 年第 8 期。

依次为制止占用、破坏行为，出台村规民约，对占用、破坏的耕地采取收回措施。近半数受访的农村没有采取保护措施的主要原因依次为“承包地都是农民的而管不了”，“村集体、村委会没能力”，“耕地保护就是政府职责”。从正反两方面来看，应在严格用途管制下强化土地的资产属性和土地所有权主体地位，赋予农村集体经济组织更多土地财产权利，[1]充实集体经济组织对土地所有权管理、保护和收益的权能；推进农业生产经营服务社会化、集约化，在服务农民中发展集体经济，发展集体经济以服务农民。

（二）以人民为中心治理机制的主要制度依托

要持续推进耕地保护政策法治化、体系化，激励与约束并行，标本兼治，不断提高规范化、制度化水平。

一是永久基本农田建设及保护的激励机制。坚持数量、质量生态并重：对于耕地质量，健全永久基本农田制度，探索建立休耕轮作等休养生息的制度安排；对于耕地数量，科学规划，实施用途管制制度；对于耕地生态，细化生态退耕、生态补偿等具体实施规则。

二是耕地占补平衡、占优补优和全域调剂的平衡机制。经济快速发展、人口增加以及城镇化等因素导致的建设用地需求快速增加，使得作为耕地保护主要措施的占补平衡（增减挂钩）难以有效实施。应对占补平衡及跨省域调剂规范化设计，增强资金筹集、分配和使用的科学性和针对性。通过系统改进耕地占补平衡制度，完善永久基本农田保护制度，健全高标准农田建设。[2]

三是耕地的市场化、多元化生态恢复和补偿机制。耕地具有生态涵养功能，因此对耕地破坏行为要突出生态恢复责任，对耕地保育要突出经济补偿和生态补偿，建立、健全法治化的纵横耕地补偿机制，激

---

〔1〕参见蔡继明、李蒙蒙：《土地管理困境：委托—代理的视角》，载《农业经济问题》2022年第2期。

〔2〕参见孔祥斌：《休养生息制度背景下的中国耕地保护转型目标框架与路径》，载《湖南师范大学社会科学学报》2021年第3期。

发各主体保护耕地积极性。[1] 对开垦山林滩涂等与退耕还林水湖草要优先生态保护,与耕地保护任务相协调。

四是整治土地以补充耕地和提高集约水平的耕地量质提升机制。土地整治是土地资源节约集约利用的基本手段,也是当前完善永久基本农田布局和保障建设用地指标的新途径,[2] 在耕地保护中处于重要地位,既关系到闲置低效土地的利用效率,又关系到土地的复垦复耕;既关系到占补平衡的实施,又关系到耕地质量和基本农田建设。因此,建立健全土地整治法律制度,对立法主体、立法权限、立法模式、立法原则以及权属设置、整治程序、整治资金、整治责任、公众参与等方面作出系统规定。

五是多规合一、用途管制及财政支持的配套机制。坚守生态、法治、公平的底线,注重各项改革协同联动,制定完善法律法规,加强规划引导,强化用途管制的刚性,规范和创新财政支持的方式方法,提高精准性、有效性。

---

〔1〕 参见黄忠:《迈向均衡:我国耕地保护制度完善研究》,载《学术界》2020 年第 2 期。

〔2〕 参见何振嘉:《关于实施农村全域土地综合整治的思考》,载《国土资源情报》2020 年第 11 期。

第七章　创新乡村振兴政策法律实施机制，提升制度效能

无论是政策还是法律制度，实施都是其存在的意义或解决实际问题的关键所在，实施问题在政策和法律运行中处在基础性、决定性的位置，既是出发点也是落脚点，而乡村振兴政策法律的特点和意义决定了其实施更有特殊性。

第一节　乡村振兴政策法律实施的理论基础

我国在深化改革和对外开放的实践历程中，形成了实践先行（探索）、政策指引（确认）和法律跟进（兜底）的制度演进模式。这种模式因人民群众的首创精神、党领导国家的政治基础、社会改革的破旧立新和社会治理的不规范性而有其正当性、合理性。这也意味着我国承认和尊重社会实践，注重政策反馈的及时性和引领性特点，注意法律的稳定性和滞后性特点。

一、政策法律实施的一般原理

（一）政策与法律的转化

中央大政方针以及政策方略对立法发挥着引领作用，这既是无可

辩驳的客观现实,也是中国特色社会主义法治体系的必然要求。虽然如此,但这并不意味着政策和法律可以混为一谈。这是因为政策与法律之间存在诸多差异。政策通常具有通俗易懂性,并不以精确的概念表达为追求,在内容上往往表现出纲领性、方向性和宣示性的特点,因而具有更强的变动性、模糊性。政策往往是针对某一领域或某一新情况、新问题的及时反映,以便为政策的落实提供必要的自由裁量空间。政策的以上特点使得其话语体系具有明显的独特之处。法律则在概念表述上以精确严谨著称,法治要求法律具有明确性、稳定性,是可预期的。法律规则不仅是人们的行为规则,更是法院的裁判规则,在理解、解释和适用上有其独特的规则,在语言风格上要求法言法语。中央政策的具体要求一般不宜直接写入法律,如"增人不增地,减人不减地"〔1〕并未直接写入《农村土地承包法》,而是以法律特有的权利义务模式转换为第26条、第37条等条款。因此,有关乡村振兴和土地制度的立法和修法不仅需要"全面贯彻党的十八大、十九大、二十大和历次中央全会精神"〔2〕,更需要认真研究政策进入法律的方式。政策与法律的差异性决定了政策进入法律的方式应慎重选择。

(二)公法与私法的联动

立法需要强化法治化思维,进一步增强科学性和体系性,处理好私权利与公权力之间的关系,处理好公法与私法的关系。在土地法制改革进程中,民事权利与行政权力应被慎重审视,重新定位,以确立民事权利对行政权力的有效制约机制。在法治原则下理顺私权利的运行机制,既要改变民众在土地权益享有方面的不公正待遇,保障城乡居民共享社会发展成果,又要对公权力的依法行使予以充分保障,对

---

〔1〕 参见1993年11月5日中共中央、国务院《关于当前农业和农村经济发展的若干政策措施》(中发〔1993〕11号)。

〔2〕 刘振伟:《关于〈中华人民共和国农村土地承包法修正案(草案)〉的说明》,载中国人大网,http://www.npc.gov.cn/zgrdw/npc/xinwen/2018-12/29/content_2068326.htm。

公共利益的维护落到实处。这要求处理好《民法典》物权编与《土地管理法》《城乡规划法》等公法的协调。比如，对于土地利用规划编制和调整与土地征收的关系，学界很少关注，只是在论述土地利用时强调要符合土地利用规划，而未对两者的关系作进一步思考。从实证法来看，《国有土地上房屋征收与补偿条例》第9条对此有所涉及，把规划作为规制征收的一种手段。从司法实践来看，很少有法院在判决中提及规划调整问题。[1] 从比较法来看，美国通过判例逐渐形成了征收的规划控制逻辑：基于规划与征收具有可通约的公共利益以及规划实施中的公众参与，规划能够决定征收范围，足以证成征收的公益性。不过，规划尽管是公共利益的体现，但其本身并不能认定为征收，而应该是征收的前置环节，[2] 是为征收提供一种依据，同时为征收划定范围。

（三）特别法与基本法的协调

以承包地"三权分置"改革政策的入法问题为例进行说明，主要涉及《民法典》物权编与《农村土地承包法》的关系处理。承包地"三权分置"是对农村集体、承包农户和新型农业经营主体在土地权利上重新配置的改革方案，既关系到各方主体权益的平衡、公平与效率价

---

[1] 在"卢灵志与东方市八所镇小岭村村民委员会宅基地使用权纠纷案"中，被告村委会当时因集体经济发展需要收回原告的宅基地并重新划批宅基地给他，后来因规划调整并未用于集体经济发展，因此发生纠纷。参见海南省东方市人民法院民事判决书，（2017）琼9007民初2345号。此外，还有两份判决书虽然提及规划，但只是说明被收回宅基地在规划区内，因道路改造而需收回，所以不能认定为基于规划调整而收回。参见山西省晋中市榆次区人民法院民事判决书，（2015）榆民北关初字第152号；广东省中山市第一人民法院民事判决书，（2011）中一法民一初字第982号。

[2] 有学者持类似见解，认为土地规划是土地征收的前提。参见曲相霏：《完善农村集体土地征收程序的思考》，载《学习与探索》2012年第6期。也有学者持相反见解，认为征收为城市规划的实施奠定了基础。参见陈锦富、于澄：《基于城市规划的国家征收权探讨》，载《城市规划》2010年第4期。这种观点可能是把不合理现实正常化看待了。

值的选择,又与推进城镇化、工业化和农业农村现代化密切相关。[1]这一特点使得针对具体问题、具体领域的特别法难以周全应对,在一般的基本法中予以规定可能更为妥当。因此,可能理想方案是承包地“三权分置”政策融入《民法典》。其理由如下:一是土地承包经营权作为一种典型、基本的用益物权,只有置于《民法典》物权编才符合民法法典化的体系化初衷,避免法典被架空。二是作为事关数亿农民群众的土地承包经营制度,只有置于《民法典》中才能使作为民事领域基本法的《民法典》完整,才能保证《民法典》立足于并回应中国现实。三是承包地“三权分置”改革既涉及物权变动模式、土地用益物权、抵押等担保的物权编,又涉及农户、农村集体经济组织等主体法,只有置于体系完备的《民法典》中才可能实现立法的科学化、体系化。四是有助于厘清各法的体系定位,形成分工协调各司其职的民法典+特别民法的立法体例,[2]既节约立法成本又方便司法适用,进一步彰显土地承包经营权的私权属性。从立法规划和立法现实来看,两法并行势所必然。在理想方案不被采纳的情况下,我们所能做的只能是在《民法典》体系下科学设计《农村土地承包法》等修法方案。

二、政策法律实施的理论构成

(一)行政权力监督理论

乡村振兴战略的实施需要国家权力在法治范围内通过各种行政手段和政策工具对各种复杂关系进行调整,“但是一切有权力的人都容易滥用权力,这是万古不易的一条经验。有权力的人们使用权力一

---

〔1〕 参见陈锡文:《关于解决“三农”问题的几点考虑——学习〈中共中央关于全面深化改革若干重大问题的决定〉》,载《中共党史研究》2014 年第 1 期;张红宇:《农业规模经营与农村土地制度创新》,载《中国乡村发现》2013 年第 2 期;陈朝兵:《农村土地“三权分置”:功能作用、权能划分与制度构建》,载《中国人口·资源与环境》2016 年第 4 期。

〔2〕 农村土地承包法或可归为补充型特别民法,而“补充型民法是否纳入民法典,主要取决于其条文数量与民法典的结构对称,不致有什么疑难”。参见谢鸿飞:《民法典与特别民法关系的建构》,载《中国社会科学》2013 年第 2 期。

直到遇有界限的地方才休止”[1]。要防止滥用权力，就必须以权力约束权力。行政机关掌握公共权力的公共性使得行政权力的主体具有双重性：一个实质主体——国家和集体；一个形式主体——权力行使者，并常常处于分离状态。这必然要求对行政权力的获得、运行和结果进行监督。从行政监督体系的有效运作来看，主要有两种监督方法：一是以权力制约行政权力，即分权制衡，部门分权、中央和地方之间的分权，坚持督察机构独立于行政机关；二是以权利制约行政权力，发挥社会监督的重要作用。[2] 行政监督是针对行政机关及其工作人员而存在的。权力决策、执行和监督三分制的行政管理体制有助于实现权力制衡，保证社会管理有效进行，防止权力滥用，已经成为行政体制改革的趋势。[3] 社会监督贯穿于整个权力运行的过程，具有广泛性和外部性，同样构成了规范政府权力行为的重要形式。在深化土地制度改革以实施乡村振兴战略的过程中，要充分运用行政权力监督理论，以人民利益为中心，以权力受约束为指导思想，通过内外监督体系的构建，规范政府合理运用政策法律和行政手段推进改革持续向纵深发展，实现好、维护好、发展好最广大人民根本利益。

（二）中央地方关系理论

中央和地方的关系是我国社会主义建设中带有全局性的重大问题。处理中央和地方关系，必须理顺中央和地方权责关系，加强中央的宏观事务管理，赋予地方更多自主权。我国幅员辽阔，行政层级多，各地又千差万别，要实现中央的统一领导，就必须坚持中央的权威，科

---

[1] [法]孟德斯鸠：《论法的精神》（上），张雁深译，商务印书馆 1961 年版，第 154 页。

[2] 参见刘敏：《国家土地督察制度及其绩效研究》，中国大地出版社 2016 年版，第 11 页。

[3] 党的十七大报告提出要建立健全决策权、执行权、监督权既相互制约又相互协调的权力结构和运行机制；党的十八大报告再次强调要确保决策权、执行权、监督权既相互制约又相互协调，确保国家机关按照法定权限和程序行使权力。

学划分与配置权责。[1] 由于中央与地方政府的土地管理目标和利益追求不尽一致,地方政府的权责关系不尽明晰,双方信息不对称,委托代理机制容易失效,[2]因此必须系统重构激励结构,优化财政分权和政绩考核机制,突出规制政府的重心,加强中央对地方的监督和问责,以有效避免中央和地方在土地管理领域的治理失灵,[3]以及在乡村振兴实施过程中的监管失效。"一项政策的有效执行,政策制定者的权威和执行能力、政策本身的合理性、与相关利益主体尤其是受影响者的沟通、准确的时机和合适的环境、执行过程中的反馈和绩效评估、及时有效的修正机制等因素均必不可少。"[4]乡村振兴战略的实施、土地法制改革的再出发,以及中国式农业农村现代化的推进,都需因应新时代的新要求新挑战,在中央的顶层设计之下,通过与地方的沟通协调合作,充分考虑并最大限度地满足各方主体利益诉求,不断形成改革合力,以助推农民农村共同富裕目标的实现。

(三)公共政策理论

研究公共政策,离不开对制度的分析,制度分析与发展框架是从制度视角研究公共政策比较有竞争力的理论,包括7组主要变量:[5](1)参与者集合。参与者是指在决策过程中承担某种身份且具有决策能力的实体,既可以是个人,也可以是复合个体,如国家、城市、公

---

[1] 中国国有土地资产管理体制,以中央为主,省级政府为辅,市县政府执行。而土地资源作为稀缺资源,由中央政府控制是最合适的。参见甘藏春:《土地正义:从传统土地法到现代土地法》,商务印书馆2021年版,第437页。

[2] 参见陈晓红等:《驻地效应——来自国家土地督察的经验证据》,载《经济学(季刊)》2019年第1期。

[3] 参见褚添有:《地方政府生态环境治理失灵的体制性根源及其矫治》,载《社会科学》2020年第8期。本文尽管是对生态环境治理的分析,但关于中央地方关系及调整优化的论述无疑也可以适用于土地治理。

[4] 冯辉:《房地产调控中"央地关系"的失衡及其法律规制》,载《法商研究》2013年第5期。

[5] 参见王群:《奥斯特罗姆制度分析与发展框架评介》,载《经济学动态》2010年第4期。

司、非政府组织。(2)参与者的身份。身份变量将参与者和容许的行为集合相连接。(3)容许的行为集合及其与结果的关联。在外生变量的影响下,行为与结果的关联存在一定的不确定性和风险性。(4)与个体行为相关联的潜在结果,包含非预期结果。(5)每个参与者对决策的控制能力,可以是绝对控制和零控制之间的任何一种情况。(6)参与者可得到的关于行动情境结构的信息。(7)收益和成本。收益和成本是行为及其结果的激励和阻碍因素,适用于上述任一结果的分析。参与者会基于收益和成本分析对政策法律的效果予以反馈。[1] 在实施乡村振兴战略和进行土地法制改革的过程中,行动者是各级政府及其相关职能部门、各类土地利用主体等参与主体,各类主体因其身份的不同而具有不同的利益追求,在不同的利益追求之下会产生不同的行为方式,其行为本质是收益和成本分析后的利己选择,这些行为既存在预期性和可控性,也存在非预期性和不可控性,进而对政策法律实施产生不确定影响。这就要求在各种政策法律制定和实施的过程中,权力及其行使机关应尽量直击改革问题要害,考量达成政策法律目标所需的各种要素,对已有和潜在参与主体的利益诉求及其可能采取的行动予以回应和协调,并充分考虑法律政策实施成效的不确定性,做好预案,保障改革顺利进行。

第二节　乡村振兴政策法律实施的机制

“天下之事,不难于立法,而难于法之必行。”[2] 习近平总书记明确指出“法律的生命力在于实施,法律的权威也在于实施”[3]。《乡

---

〔1〕 参见耿卓、孙聪聪:《乡村振兴用地难的理论表达与法治破解之道》,载《求是学刊》2020年第5期。

〔2〕 (明)张居正:《请稽查章奏随事考成以修实政疏》。

〔3〕 中共中央宣传部、中央全面依法治国委员会办公室编:《习近平法治思想学习纲要》,人民出版社、学习出版社2021年版,第83页。

村振兴促进法》是一部宣誓性、倡导性、政策性法律文本，不是一种规范性法律，它的实施有其特殊性。如何去落实，如何去实施，国家土地督察制度给我们以启示。构建乡村振兴政策法律实施督察制度既是一个前置性条件，也是一个影响后续效果的特殊机制。

一、《乡村振兴促进法》实施机制的缺陷

2017年党的十九大提出实施乡村振兴战略后，历年中央一号文件和党中央的多部专门性文件对乡村振兴战略的实施进行了安排和部署，明确了乡村振兴战略实施的规划体系、实施思路、主要抓手、工作机制等内容。[1] 为了贯彻重大改革于法有据的时代要求，法治化保障乡村振兴战略的顺利实施，2021年4月全国人民代表大会常务委员会通过了《乡村振兴促进法》，不仅标志着乡村振兴战略实施进入了一个新的发展阶段，也为共同富裕提供了法治保障。[2] 但《乡村振兴促进法》并非典型法律，而是统筹解决“三农”问题，全面实施乡村振兴战略的综合性、基础性法律，属于典型的促进法，[3]本质上是政策法，具有宣示性、政策性和倡导性的特点，这决定了其不具有典型法律所具有的自实施机制——法律后果责任安排机制，只能依靠外在行政力量运行——他实施机制，但其落实《乡村振兴促进法》的效果有限。

（一）《乡村振兴促进法》自实施机制欠缺

《乡村振兴促进法》是政策法，以国家关于乡村振兴的系列政策

---

[1] 参见2018年至2022年的中央一号文件；2018年中共中央、国务院《关于实施乡村振兴战略的意见》；2018年中共中央、国务院《乡村振兴战略规划（2018－2022年）》；2019年中共中央办公厅、国务院办公厅《关于促进小农户和现代农业发展有机衔接的意见》；2019年中共中央、国务院《关于建立健全城乡融合发展体制机制和政策体系的意见》；2020年中共中央办公厅、国务院办公厅《关于调整完善土地出让收入使用范围优先支持乡村振兴的意见》；2020年中共中央、国务院《关于实现巩固拓展脱贫攻坚成果同乡村振兴有效衔接的意见》等系列文件。

[2] 参见宋才发：《〈乡村振兴促进法〉为共同富裕提供法治保障》，载《河北大学学报（哲学社会科学版）》2021年第6期。

[3] 参见任大鹏：《〈乡村振兴促进法〉的鲜明特点与现实意义》，载《人民论坛》2021年第27期。

性原则为内容,欠缺强而硬的法律规则,导致其不具有典型法律自实施所需的法律后果责任安排机制。

1.《乡村振兴促进法》的性质定位

(1)《乡村振兴促进法》是政策法。实施乡村振兴战略,需要把行之有效的乡村振兴政策法定化,充分发挥立法在乡村振兴中的保障和推动作用。[1] 将乡村振兴战略通过法律的形式确定下来,有利于革新农业农村法律体系、实施乡村振兴战略以及推进农业农村全面发展。[2] 通过法律制度这一刚性约束,可以使乡村若干重大改革与创新于法有据,既高效地调配乡村各类要素资源又加以规范,形成激励有效同时约束有力的长效制度机制,确保乡村振兴战略实施的稳定性、连续性和常态化。[3] 从立法目的来看,《乡村振兴促进法》不旨在明确行为准则以规范主体行为保障权利的实现,而是将乡村振兴政策法定化,保证国家实现农业农村的特定经济和发展目标。

(2)《乡村振兴促进法》多为政策性原则规定。《乡村振兴促进法》针对实施乡村振兴战略存在的突出问题和薄弱环节,将乡村振兴的目标任务、政策措施等法制化。[4]《乡村振兴促进法》属于典型的促进法,具有鲜明的特点:突出了党在乡村振兴战略实施中的领导地位,系统构建了实施乡村振兴战略的扶持措施。[5] 该法由党和国家振兴乡村的相关政策转化而成,在规范构造上呈现正向激励的特

---

〔1〕 参见高强:《乡村振兴的立法考量:基于国际经验的思考》,载《农村经济》2019 年第 8 期。

〔2〕 参见郑泽宇、陈德敏:《乡村振兴的立法考量——基本法与促进法的视角》,载《广西社会科学》2020 年第 8 期。

〔3〕 参见李新平、胡燕、卢晓莉:《乡村振兴法律制度保障体系构建研究》,载《农村经济》2021 年第 3 期。

〔4〕 参见张琦:《如何发挥立法在乡村振兴中的保障作用》,载《人民论坛》2021 年第 3 期。

〔5〕 参见任大鹏:《〈乡村振兴促进法〉的鲜明特点与现实意义》,载《人民论坛》2021 年第 27 期。

征。[1] 从立法内容上,《乡村振兴促进法》并不以法律规则为主体,而以国家政策性原则为主要内容,表现为党和国家实施乡村振兴战略各项具体要求下的政策制度规范和各级人民政府相关职责的明确和落实。

(3)《乡村振兴促进法》具有政治性和历史性。《乡村振兴促进法》作为一种促进性法律,坚持立足当前、着眼长远,体现了解决我国"三农"问题的强烈问题导向和实现农业农村现代化的目标要求;[2]《乡村振兴促进法》是继《农业法》后,"三农"领域又一部综合性与基础性的法律,[3]具有基础性、综合性、统领性和现代性。[4] 从时代定位来看,《乡村振兴促进法》是应世之法,体现了国家发展进程中的新的政治理念、新的政治战略和新的政治目标在农业农村发展过程中的细化,从这个角度讲,该法具有一定的政治性和历史性,必然会随着国家政治理想和乡村振兴的实现走向终结。

2.《乡村振兴促进法》不具备法律后果责任安排机制

(1)法律实施机制的一般原理。典型法律在法的要素上表现为由法律概念、法律规则和法律原则构成的一个逻辑严谨、结构合理、价值追求一致的结合体。其中法律概念是刻画法律现象的基础,[5]本质是各种法律事实的抽象概括,其内涵和外延相对确定,具有特定的法律意义,构筑了整部法律的明确性和规范性;法律原则作为整部法律的价值统领,实现法律与社会基本价值观的有效沟通与紧密衔

---

[1] 参见孙佑海、王操:《乡村振兴促进法的法理阐释》,载《中州学刊》2021 年第 7 期。

[2] 参见姜长云:《全面推进乡村振兴的法治保障和根本遵循》,载《农业经济问题》2021 年第 11 期。

[3] 参见张晓山:《推动城乡融合发展促进乡村全面振兴——学习〈乡村振兴促进法〉》,载《农业经济问题》2021 年第 11 期。

[4] 参见于文豪:《乡村振兴促进法的特色与关键制度》,载《人民论坛》2022 年第 1 期。

[5] 参见陈曦:《法律概念与法律规范的关系》,载《苏州大学学报(法学版)》2022 年第 2 期。

接，[1]内含并表达了整部法律在何种价值底线之下欲要达到何种价值目标，构成了一部法律"柔"的部分，决定着法律本身的统一性和稳定性；法律规则是以权利义务或权责配置为主要内容、以法律后果为核心的行为准则，不同法律规则之间相互联系和协调构成了法律的逻辑体系，[2]其自身也具有特定的逻辑结构，即前提假定、行为模式和法律后果，它将行为模式和法律后果相勾连，又将法律后果同代表国家强制力的诉讼制度相衔接，从而使法律获得权威性和强制性。

法律的自实施机制正是通过法律规则对法律后果责任的强制性安排来实现的，即通过规则为行为模式预设相应的法律后果，通过国家强制力保障法律后果的实现，从而使行为者明确预知行为偏离后所要承担的不利，使其在违法成本和违法获利之间进行衡量，以作出合法行为的选择，即使其选择非法，也可通过国家强制力收回其所获非法利益，以保证法律所普遍追求的公平正义和特定价值目标的如期实现，使法律得以贯彻和落实。

（2）《乡村振兴促进法》自实施机制欠缺。可见，法律的自实施机制主要源自法律规则有关法律后果的责任安排机制，这种安排机制既确定了行为规则，又确定了裁判规则，[3]决定了法的强度。所以，一部自实施机制完备的法律，应是由少数原则统摄、以多数规则为主体、由国家强制力提供保障的完备系统。但政策法的性质定位决定了《乡村振兴促进法》的主要内容基本上由政策性原则构成，主要是将党中央、国务院关于促进乡村振兴的重大决策部署和通过实践检验行之有效的重要政策提升到法律层面，[4]整部法律的条文表达以国家

---

〔1〕 参见刘风景：《法律原则的结构与功能——基于窗户隐喻的阐释》，载《江汉论坛》2015年第4期。

〔2〕 参见朱继萍：《法律：规则、体系及其逻辑》，载《中国社会科学院研究生院学报》2005年第6期。

〔3〕 参见舒国滢：《法律规范的逻辑结构：概念辨析与逻辑刻画》，载《浙江社会科学》2022年第2期。

〔4〕 参见朱梦妮、卜素：《乡村振兴促进法是实施乡村振兴战略的重要保障》，载《中国农业资源与区划》2022年第7期。

鼓励、扶持、健全、实行、落实和加强各种政策制度安排,各级人民政府应当落实各种政策要求和履行各种政策职责为表达方式和内容,并不符合典型法律中完全法条的构成,由此欠缺法律后果责任安排机制。即使该法第九章专章规定了监督检查,但总体上表现为行政机关内部的行政责任追究机制,仍未构建法律责任和国家强制力连接的制度通道,未使该法获得完备的自实施力量。

(二)《乡村振兴促进法》他实施机制作用有限

徒法不足以自行,[1] 与法律的自实施机制相对应的,还存在法律的他实施机制。学界未见对法律他实施机制的准确概括,但已有学者注意到了法律条文本身以外促进法律实现的因素。在实践中,公平主导的法律原则由于比较接近主流社会认知,所以法律规范在社会中往往可能"自执行",无须全靠外界监督或者激励。[2] 此处所谓的"自执行"并非源自法律的自实施机制,而是基于法律价值理念与个人朴素情感相通,而使外在于法律的个人自觉地对法律产生信仰。这种信仰形成于特定的社会历史和现实条件,本质上是形塑于环境之下民族社会精神对法律实施的促进。较为制度化的他实施机制主要表现为国家行政力量对法律实施的促进和推动,在《乡村振兴促进法》自实施机制欠缺的立法现实下,通过他实施机制促进乡村政策法律的实施是理想方案之外的次优选择,但现有他实施机制存在强制性不足、针对性不强等问题。

1.《乡村振兴促进法》内设的他实施机制强制性不足

《乡村振兴促进法》第九章共计 6 个条文,规定了乡村振兴各项任务落实的监督检查,提出"实行乡村振兴战略实施目标责任制和考核评价制度",要求"建立客观反映乡村振兴进展的指标和统计体系",规定各级人民政府向本级人民代表大会或其常务委员会和上级

---

[1] 参见《孟子·离娄上》。

[2] 参见成凡:《法律认知和法律原则:情感、效率与公平》,载《交大法学》2020 年第 1 期。

人民政府报告乡村振兴促进情况，明确上级政府对下级政府的监督考核和责任追究。可以看出，《乡村振兴促进法》实施机制是以行政力量为主导的，与一般法律所规定的法律后果责任承担机制完全不同。比如，《土地管理法》在第六章“监督检查”之外，专设第七章“法律责任”，以落实具体的责任形式和承担问题，而使其规定既能提供行为指引，也能为司法和执法提供裁判依据，进而获得国家强制力保障。《乡村振兴促进法》“监督检查”一章显然不具备此功能，其规定仍具有较强的政策性、宣示性，这也是其政策法定位的表现之一。所以，就法律实施的角度而言，“监督检查”一章本质上是对《乡村振兴促进法》他实施机制的内设规定。

该内设的他实施机制缺乏强制性，促进乡村振兴政策法律实施的效果有限。一方面，其规定较为宏观，缺乏可执行性。整体上看，《乡村振兴促进法》中包括“监督检查”一章在内的多数规定都不够具体，不具有裁判规则的属性，对各级人民政府等行政机关促进乡村振兴各项工作的行为引导和规范也不足，乡村振兴有关要求的落实和责任承担的实现仍需要坚持党的领导，发挥政府职能，在一些关键制度上着力，〔1〕通过政策工具制定详细的实施细则，这使得乡村振兴各项任务的落实陷入从政策走向立法，又不得不从立法走回政策的境地。

另一方面，他实施机制力量比较分散，缺乏集成统合。根据《乡村振兴促进法》第七章相关规定，国务院及其有关部门、上级人民政府、本级人民代表大会及其常务委员会等机构均有一定的权限对乡村振兴促进工作进行监督检查，但未明确各部门之间的细化分工和协调统一，在一定程度上因力量分散而弱化了其促进乡村振兴政策法律实施的能力。尽管乡村振兴的实施必须尊重和激发多主体合作，共推振兴目标的实现，〔2〕但是在工作机制之外的法律监督和责任追究上则

---

〔1〕 参见于文豪：《乡村振兴促进法的特色与关键制度》，载《人民论坛》2022 年第 1 期。

〔2〕 参见冯晓平、江立华：《乡村振兴的系统性、跨时空性、实践性与路径选择》，载《中南民族大学学报（人文社会科学版）》2022 年第 4 期。

需要集中力量,这样才能避免分工不清、监督不周、追责不力等问题。

2.《乡村振兴促进法》外在的他实施机制针对性不足

对法律法规实施情况的检查即执法检查,是各级人大常委会把工作监督和法律监督结合起来的一种法定监督形式,[1]是一种常规的人大监督方式,[2]在效果上是一种制度化的法律实施机制。1993年全国人民代表大会常务委员会发布《关于加强对法律实施情况检查监督的若干规定》(已失效),对执法检查的主体、对象、重点、形式、流程等内容进行了专门规定。以此为基础,在2006年颁布的《各级人民代表大会常务委员会监督法》中,专章规定了"法律法规实施情况的检查",并对检查主体、形式等内容进行了调整,为各级人大常委会的执法检查提供了更为强有力的法治保障。

《各级人民代表大会常务委员会监督法》规定:执法检查的主体是各级人大常委会;对象是与改革发展稳定大局、群众切身利益、社会普遍关注的重大问题相关的法律法规实施情况;形式包括直接检查、委托检查和跟踪检查三种;流程为"制定执法检查计划——组成检查组——组织实施——提出并审议执法检查报告——报送有关机关处理",其中执法检查报告主要基于法律法规的实施情况从执法和修法两方面提出促进法律实施的建议;责任保障机制主要为有关机关对执法检查报告及其审查意见进行研究处理,并报告研究处理情况,必要时人大常委会可以进行审议和跟踪检查。

执法检查对乡村振兴政策法律实施的促进作用有限。一方面,执法检查不具有长效性,该制度主要是在一定时间内针对特定事项对特定法律法规的实施情况进行检查,其检查内容会随着社会政治经济条件的变化而变化,而不能成为促进乡村振兴政策法律实施的长效机

[1] 参见许安标:《坚持正确监督、有效监督——新时代加强改进人大监督工作的实践与探索》,载《中国法律评论》2021年第5期。

[2] 参见林彦:《论人大执法检查对审判权运行的影响》,载《政治与法律》2019年第2期。

制。另一方面，执法检查最终的落脚点是总结执法工作存在的问题并提出改进建议或提出法律法规修改完善的建议。《乡村振兴促进法》欠缺完全法条，本就不具有执法可行性，而对新立之法进行修改亦不现实，唯一可行的就是通过执法检查出台相关司法解释。然而，解释者必须遵从作为解释对象的法律文本的权威，受解释对象的制约，[1]在《乡村振兴促进法》政策性文本内容的约束下，如何通过解释实现其自实施机制完善和内置他实施机制的强化不无难度。

除执法检查外，还存在其他种类的法律实施机制，如特定社会专业组织对特定法律实施的促进等，具体到乡村振兴政策法律实施的领域，尚未出现类似专门组织，即使出现也会因其形式的非制度性和力量的非强制性而作用有限，在此不作过多论述。总而言之，《乡村振兴促进法》因其政策法性质，存在自实施机制欠缺、他实施机制作用有限的实施缺陷，而其自实施机制欠缺源于其立法文本未设法律后果责任安排机制，此成定局难以改动。所以，完善乡村振兴促进法律政策实施的重点在于进行制度创新，增强他实施机制的力量。

二、国家土地督察制度及其启示

2004 年国务院《关于深化改革严格土地管理的决定》第五部分“建立完善耕地保护和土地管理的责任制度”提出“建立国家土地督察制度”，以完善土地执法监察体制，[2]并设计“中央的国家土地总督察—派驻地方的土地督察专员”两级架构。对此，2006 年国务院发布的《关于建立国家土地督察制度有关问题的通知》从机构设置、人员编制、督察层级及其职责、督察程序、督察责任、与被督察对象职权划分以及自身建设等方面搭建了国家土地督察制度的基本框架。随

〔1〕 参见李广德：《抑制与张扬：法律解释活动中的张力现象》，载《法学杂志》2016 年第 12 期。

〔2〕 参见俞楠、黄忠怀：《英美两国政府内部控制暨行政督察制度研究——政治学与行政学的视角》，载《中国行政管理》2016 年第 11 期；李尧远、任弢：《我国“督察”制下中央地方监管部门博弈行为分析》，载《人文杂志》2015 年第 3 期。

着实践不断丰富发展，国家土地督察制度在2019年修订《土地管理法》时被确立，2022年9月公布的《耕地保护法（草案）》（征求意见稿）构建了专门的耕地保护督察制度。我国的土地督察制度历经政策探索向立法转化，逐渐成为新时代国家进行土地管理的重要制度规则，也为促进乡村振兴政策法律实施提供了良好启示。

（一）土地督察制度的提出及其实践情况

考察土地督察制度的实践展开、主要做法及其成效，有助于全方面了解其制度要点和精髓，为完善促进乡村振兴政策法律的实施机制提供有益经验。

1. 土地督察制度的实践开展

（1）主要内容。从政策文件规定和工作实践来看，国家土地督察紧紧围绕中心大局，聚焦主责主业，形成了较为稳定有序又适时调整的制度模式，并不断丰富和拓展，发挥了多重功能。专项督察主要围绕国土资源中心任务实施，具体如耕地保护与落实全面划定永久基本农田，[1]深化闲置土地处置、节约集约用地专项督察、产能严重过剩行业用地，[2]地方不动产登记职责机构整合，[3]维护被征地农民合法权益，解决一些地区的重大土地违法违规问题，[4]全国保障性住房用地政策落实等。[5] 例行督察作为主要的常规督察方式，一般是

[1] 参见《国家土地督察公告（2018年第1号）——2017年国家土地督察工作情况的公告》；《国家土地督察公告（2017年第1号）——2016年国家土地督察工作情况》；2019年的耕地保护督察似应属于专项督查；赵婧：《自然资源部就2019年耕地保护督察有关情况答记者问》，载自然资源部官网，https://www.mnr.gov.cn/dt/ywbb/202001/t20200120_2498377.html。

[2] 参见《国家土地督察公告（2017年第1号）——2016年国家土地督察工作情况》；《国家土地督察公告（2015年第1号）——2014年国家土地督察工作情况》。

[3] 参见《国家土地督察公告（2016年第1号）——2015年国家土地督察工作情况公布》。

[4] 参见《国家土地督察公告（第5号）——2011年国家土地督察工作情况》；《国家土地总督察公告（第3号）——2009年国家土地督察公告》；《国家土地总督察公告（第2号）——2008年国家土地督察公告》；《国家土地总督察公告（第1号）——2007年国家土地督察公告》。

[5] 参见《国家土地督察公告（第4号）——2010年土地督察和执法监督情况》。

面向全域或全国的督察，[1]督察对象涉及面非常广泛，在特定情况下会突出重点，[2]也经历从工作试点、积极探索、制定流程规范并逐步完善的发展阶段。审核督察在 2008 年得到统一规范，2009 年就实现了全覆盖、常态化，审批材料报备工作覆盖全国，监督检查方式突出对省级人民政府审批的建设用地进行实地核查。[3]

(2) 主要做法。从业务开展情况来看，国家土地督察机构从目标任务出发，在政策法律框架下，针对土地管理和利用的具体情况，努力探索、不断发展，勇于创新，形成诸多可复制、能推广、利修法的做法，发挥了国家土地督察的功效，推动了土地管理制度的深入实施。在专项督察方面，不断强化专项督察，特别是近年来回归国家土地督察的“初心”——严格保护耕地，在力度、广度和密度上不断加码，充分利用科技手段，织密网、严责任，有力遏制了破坏、占用耕地等违法行为。

在例行督察方面，国家土地督察机构 2007 年以市级行政区为单位开展土地利用与管理例行督察工作试点，总结各地区典型经验；[4]2009 年在总结试点工作的基础上制定出台了《土地例行督察工作规范（试行）》；[5]2011 年对 30 个省（区、市）的 64 个地级以上城市进行全程例行督察；[6]“回头看”的督察回访日益得到重视；[7]2017 年，以省级行政区为单位开展省域研判和驻点督察相结合的例

---

〔1〕 2011 年国家土地督察机构对 30 个省（区、市）的 64 个地级以上城市开展了例行督察。参见《国家土地督察公告（第 5 号）——2011 年国家土地督察工作情况》。

〔2〕 以粮食主产区为重点对 56 个城市开展例行督察，对耕地占补平衡不实、耕地保有量虚增等突出问题严格督促整改。参见《国家土地督察公告（2015 年第 1 号）——2014 年国家土地督察工作情况》。

〔3〕 参见《国家土地督察公告（第 7 号）——2013 年国家土地督察工作情况》。

〔4〕 参见《国家土地总督察公告（第 1 号）——2007 年国家土地督察公告》。

〔5〕 参见《国家土地总督察公告（第 3 号）——2009 年国家土地督察公告》。

〔6〕 参见《国家土地督察公告（第 5 号）——2011 年国家土地督察工作情况》。

〔7〕 参见《国家土地督察公告（第 6 号）——2012 年国家土地督察工作情况》《国家土地督察公告（第 7 号）——2013 年国家土地督察工作情况》和 2017 年、2018 年国家土地督察工作要点。

行督察。[1] 在审核督察方面，督察内容以农用地转用和土地征收审批事项为重点，并通过前移督察关口发现苗头性问题，[2] 在监督检查方式上突出对省级人民政府审批的建设用地进行实地核查。[3]

2. 土地督察制度的实践效果

鉴于国家土地督察机构在每个阶段承担的具体任务不同，应以历史的眼光对其成效进行评估。为此，可从组织运行角度对国家土地督察的发展阶段作以下初步划分。（1）机构与制度初建阶段：2007 年，国家土地督察机构一边组建、一边工作，各项监督检查职能逐步到位，工作取得积极成效；2008 年，全面加强机构、队伍和制度建设，土地督察局面巩固，持续拓展，工作成效明显。（2）自身建设与服务中心工作阶段：2009 年，坚持规范管理和主动服务两手并举，深入推进保经济增长保耕地红线行动，取得积极成效；2010 年，扎实推进保发展保红线工程 2010 年行动，保障经济社会科学发展，耕地保护目标责任制得到深入落实，建设项目用地合理需求得到切实保障，土地利用方式向科学发展转变，土地执法监管力度不断加大；2011 年和 2012 年，认真贯彻落实中央土地管理政策和耕地保护战略，加强对地方各级人民政府土地利用和管理情况的监督检查，取得了积极成效；2013 年，把保护耕地、严守红线作为各项督察工作的重中之重，还突出对维护群众合法权益情况的监督检查，并取得积极成效。（3）自我调适与深化拓展阶段：2014 年，主动适应经济发展新常态，着力加强对耕地保护、节约集约用地、维护群众权益、产能严重过剩行业用地的监督检查，取得新的进展；2015 年，严守耕地红线、督导节约集约、维护群众权益、参与不动产统一登记、农村土地制度改革试点工作取得新成效；2016 年，坚持发现问题与解决问题并重，在督导严格保护耕地、节约集约用

---

[1] 参见国家土地总督察办公室《关于印发〈2017 年国家土地督察工作要点〉的通知》（国土督办发〔2017〕1 号）。

[2] 参见《国家土地督察公告（2015 年第 1 号）——2014 年国家土地督察工作情况》。

[3] 参见《国家土地督察公告（第 7 号）——2013 年国家土地督察工作情况》。

地、维护群众土地权益、重点领域改革等方面取得积极成效；2017年，压实省级政府管地用地主体责任，在上年取得新进展的同时服务稳增长、促改革、调结构、惠民生、防风险取得新成效。（4）聚焦主责主业步入全面深化改革新阶段：近年来，从维护国家粮食安全、严格保护耕地高度实施专项督察，查处大案要案，取得明显成效；同时，适应自然资源资产产权制度改革、国土空间开发与保护，国土空间规划多规合一，深化和升级为国家自然资源督察。

（二）土地督察制度对《乡村振兴促进法》实施的启示

国务院《关于深化改革严格土地管理的决定》提出实行最严格的土地管理制度，在于耕地保护，由此衍生出包括国家土地督察在内的一系列制度安排。这也决定了国家土地督察制度的底色，描画了它的边界，规定了它的对象和内容，我们应循着这一逻辑理解国家土地督察并加以定位。一方面，国家土地督察制度克服了地方保护，保证中央权力直达地方，强化中央对地方的跨区域监管，从而达到政策设定目标。国家土地督察制度是对实践做法的总结，体现出行政权力理论的深化与丰富，强化了行政监管的中国特色。另一方面，国家土地督察制度依然是在传统单向监管观念支配下简单通过增加监督机构和提升监督层级加强监督的做法，其运行逻辑与行政体制、行政权力运行机制的契合度缺乏分析，也缺乏制度成本与制度收益的评估，亟须厘清其内在逻辑和背后的理论，从学理上加以审视，揭示可能存在的问题，为法治完善提供指引。

正因如此，对于强化乡村振兴政策法律的实施而言，国家土地督察制度给我们带来了正、反两方面的启示。正面启示是，在《乡村振兴促进法》的内容主要是政策转化、其实施主体主要是各级人民政府的现实下，借鉴国家土地督察制度的成功经验，通过整合行政力量构建独立的乡村振兴政策法律实施的督察制度，是创新《乡村振兴促进法》的他实施机制体系，使乡村振兴政策法律落地生效的可行路径。

治理有效是实现乡村振兴的重要保障,[1]在我国这样一个幅员辽阔的超大型国家,中央到地方有5个层级,唯有通过多层次、多渠道的在地化安排,实现中央政府对各级地方政府的监督,才能有效保障乡村振兴战略政策既定目标顺利实现,而行政主体机制直接强制有力,权责明确、人员齐备、运行顺畅,通过整合其力量构建乡村振兴政策法律实施的督察制度正是中央进一步接近地方和基层,并对其快捷、直接监督的制度化安排,这与我国国情密不可分。反面启示是,国家土地督察制度不仅存在上述理论问题,也存在内部结构失衡等实践问题,[2]主要表现为核心业务和工作机制相关制度条款不足、在配合国家宏观政策调控和土地管理中的作用有待加强、在发现、审核、纠错机制中与中央有关部门、地方人民政府的沟通协调机制有待规范化、制度化,这就要求我们在构建乡村振兴政策法律实施督察机制时增强制度的有效性和科学性。

三、《乡村振兴促进法》实施的督察机制构造

党的二十大报告提出"健全党统一领导、全面覆盖、权威高效的监督体系,完善权力监督制约机制,以党内监督为主导,促进各类监督贯通协调,让权力在阳光下运行"。创制乡村振兴政策法律实施的督察机制是良法善治的应有之义和必然要求,也是对党的二十大报告要求的积极回应,须在坚持依法治国、依法执政、依法行政共同推进与法治国家、法治政府、法治社会一体建设中进行,不断完善《乡村振兴促进法》实施机制的体系性,增强该法的强制性。

(一)基本原则

面对促进乡村政策法律实施的新要求,要以新发展理念为统领,以强化对行政权力的制约和监督为中心,以推进国家机构职能优化协

[1] 参见王艺璇:《乡村治理何以有效:农民的理解与期盼》,载《中国农业大学学报(社会科学版)》2022年第4期。

[2] 参见何为等:《基于内容分析法的土地督察制度建设进展评价》,载《中国土地科学》2013年第1期。

同高效为着力点,坚持法治化、科学性和实效性进路,突出重点,推进机构、职能、权限、程序、责任法定化。

1. 法治化原则

在我国,政策与法律是两种最主要的正式制度安排,我们必须处理好政策与法律的关系,发挥政策和法律的各自优势,促进党的政策和国家法律互联互动,发挥中央政策对立法的引领作用,做到政策先行、法律跟进。[1] 在构建《乡村振兴促进法》实施的督察制度中,加快规范化、制度化建设,同时继续增强法律的体系性,包括内容机构设置、人员配置、职责分工、职权行使、程序标准、责任后果、实施评估、配套保障等各要素和各环节。对于行政权力而言,要完善权力配置和运行制约机制,坚持权责法定,健全分事行权、分岗设权、分级授权、定期轮岗制度,明晰权力边界,规范工作流程,强化权力制约,形成决策科学、执行坚决、监督有力的权力运行机制。

"依法行政原则要求行政受立法机关规则的约束,同时处于行政法院的控制之下……包括两项内容,即法律优先原则和法律保留原则。"前者是指"行政应当受现行法律的约束,不得采取任何违反法律的措施……无限制和无条件地适用于一切行政领域"[2]。后者是指"行政机关只有在取得法律授权的情况下才能实施相应的行为"。后者比前者的要求更严,前者"只是(消极地)禁止违反现行法律",后者则"要求行政活动具有法律依据"。具体到《乡村振兴促进法》实施的督察制度,机构职权配置要与机构法律地位、性质和职责要求相一致,机构职权不能超越国务院授权范围,也不能超出行政权的应有边界。其职权职责和具体工作开展等问题,在制度探索初期可以由政策进行规定,但成熟后必须以立法的方式加以明确和制度化。

---

[1] 参见耿卓:《〈土地管理法〉修正的宏观审视与微观设计——以〈土地管理法(修正案草案)〉(第二次征求意见稿)为分析对象》,载《社会科学》2018 年第 8 期。

[2] [德]哈特穆特·毛雷尔:《行政法学总论》,高家伟译,法律出版社 2000 年版,第 103 页。

行政主体通常由诸多机构组成。机构的结构特征在于“组织是行政主体之下分设的、但结构上相对独立的单位……不是法律上的独立”,即组织享有的特定职权只是他属职权,而非自属职权。[1]《乡村振兴促进法》实施的督察机构在国家层面应是国务院这一行政主体之下分设的组织。这一组织法定性决定了其法律地位。对《乡村振兴促进法》实施督察机构的职责权限、工作原则与方式等加以规定,须考虑与其他制度的连续性与一致性,在目标上保持相对的统一性,在工具的选择和力度上保持必要的连续性,还要对土地违规违法问题纠错机制加以明确。

2. 科学性原则

科学性要求主要表现为科学立法。科学立法主体要件是立法权的专属性、主观要件是立法过程的有准备性、客体要件是立法事实的法调整性、客观要件是立法行为的程序性;科学立法要求,法律形式相对吸纳化、立法逻辑自下而上化、立法视野全球化、立法草案形成专业化、立法效果社会反馈化,应与其规制的事项保持契合、与外在条件保持一致。就反面而言,科学立法意味着对经验立法、政绩立法、封闭立法和主观立法的否定。[2]

就《乡村振兴促进法》实施的督察制度立法而言,一是突出重点,从国家经济社会发展的大局出发,构建多元化的督察方式,落实《乡村振兴促进法》的各项制度和中央政府有关乡村振兴的重大决策;二是督察程序规范化、制度化以及与相关部门的协同化,[3]对乡村振兴政策法律实施的政府责任进行梳理,分析不同政府责任之间的相互关系、分析部门业务与督察机构业务之间的相互关系以及督察制度与相关制度之间的相互关系,健全和完善相应的配套制度体系,提高制

---

〔1〕 参见[德]哈特穆特·毛雷尔:《行政法学总论》,高家伟译,法律出版社 2000 年版,第 505 页。

〔2〕 参见关保英:《科学立法科学性之解读》,载《社会科学》2007 年第 3 期。

〔3〕 参见孙弘:《国家土地督察职权研究》,载《中国土地》2011 年第 9 期。

度的系统性和可操作性；三是健全业务制度规范，明确《乡村振兴促进法》实施督察工作的范围和重点，对现有目标规划、法规管制等工作的实施细节加以深入落实，加强督察成果的宣传和应用以形成社会监督的合力。

3. 实效性原则

实效性要求对制度创新进行成本收益分析，要依托社会实证分析立足社会实践，总结、反思实践。从制度运行成本和收益来看，构建《乡村振兴促进法》实施的督察制度并有效运行，取得巨大效益，才符合效率原则；在中央与地方事权划分上遵循信息复杂性和激励相容要求，才有助于政策制度设计发挥实效。[1] 尽管创设《乡村振兴促进法》实施的督察机制会产生新的制度成本、人力成本和立法成本等，但由于中央与地方政府在乡村振兴战略实施中的利益追求不同，《乡村振兴促进法》又存在实施缺陷，所以构建乡村振兴政策法律促进督察制度是现实之必需。而且合理设置《乡村振兴促进法》实施督察机制的监督检查职权，也有利于科学决策和快速执行，职权配置突出重点，亦能够保证系统高效运行。

从实践情况来看，乡村振兴中生态文明改善不足、经济带动作用不充分以及缺乏文化影响力与吸引力。[2] 其中民生事业发展缓慢和民生服务供给不足是乡村振兴的弱项、短板，乡村治理亟须振兴乡村民生事业，[3] 乡村在发展过程中还面临基础设施、产业和人口结构等多个层面的问题。[4] 这要求乡村振兴政策法律实施的督察制度设计必须针对实践中的深层次问题，对乡村振兴的总要求和《乡村

〔1〕 参见兰小欢：《置身事内：中国政府与经济发展》，上海人民出版社 2021 年版，第 27-40 页。

〔2〕 参见杨璐、滕任飞、黄韫慧：《我国西南地区乡村旅游振兴：发展、问题与对策》，载《农村经济》2022 年第 6 期。

〔3〕 参见吴业苗：《“民生为先”：乡村治理的基本遵循——兼论乡村振兴中的实践问题》，载《社会科学战线》2022 年第 6 期。

〔4〕 参见李小云：《现代化进程中的乡村问题和振兴路径》，载《贵州社会科学》2022 年第 1 期。

振兴促进法》的各项重大制度进行研究，提高针对性，并对此类事项加强评估和检查监督，做好实施绩效的研究与反馈，为后续制度完善提供指导。[1]

（二）制度要点

1. 督察主体

督察主体的选择除了要以法治化、科学化和实效化原则为根本遵循外，还需遵循简约高效、科学完备的原则。既要考虑乡村振兴政策法律实施督察工作开展的便利性，又要考虑督察机构的独立性，还要考虑权力监督的有效性。充分统筹乡村振兴各部门的不同职责，独立出能统摄各部门的督察机构和工作机制，在人员编制上应尽量精简，在工作内容上应尽量直接。具体而言，参照国家土地督察的主体制度，由国务院授权农业农村主管部门成立国家乡村振兴政策法律实施总督察及其办公室，并向地方派驻督察局，构建国家层面的督察主体制度。乡村振兴是一个系统工程，其政策法律实施更多地表现为各级人民政府的主体责任，特别是县级及其以下的基层政府至关重要，[2]强化责任并建立一个责任政府是实现乡村振兴的核心议题，[3]所以还需要建立地方督察主体制度。可以在省（自治区、直辖市）、地级市和旗县人民政府农业农村主管部门设立地方督察机构，负责下级人民政府乡村振兴政策法律实施的督察，使其同国家层面的督察共同构筑促进乡村振兴政策法律实施的督察体系。

2. 督察对象

现代乡村治理是巩固党在农村执政基础的重要举措，是国家治理

---

[1] 参见何为等：《基于内容分析法的土地督察制度建设进展评价》，载《中国土地科学》2013 年第 1 期。

[2] 参见张高军、易小力：《有限政府与无限政府：乡村振兴中的基层政府行为研究》，载《中国农村观察》2019 年第 5 期。

[3] 参见颜德如、张玉强：《乡村振兴中的政府责任重塑：基于“价值—制度—角色”三维框架的分析》，载《社会科学研究》2021 年第 1 期。

的基础支撑，是乡村振兴的重要内容和国家现代化的重要体现，[1]新时期党和国家提出健全自治、法治、德治相结合的乡村治理体系，[2]其以党委领导、政府负责为核心，以民主协商、社会协调和公众参与为路径，以法治和科技手段为重要保障。乡村振兴政策法律实施督察制度主要解决的问题是乡村振兴之治理体制的核心问题，即党委领导和政府负责的问题，其督察对象的范围不仅限于政府，更应该延伸到党委，深入落实乡村振兴战略实施中的党政同责。所以，乡村振兴政策法律实施督察制度的对象在国家督察层面为省级人民政府及其党委，以及国务院确定的计划单列市人民政府及其党委，在地方督察层面则为下级人民政府及其党委。除此之外，还可和其工作机制相衔接，确定不同的督察形式，比如，参照国家土地督察制度构建例行督察和专项督察制度，并根据督察种类的不同确定不同的督察对象，以提高乡村振兴政策法律实施督察的针对性和有效性。

3. 督察内容

乡村振兴政策法律实施督察的主要内容应当围绕《乡村振兴促进法》确定的产业振兴、人才振兴、文化振兴、生态振兴、组织振兴和城乡融合六大板块确定，根据该法第二章到第八章所规定的有关产业发展、人才支撑、文化繁荣、生态保护、组织建设、城乡融合、扶持措施的制度规范和责任要求进行细化，并确定督察清单和督察重点，可以大致归为以下几类：国家有关乡村振兴战略重大决策部署的落实情况、乡村振兴法律法规的执行情况、六大板块目标任务的推进和完成情况、各级人民政府的责任落实情况等。《乡村振兴促进法》第八章规定的扶持措施主要是从资金保障角度而言的，包括涉农资金、农业补贴、保费补贴、金融贷款、融资担保等，此应成为乡村振兴政策法律

〔1〕参见高强：《健全现代乡村治理体系的实践探索与路径选择》，载《改革》2019年第12期。

〔2〕参见崔玲玲：《人民调解制度与现代乡村治理体系之契合》，载《西北大学学报（哲学社会科学版）》2021年第2期。

实施督察业务的重点,因为构建以财政资金、金融资本、社会资本和农村集体经济组织资产为主体的多元投入保障机制,[1]是乡村振兴乃至中国式农业农村现代化实现的重要制度基础,将其作为督察工作的重点,有利于提升督察制度的成效。

4. 制度协调

一方面,土地法制改革是乡村振兴的重要抓手,是有效实施乡村振兴战略的重要路径,所以乡村振兴政策法律实施督察制度必然涉及对土地的督察,会与国家土地督察制度产生交叉重合,如何处理二者的关系,以使权责边界明晰、督察工作流畅,亦值得深入思考。总体而言,由于督察主体和内容的不同,二者不能同一,所以只能通过权责划分和协调来解决可能存在的职能交叉问题,对此应当明确二者在土地督察工作中的成果互用和相互通报等制度细则。另一方面,《乡村振兴促进法》既规定了国家层面即中央政府的权责,又规定了地方各级政府的权责,而督察制度主要表现为对地方各级人民政府乡村振兴政策法律实施工作的监督,其本质是中央政府履行法定职权的制度形式,对于中央政府在乡村振兴政策法律实施中的权责落实则不在督察范围之内,对此还应衔接国家监察制度,加强对中央政府的权力管控。

乡村振兴政策法律实施督察的主要措施、督察整改手段、督察结果运用等问题,可充分参照《土地管理法实施条例》和《耕地保护法(草案)》(征求意见稿)中相关内容进行确定,[2]对此不再赘述。总之,乡村振兴政策法律实施的督察制度应当主体权责有力、对象明确具体、内容全面科学、制度协调配合,从而对强化《乡村振兴促进法》的他实施机制起到实质性效果,使乡村振兴政策法律落地生效,助推乡村振兴和中国式农业农村现代化的实现。

---

[1] 参见任大鹏:《乡村建设的保障制度构建》,载《人民论坛·学术前沿》2022年第15期。

[2] 参见2021年《土地管理法实施条例》第五章和2022年《耕地保护法(草案)》(征求意见稿)第53-56条有关规定。

第三节　乡村振兴政策法律实施的保障

深化农村体制改革的过程中，任何一项改革的落地生效都离不开一系列相关制度的保障，乡村振兴政策法律的实施也不例外。在新的时代背景下，要想有效地实施乡村振兴政策和法律，要以农业农村优先发展理念为指引更新国土空间规划、以土地节约集约利用为目标进行全域土地整治、以乡村振兴的现实需求为基础加强土地供应与利用。

一、更新国土空间规划

我国城乡土地利用的规划具有多类型、多部门管理的特点，伴随土地制度从新中国成立初期的无偿划拨与计划分配，到改革开放后转向有偿使用制度，引入土地市场，逐步形成了国土规划、城乡规划、土地利用规划等多类型规划格局，再到党的十八届三中全会，开展了构建统一空间规划体系的探索。[1] 党的十九大提出的乡村振兴战略，对国土空间规划提出新要求即转变国土空间用途规划的城市优位，全面有效贯彻农业农村优先发展理念。制度要点如下：(1)改变传统国土空间重“物”轻“人”、重“建设”轻“生态”、重“村庄”轻“农业”、重“技术”轻“政策”的导向。(2)对涉农的政策进行汇集和共享，并构建面向乡村全域的“多规合一”体系。乡村规划涉及多个方面，既包括自然资源的利用、土地资源的使用、农业的发展，还涉及纵横向部门的事权，又涉及空间规划、城市总体规划、土地利用总体规划、生态保护

〔1〕 土地利用规划的演变体现于国家治理体系现代化的过程中，从国家直接支配土地，到“两权分离”下的地方土地发展权管理，再到资源环境约束下“中央—地方”两级土地发展权分级管理，进而到当前生态文明建设背景下两级土地发展权归口管理的历程。参见林坚、赵冰、刘诗毅：《土地管理制度视角下现代中国城乡土地利用的规划演进》，载《国际城市规划》2019 年第 4 期。

规划等宏观规划与详细规划的协调。(3)全面拓展国土空间规划的内涵,以涵盖城乡生态保育、城乡空间重塑、城乡产业共荣、城乡设施对接和城乡文化融合等内容。[1] 各地区在编制国土空间规划时要统筹考虑乡村产业用地布局,在安排年度土地利用计划时,加大对乡村产业新增建设用地的支持力度。在土地复合利用背景下,综合考虑传统土地用途管制所面临的挑战,对土地用途管制的方式与内容进一步优化和完善。[2] 总而言之,需要构建优势互补、高质量发展的区域经济布局和国土空间规划体系。

1. 国土空间规划编制的原则要求

(1)体现战略性,落实国家安全战略、区域协调发展战略和主体功能区战略,明确空间发展目标,优化城镇化格局、农业生产格局、生态保护格局,确定空间发展策略,对乡村振兴的农业现代化和产业融合发展需求及时回应,优先安排。(2)提高科学性。一是坚持生态优先、绿色发展,尊重规律,因地制宜开展规划编制工作,强化乡村的生态宜居功能,充分发挥生态宜居在乡村产业发展中的基础作用;二是坚持节约优先,科学有序统筹布局生态、农业、城镇等功能空间,划定生态保护红线、永久基本农田、城镇开发边界等空间管控边界,强化底线约束,积极推进乡村土地全域整治;三是坚持区域协调、城乡融合,优化国土空间结构和布局,突出地域特色,注重通过产业用地供给引导乡村产业进行特色发展、错位发展。(3)加强协调性,强化国家发展规划的统领作用,强化国土空间规划的基础作用,统筹和综合平衡各相关专项领域的空间需求,对乡村振兴用地的规划注重与地区的交通基础设施发展规划、产业发展规划等相协调。(4)注重操作性,按照谁组织编制、谁负责实施的原则,明确各级各类国土空间规划编制

---

〔1〕 参见邱杰华、何冬华、赵颖:《广州乡村地区发展的土地依赖与模式转型》,载《规划师》2018 年第 10 期。

〔2〕 参见蒋化雨、蒋仁开:《对乡村振兴背景下保障农村产业发展用地的思考》,载《南方国土资源》2018 年第 6 期。

和管理的要点，细化村庄建设规划，优化乡村产业布局；明确规划约束性指标和刚性管控要求，保障乡村产业有序发展。

2. 国土空间规划编制的主体及程序

在我国，不同部门掌握着不同的规划编制权，且相互关联。同时，受发展驱动影响，实施规划时地方在与主管部门互动中有很强的动力逃脱空间规划的管制，由此形成多规并立或规划文本与实际偏离的格局。[1] 鉴于我国条块管理体制的现实，国土空间规划由自然资源部门主导，并且因中央和地方而有所不同。在中央层级，国土空间规划管理虽然统归于自然资源部，但是在具体职责上又分属不同部门。[2] 与此同时，乡村振兴特别是产业发展及用地又划归农业农村部门主管。[3] 这就要求国土空间规划的编制必须高度重视农业农村部门的参与，充分听取农业农村部门的意见，建立健全农业农村部门的决策参与机制。在地方层面，国土空间规划管理因各地政府机构改革和本地实际以及上下级机构设置的不同而有所不同。地方国土

---

〔1〕 参见张惠强、连欣：《定义空间：空间规划如何制定和执行？——基于中央、部门、地方"三角互动"的视角》，载《社会发展研究》2019 年第 3 期。

〔2〕 国土空间用途管制司：拟订国土空间用途管制制度规范和技术标准，提出土地、海洋年度利用计划并组织实施；组织拟订耕地、林地、草地、湿地、海域、海岛等国土空间用途转用政策，指导建设项目用地预审工作；承担报国务院审批的各类土地用途转用的审核、报批工作；拟订开展城乡规划管理等用途管制政策并监督实施。国土空间规划局：拟订国土空间规划相关政策，承担建立空间规划体系工作并监督实施；组织编制全国国土空间规划和相关专项规划并监督实施；承担报国务院审批的地方国土空间规划的审核、报批工作，指导和审核涉及国土空间开发利用的国家重大专项规划；开展国土空间开发适宜性评价，建立国土空间规划实施监测、评估和预警体系。

〔3〕 农村合作经济指导司：协调推进乡村治理体系建设；监督减轻农民负担和村民"一事一议"筹资筹劳管理；指导农村集体资产和财务管理、农民合作经济组织和农业社会化服务体系建设；起草农村宅基地管理和使用相关法律法规草案及政策，指导宅基地分配、使用、流转、纠纷仲裁管理和宅基地合理布局、用地标准、违法用地查处，指导闲置宅基地和闲置农房利用。乡村产业发展司：组织协调乡村产业发展，推动农村一、二、三产业融合发展，构建乡村产业体系；起草促进乡村特色产业、农产品加工业、休闲农业和乡镇企业发展的政策措施；提出农业产业化经营发展的政策建议；指导开展农村创业创新工作。

空间规划编制除了相关部门参与外,还应尊重地方农村的实际要求,听取并尊重农业一、二、三产业界的意见。在规划编制中坚持上下结合、社会协同,从制度上保障农民和集体有效参与。在符合土地利用总体规划的前提下,允许县级政府通过村土地利用规划,调整优化村庄用地布局,有效利用农村存量建设用地发展工业、休闲旅游等产业,发展壮大集体经济,增加农民收入。在符合土地利用总体规划的前提下,利用存量建设用地进行新村建设,或用于造福工程整体搬迁的新村建设。[1]

国土空间规划的调整应严加控制,应根据乡村振兴产业用地实际需求适当增加调整的事由、改进调整的条件。特别是要考虑乡村振兴产业用地企业的实际和特点,避免点状供地后可能形成的零碎化问题。[2]

3. 国土空间规划的实施与监管

实施和监管的前提是强化规划权威,避免随意修改、违规变更。(1)健全用途管制制度。在城镇开发边界外的建设,按照主导用途分区,因地制宜完善用途管制制度,为地方管理和创新活动留有空间。(2)以“多规合一”为基础,统筹规划、建设、管理三大环节,改进规划审批,精简规划审批内容,推动“多审合一”“多证合一”。分级建立国土空间规划审查备案制度,优化现行建设项目用地预审、规划选址以及建设用地规划许可、建设工程规划许可等审批流程。(3)监督规划实施。制定实施规划的政策措施,将国土空间规划执行情况纳入自然资源执法督察内容。建立国土空间规划定期评估制度,对国土空间规划进行动态调整完善。

---

〔1〕 参见黄德辉:《国土资源管理与实施乡村振兴战略研究——以福建省为例》,载《国土资源情报》2018 年第 5 期。

〔2〕 据有关资料统计,我国中小企业的存活年限约为 3 年,而涉农企业主要为中小企业甚至个体工商户。这也就意味着乡村振兴产业企业停业、转产或倒闭后,其用地极易处于闲置或零散分布的状态。

二、进行全域土地整治

农村产业发展用地保障中的问题在于我国实行的最严格耕地保护制度和节约集约用地制度之间存在紧张关系。对此，应遵守规划，供给公共服务，支持产业发展，平衡各方利益，实现生态文化宜居；完善乡村发展用地保障机制，拆旧复垦，扩大指标使用、调剂范围，优化城乡建设用地增减挂钩政策。

全域土地综合整治是对乡村生态、农业、建设空间进行全域优化布局，对田水路林村进行全要素综合整治，对高标准农田进行连片提质建设，对存量建设用地进行集中盘活挂钩，对新农村和产业融合发展用地进行精准保障，对乡村人居环境进行统一治理修复，是推进美丽乡村建设的重要举措，是实施乡村振兴战略推动城乡融合发展的有力抓手，是提升环境基础设施建设水平，推进城乡人居环境整治的有效手段。

以全域土地综合整治为契机，结合乡村特色，着力解决好资源整合、平台建设、投入保障三个问题，融合多个产业，科学安排农民安居、村庄建设、基础配套、公共服务等各项用地，用好田园共同体建设模式，以全域土地综合整治项目为基础保障，通过创新土地制度供给和要素保障，优化农村生产、生活、生态用地空间布局，进而助推乡村振兴。具体而言，(1)推进“多规合一”，合理划定农业生产、村庄建设、产业发展和生态保护等功能分区。(2)开展农用地综合整治，统筹永久基本农田保护、推进高标准农田建设、旱地改水田、耕地质量提升、宜耕后备资源开发以及农田基础设施建设等各项工作。(3)推进农村零散、闲置、低效建设用地整治和利用，优化用地的结构和布局，统筹农房建设、产业发展、公共服务、公益事业、基础设施、生态保护等各项用地。(4)统筹推进生态环境整治修复，整治村庄建设用地、各类违法建筑和违法用地、废弃矿山和人居环境，加快农村治危拆违和基础设施改善，推动生产、生活、生态空间的优化，改善农村生态宜居环境。(5)建立和完善村级组织自主管理、自主服务、自主教育、自主监督的农村土地民主管理机制。在有关农村土地利用规划草案、整治项目方案、建设用地规划选址、新农村建设、整治工程实施、土地权属调整、土地指标调剂和收益分配等事项中依法保障农民的知情权、参与权、表达权和监督权。

首先,进一步优化落实全域土地综合整治。土地整治是在特定区域内,根据土地规划确定的目标及用途,通过多种手段,对田、水、路、村等进行综合性的治理和开发,从而对利用不当、布局不合理以及零散、闲置的土地资源进行再度开发,以提高土地的利用效率,改善该地区的生产、生活及生态环境。从 20 世纪 80 年代开始,我国就已经开始了土地整治工作,并逐渐从农用地整理转向农用地和建设用地一同整治,再向全域土地综合整治的方向发展。之所以有这样的转变,是因为传统的土地整治往往存在碎片化、协调性不足等问题,不同地区的整治思路过于同化,难以做到根据地方特色和优势制定个性化的土地整治方案。不同村庄的土地综合整治能力差异较大,村庄与村庄之间的规划处于割裂状态,使得当前集体经营性建设用地量少零碎效率低以及其与宅基地之间转换难等问题无法有效解决。因此,为保证集体经营性建设用地入市的顺利展开,必须进一步优化和落实全域土地综合整治。[1]

其次,为有效实施全域土地综合整治,应激励农村集体经济组织及其成员的广泛参与。一方面,农村集体经济组织及其成员最了解村庄的特点及优势,能够使土地整理事半功倍;另一方面,农村集体经济组织参与土地综合整治更能强化其主体地位,从而改善当前集体经营性建设用地自然条件较差的难题。同时,还可以考虑建立区域内集体经营性建设用地指标交易平台。实践中,部分地区通过土地整治提前整理出节余的集体经营性建设用地指标,将其质押给银行获取贷款,在土地综合整治完成后,又将这些节余建设用地指标出售给其他地

[1] 参见许恒周:《全域土地综合整治助推乡村振兴的机理与实施路径》,载《贵州社会科学》2021 年第 5 期;刘恬等:《基于村庄类型的全域土地综合整治研究》,载《中国土地科学》2021 年第 5 期。

区，从而获得收益。[1] 为重点保障乡村振兴产业发展用地需求，可以考虑参照上述地区的做法，允许不同地区之间对节余的集体经营性建设用地指标进行交易，并建立区域内的节余集体经营性建设用地指标交易平台。

再次，还需有效实施监督管理。土地利用规划实施监管框架体系建设是推动规划实施监管，保护我国有限耕地资源，保障国家粮食安全，以及促进土地集约节约、合理、高效利用的有效措施，[2] 因此，应当以常态化、全覆盖为基本要求，强化规划的管控作用，破解乡村产业发展占用土地监管难。坚持依据国家关于土地法规制度执行农村土地整理和整治管理的标准。一是对农村土地整理和整治必须制度化、法治化，对农村土地整理和整治全面规划，执行农村土地整理和整治分步实施的标准。二是坚持按照农村土地利用总体规划，执行农村土地整理和整治调控的标准，完成永久基本农田水利设施建设的任务。三是坚持遵循国家资助、共同负担农村土地综合治理规则，引导动员广大农民自觉、自愿参加农村土地综合治理行动，执行监督农村土地整理和整治标准。[3]

最后，面向建设用地动态监管工作内容，按照“批、供、用、补、查”的业务全流程、全覆盖监管要求，整合监管主体、监管环节和内容、监管技术手段和监管系统平台，采用空地协同的建设用地动态监管技术模式，在纵向上实现“国家—省—市—县”四级联动，在横向上实现建设用地全程动态管理，支撑建设用地管理全业务、全流程的信息化监

---

[1] 参见林倩、李红强：《全域土地综合整治的激励机制和运作模式——以浙江省为例》，载《中国土地》2021 年第 11 期。

[2] 参见戴建旺等：《土地利用规划实施监管研究进展与体系框架建设构想》，载《中国土地科学》2012 年第 7 期。

[3] 农村土地综合开发治理投资课题组：《关于探讨农村土地综合开发治理利用、征购储备、供应占用和财政筹融资监管体系完善的途径（下）》，载《经济研究参考》2017 年第 20 期。

测与监管。[1] 针对土地利用监管的硬指标遭遇"软执行"问题,要避免政府自身角色冲突,相对分离政府作为土地利用监管者与"以地招商"参与者的职责,引入公开独立的"第三方"。在技术上可基于网格化精细管理和图则编制有法可依的优势,探索土地利用监管新方法,包括网格划分原则、图则编制,形成详细的土地利用规划网格化管制图则(图形与对应法则)。[2]

三、加强土地供应与利用

对乡村振兴供地而言,总的原则就是严格耕地保护、守住绿水青山,对非农用地立足盘活存量,充分利用城乡建设用地增减挂钩政策,有计划开展农村宅基地、工矿废弃地以及其他存量建设用地复垦,合理安排新建区块,为农村一、二、三产业融合发展和城乡融合发展提供土地要素保障。一方面,盘活存量。当前,农村建设用地低效利用和闲置浪费的情况不同程度地存在,包括空心房、危旧房、村办企业旧厂房、旧公共设施以及不具有保留价值的旧民居、旧商铺、旧街巷、旧市场、旧校舍等。盘活闲置存量建设用地,对于节约集约用地、发展农村产业具有重大意义,因此应积极推进旧村复垦,将复垦的土地优先用于发展乡村特色农业产业,并利用城乡建设用地增减挂钩政策,将挂钩指标收益用于美丽乡村建设。[3] 另一方面,优化增量。当前,农村新产业发展用地面临用地指标少、产业项目落地难的问题。为保障农村产业用地方面的供给,应扭转城乡建设用地指标优先用于城市发展用地需求的倾向,改变乡村产业发展建设用地供应指标相对不足的现状,适当投放用地指标。鉴于在土地利用管理中也存在同一地块受多个部门管辖的情况,不同部门对土地的性质划定也不同,而产业融合

---

〔1〕 参见王志杰、何立恒:《建设用地动态监管理论框架与技术模式》,载《资源开发与市场》2014 年第 11 期。

〔2〕 参见施玉麒、郭忠诚:《土地利用监管的新方法——土地网格化及图则编制》,载《同济大学学报(社会科学版)》2010 年第 2 期。

〔3〕 参见黄德辉:《国土资源管理与实施乡村振兴战略研究——以福建省为例》,载《国土资源情报》2018 年第 5 期。

发展的用地审批往往会在多个管辖部门之间周旋，所以，应强化部门之间的协调，简化用地审批程序。扩大设施农用地的用地范围以满足产业融合发展对设施农用地的实际需要。[1]

对于乡村振兴用地而言，在新时代，经济增长方式已从外延式向内涵式转变，经济发展已从高速度转向高质量发展，乡村振兴必然是内涵式的高质量振兴，产业用地的节约集约利用是乡村振兴的必由之路。首先，要规模用地。应对零星、碎片化产业用地进行整合、整治、置换，实现小块变大块，满足产业规模发展的需求；实现生地变熟地，满足第三产业的发展需求；实现生态环境美化，满足高端农业产业的发展需求。其次，要"腾笼换鸟"。建立引导机制，根据产业发展特点和趋势逐步改造、淘汰低效产业，提高利用强度。最后，要立体化利用。结合高精尖农业及其产业的特点，选择部分试点，积极探索土地利用的立体化。

继续推进确权登记颁证。土地确权是按照法律规定的内容与程序，对土地权利的主体、客体、内容予以确定，划定权利的边界。土地确权可以定分止争，稳定权利人对土地利益的预期，从而提高土地利用效益。随着市场经济的日益发展成熟，土地作为生产要素的价值不断提高，土地及其上建筑物上所包含的利益关系愈加复杂，土地的确权更是成为土地制度改革的核心问题。土地确权是乡村振兴用地的基础性、前提性工作，只有通过对土地的确权，才能使得对土地的各种利用稳定有序，才能保障乡村振兴顺利推进。

妥善处理违法用地。对于实践中存在的各类违法用地，我们应当坚持尊重历史、实事求是、分步分类规范的原则，破解部分违章用地事后合法转化的难题。在认定违法占地时，不应以是否有建设规划许可证作为唯一标准，而应具体案件具体考虑，根据有关法律、法规的基本原则，结合各地实际，区分违法程度，分别予以处理：一类是可补正的；

---

〔1〕 参见蒋化雨、蒋仁开：《对乡村振兴背景下保障农村产业发展用地的思考》，载《南方国土资源》2018年第6期。

另一类是不可补正的;还有一类是既有可补正的部分,又有不可补正的部分。相应地,处理结果也大体可以分为三种:一是行为人补办手续、缴纳罚款,从而通过这些补正手段实现合法转化;二是行政机关依法恢复原状;三是行政机关予以行政没收。

主要参考文献

一、著作类

[1]陈小君等:《我国农村集体经济有效实现的法律制度研究:理论奠基与制度构建》,法律出版社 2016 年版。

[2]陈小君等:《农村土地法律制度研究——田野调查解读》,中国政法大学出版社 2004 年版。

[3]杜伟、赵华、黄善明:《深化农村集体经营性建设用地流转改革研究》,科学出版社 2020 年版。

[4]甘藏春:《土地正义:从传统土地法到现代土地法》,商务印书馆 2021 年版。

[5]胡穗:《中国共产党农村土地政策的演进》,中国社会科学出版社 2007 年版。

[6]韩松:《集体所有制、集体所有权及其实现的企业形式》,法律出版社 2009 年版。

[7]韩俊主编:《实施乡村振兴战略五十题》,人民出版社 2018 年版。

[8]蒋省三、刘守英、李青:《中国土地政策改革:政策演进与地方实施》,上海三联书店 2010 年版。

[9]江平主编:《民法学》,中国政法大学出版社 2007 年版。

[10]兰小欢:《置身事内:中国政府与经济发展》,上海人民出版社

2021 年版。

[11]刘守英、程国强等:《中国乡村振兴之路——理论、制度与政策》,科学出版社 2021 年版。

[12]刘守英:《土地制度与中国发展》,中国人民大学出版社 2018 年版。

[13]刘守英:《中国土地问题调查:土地权利的底层视角》,北京大学出版社 2017 年版。

[14]李敏:《民法法源论》,法律出版社 2020 年版。

[15]梁慧星、陈华彬:《物权法》(第 6 版),法律出版社 2016 年版。

[16]刘敏:《国家土地督察制度及其绩效研究》,中国大地出版社 2016 年版。

[17]陆剑:《集体经营性建设用地入市的法律规则体系研究》,法律出版社 2015 年版。

[18]宋志红:《中国农村土地制度改革研究:思路、难点与制度建设》,中国人民大学出版社 2017 年版。

[19]汪晖、陶然:《中国土地制度改革:难点、突破与政策组合》,商务印书馆 2015 年版。

[20]王泽鉴:《民法总则》,北京大学出版社 2009 年版。

[21]杨仁寿:《法学方法论》,中国政法大学出版社 1999 年版。

[22]中共中央宣传部、中央全面依法治国委员会办公室编:《习近平法治思想学习纲要》,人民出版社、学习出版社 2021 年版。

[23]周其仁:《城乡中国》(修订版),中信出版社 2017 年版。

[24]张文显主编:《法理学》,北京大学高等教育出版社 2011 年版。

[25][法]孟德斯鸠:《论法的精神》(上),张雁深译,商务印书馆 1961 年版。

二、期刊类

[1]白永秀:《中国共产党经济理论体系的逻辑结构——以共同富裕为主线》,载《社会科学辑刊》2021 年第 6 期。

[2]蔡继明、刘梦醒:《论我国城乡建设用地增减挂钩模式的转

变》,载《天津社会科学》2021 年第 5 期。

[3]蔡立东、姜楠:《农地三权分置的法实现》,载《中国社会科学》2017 年第 5 期。

[4]曹益凤:《宅基地使用权继承的制度困境与出路选择》,载《农业经济问题》2020 年第 3 期。

[5]陈利根、龙开胜:《新中国 70 年城乡土地制度演进逻辑、经验及改革建议》,载《南京农业大学学报(社会科学版)》2019 年第 4 期。

[6]陈小君:《民法典时代土地管理法制改革契机与优化路径论纲》,载《学术月刊》2022 年第 3 期。

[7]陈小君:《〈民法典〉物权编用益物权制度立法得失之我见》,载《当代法学》2021 年第 2 期。

[8]陈小君:《宅基地使用权的制度困局与破解之维》,载《法学研究》2019 年第 3 期。

[9]陈小君:《我国农民集体成员权的立法抉择》,载《清华法学》2017 年第 2 期。

[10]陈小君:《我国农村土地法律制度变革的思路与框架——十八届三中全会〈决定〉相关内容解读》,载《法学研究》2014 年第 4 期。

[11]陈燕:《农业农村现代化与乡村振兴:内在逻辑与机制建构》,载《学习与探索》2021 年第 10 期。

[12]陈耀东:《集体经营性建设用地入市流转的法律进路与规则设计》,载《东岳论丛》2019 年第 10 期。

[13]楚成亚、刘祥军:《当代中国城市偏向政策的政治根源》,载《当代世界社会主义问题》2002 年第 4 期。

[14]崔建远:《物权编对四种他物权制度的完善和发展》,载《中国法学》2020 年第 4 期。

[15]丁文:《论土地承包权与土地承包经营权的分离》,载《中国法学》2015 年第 3 期。

[16]丁忠兵、苑鹏:《中国农村集体经济发展对促进共同富裕的贡献研究》,载《农村经济》2022 年第 5 期。

[17]杜志雄:《农业农村现代化:内涵辨析、问题挑战与实现路径》,载《南京农业大学学报(社会科学版)》2021年第5期。

[18]范从来、谢超峰:《益贫式经济增长与中国特色社会主义共同富裕的实现》,载《中国经济问题》2018年第2期。

[19]房绍坤、任怡多:《论农村集体产权制度改革中的集体股:存废之争与现实路径》,载《苏州大学学报(哲学社会科学版)》2021年第2期。

[20]冯兴元、鲍曙光、孙同全:《社会资本参与乡村振兴和农业农村现代化——基于扩展的威廉姆森经济治理分析框架》,载《财经问题研究》2022年第1期。

[21]高飞:《农村土地"三权分置"的法理阐释与制度意蕴》,载《法学研究》2016年第3期。

[22]高飞:《土地承包经营权稳定与承包地调整的冲突及其解决之道——一个社会实证的分析》,载耿卓主编:《土地法制科学》第1卷,法律出版社2017年版。

[23]高海:《"三权"分置的法构造——以2019年〈农村土地承包法〉为分析对象》,载《南京农业大学学报(社会科学版)》2019年第1期。

[24]高强:《乡村振兴的立法考量:基于国际经验的思考》,载《农村经济》2019年第8期。

[25]高圣平:《宅基地制度改革政策的演进与走向》,载《中国人民大学学报》2019年第1期。

[26]高圣平:《承包地三权分置的法律表达》,载《中国法学》2018年第4期。

[27]高圣平:《宅基地制度改革试点的法律逻辑》,载《烟台大学学报(哲学社会科学版)》2015年第3期。

[28]高圣平:《新型农业经营体系下农地产权结构的法律逻辑》,载《法学研究》2014年第4期。

[29]耿卓:《集体建设用地向宅基地的地性转换》,载《法学研究》

2022 年第 1 期。

[30]耿卓、孙聪聪:《乡村振兴用地难的理论表达与法治破解之道》,载《求是学刊》2020 年第 5 期。

[31]耿卓:《宅基地“三权分置”改革的基本遵循及其贯彻》,载《法学杂志》2019 年第 4 期。

[32]耿卓:《宅基地使用权收回事由类型化及立法回应》,载《法律科学(西北政法大学学报)》2019 年第 1 期。

[33]耿卓:《农地三权分置改革中土地经营权的法理反思与制度回应》,载《法学家》2017 年第 5 期。

[34]耿卓:《农民土地财产权保护的观念转变及其立法回应——以农村集体经济有效实现为视角》,载《法学研究》2014 年第 5 期。

[35]耿卓:《〈土地管理法〉修正的宏观审视与微观设计——以〈土地管理法(修正案草案)〉(第二次征求意见稿)为分析对象》,载《社会科学》2018 年第 8 期。

[36]郭洁:《乡村振兴视野下村庄公益用地法律制度改革研究》,载《法学评论》2020 年第 5 期。

[37]韩松:《宅基地立法政策与宅基地使用权制度改革》,载《法学研究》2019 年第 6 期。

[38]韩松:《论农民集体土地所有权的管理权能》,载《中国法学》2016 年第 2 期。

[39]韩松:《农民集体土地所有权的权能》,载《法学研究》2014 年第 6 期。

[40]韩长赋:《坚持农业农村优先发展大力实施乡村振兴战略》,载《农村工作通讯》2019 年第 8 期。

[41]韩文龙、祝顺莲:《新时代共同富裕的理论发展与实现路径》,载《马克思主义与现实》2018 年第 5 期。

[42]何朝银:《不利于新时代中国农业现代化的土地问题探析》,载《毛泽东邓小平理论研究》2021 年第 3 期。

[43]胡震:《农村宅基地产权法律表达的 70 年变迁(1949—

2019)》,载《中国农业大学学报(社会科学版)》2019 年第 6 期。

[44]黄承伟:《推进乡村振兴的理论前沿问题》,载《行政管理改革》2021 年第 8 期。

[45]黄忠:《城乡统一建设用地市场的构建:现状、模式与问题分析》,载《社会科学研究》2018 年第 2 期。

[46]黄祖辉等:《推进共同富裕:重点、难题与破解》,载《中国人口科学》2021 年第 6 期。

[47]江平、木拉提:《中国民法典集体所有权的理解与适用》,载《政法论坛》2021 年第 2 期。

[48]姜长云:《全面推进乡村振兴的法治保障和根本遵循》,载《农业经济问题》2021 年第 11 期。

[49]蒋永穆:《基于社会主要矛盾变化的乡村振兴战略:内涵及路径》,载《社会科学辑刊》2018 年第 2 期。

[50]孔祥斌:《休养生息制度背景下的中国耕地保护转型目标框架与路径》,载《湖南师范大学社会科学学报》2021 年第 3 期。

[51]李凤章:《宅基地使用权流转应采用"退出—出让"模式》,载《政治与法律》2020 年第 9 期。

[52]李凤章:《通过"空权利"来"反权利":集体土地所有权的本质及其变革》,载《法制与社会发展》2010 年第 5 期。

[53]李国强:《〈土地管理法〉修正后集体建设用地使用权的制度构造》,载《云南社会科学》2020 年第 2 期。

[54]李国强:《论农地流转中"三权分置"的法律关系》,载《法律科学(西北政法大学学报)》2015 年第 6 期。

[55]李俊:《农村土地调整的实践逻辑与法律回应》,载《华中科技大学学报(社会科学版)》2017 年第 6 期。

[56]李培林等:《要点、重点与堵点:从脱贫攻坚到共同富裕》,载《探索与争鸣》2021 年第 11 期。

[57]李实等:《共同富裕路上的乡村振兴:问题、挑战与建议》,载《兰州大学学报(社会科学版)》2021 年第 3 期。

[58]李小云:《现代化进程中的乡村问题和振兴路径》,载《贵州社会科学》2022 年第 1 期。

[59]李永军:《集体经济组织法人的历史变迁与法律结构》,载《比较法研究》2017 年第 4 期。

[60]李周:《中国走向共同富裕的战略研究》,载《中国农村经济》2021 年第 10 期。

[61]刘国臻、周翔:《论增加农民土地财产性收入的制度障碍与克服》,载《法学评论》2014 年第 5 期。

[62]刘合光:《乡村振兴战略的关键点、发展路径与风险规避》,载《新疆师范大学学报(哲学社会科学版)》2018 年第 3 期。

[63]刘培林等:《共同富裕的内涵、实现路径与测度方法》,载《管理世界》2021 年第 8 期。

[64]刘尚希:《论促进共同富裕的社会体制基础》,载《行政管理改革》2021 年第 12 期。

[65]刘守英、王一鸽:《从乡土中国到城乡中国——中国转型的乡村变迁视角》,载《管理世界》2018 年第 10 期。

[66]刘守英、熊雪锋:《我国乡村振兴战略的实施与制度供给》,载《政治经济学评论》2018 年第 4 期。

[67]刘同山、陈晓萱:《农村集体产权制度改革:总体目标、阶段进展与后续挑战》,载《中州学刊》2020 年第 11 期。

[68]刘振伟:《巩固和完善农村基本经营制度》,载《农村工作通讯》2019 年第 1 期。

[69]龙卫球:《民法典物权编"三权分置"的体制抉择与物权协同架构模式——基于新型协同财产权理论的分析视角》,载《东方法学》2020 年第 4 期。

[70]陆雷、赵黎:《从特殊到一般:中国农村集体经济现代化的省思与前瞻》,载《中国农村经济》2021 年第 12 期。

[71]孟勤国:《论新时代农村土地产权制度》,载《甘肃政法学院学报》2018 年第 1 期。

[72]任大鹏:《〈乡村振兴促进法〉的鲜明特点与现实意义》,载《人民论坛》2021 年第 27 期。

[73]宋才发:《〈乡村振兴促进法〉为共同富裕提供法治保障》,载《河北大学学报(哲学社会科学版)》2021 年第 6 期。

[74]宋志红:《论农民集体与农村集体经济组织的关系》,载《中国法学》2021 年第 3 期。

[75]宋志红:《集体建设用地使用权设立的难点问题探讨 兼析〈民法典〉和〈土地管理法〉有关规则的理解与适用》,载《中外法学》2020 年第 4 期。

[76]宋志红:《乡村振兴背景下的宅基地权利制度重构》,载《法学研究》2019 年第 3 期。

[77]孙德超、李扬:《新型举国体制支撑农业农村现代化的逻辑进路与实现路径》,载《社会科学》2022 年第 7 期。

[78]孙贺、傅孝天:《农业农村现代化一体推进的政治经济学逻辑》,载《求是学刊》2021 年第 1 期。

[79]孙建伟:《宅基地"三权分置"中资格权、使用权定性辨析——兼与席志国副教授商榷》,载《政治与法律》2019 年第 1 期。

[80]孙宪忠:《推进农地三权分置经营模式的立法研究》,载《中国社会科学》2016 年第 7 期。

[81]孙佑海、王操:《乡村振兴促进法的法理阐释》,载《中州学刊》2021 年第 7 期。

[82]陶钟太朗、沈冬军:《论农村集体经济组织特别法人》,载《中国土地科学》2018 年第 5 期。

[83]田传浩:《宅基地是如何被集体化的》,载《中国农村经济》2020 年第 11 期。

[84]汪洋:《"三块地"改革背景下集体建设用地使用权的再体系化》,载《云南社会科学》2022 年第 3 期。

[85]王春光:《迈向共同富裕——农业农村现代化实践行动和路径的社会学思考》,载《社会学研究》2021 年第 2 期。

[86]王洪平:《农村集体产权制度改革的“物权法底线”》,载《苏州大学学报(哲学社会科学版)》2019 年第 1 期。

[87]王利明、周友军:《论我国农村土地权利制度的完善》,载《中国法学》2012 年第 1 期。

[88]王兆华:《新时代我国农业农村现代化再认识》,载《农业经济问题》2019 年第 8 期。

[89]魏后凯:《从全面小康迈向共同富裕的战略选择》,载《经济社会体制比较》2020 年第 6 期。

[90]吴宇哲、沈欣言:《中国耕地保护治理转型:供给、管制与赋能》,载《中国土地科学》2021 年第 8 期。

[91]吴昭军:《集体经营性建设用地土地增值收益分配:试点总结与制度设计》,载《法学杂志》2019 年第 4 期。

[92]吴振方、李萍:《畅通城乡经济循环:生成逻辑、现实梗阻与实现路径》,载《农村经济》2021 年第 10 期。

[93]吴忠民:《论“共同富裕社会”的主要依据及内涵》,载《马克思主义研究》2021 年第 6 期。

[94]席志国:《民法典编纂视域中宅基地“三权分置”探究》,载《行政管理改革》2018 年第 4 期。

[95]肖鹏:《承包期届满的自动续期制度研究——“第二轮土地承包到期后再延长 30 年”的法律表达》,载《中国农业大学学报(社会科学版)》2018 年第 6 期。

[96]许安标:《坚持正确监督、有效监督——新时代加强改进人大监督工作的实践与探索》,载《中国法律评论》2021 年第 5 期。

[97]严金明、陈昊、夏方舟:《深化农村“三块地”改革:问题、要义和取向》,载《改革》2018 年第 5 期。

[98]杨青贵:《农村土地“三权分置”对集体所有权制度的冲击与调适》,载《求实》2017 年第 4 期。

[99]杨遂全:《论集体经营性建设用地平等入市的条件与路径》,载《郑州大学学报(哲学社会科学版)》2019 年第 4 期。

[100]姚树荣、熊雪锋:《宅基地权利分置的制度结构与农户福利》,载《中国土地科学》2018 年第 4 期。

[101]叶敬忠:《乡村振兴战略:历史沿循、总体布局与路径省思》,载《华南师范大学学报(社会科学版)》2018 年第 2 期。

[102]叶兴庆:《以提高乡村振兴的包容性促进农民农村共同富裕》,载《中国农村经济》2022 年第 2 期。

[103]于飞:《"农民集体"与"集体经济组织":谁为集体所有权人?——风险界定视角下两者关系的再辨析》,载《财经法学》2016 年第 1 期。

[104]余敬、梁亚荣:《社会转型视域下农村集体公益用地功能变迁与现实回应》,载《南京农业大学学报(社会科学版)》2018 年第 2 期。

[105]郁建兴、任杰:《共同富裕的理论内涵与政策议程》,载《政治学研究》2021 年第 3 期。

[106]苑鹏:《中国农村市场化进程中的农民合作组织研究》,载《中国社会科学》2001 年第 6 期。

[107]张海鹏等:《乡村振兴战略思想的理论渊源、主要创新和实现路径》,载《中国农村经济》2018 年第 11 期。

[108]张红宇、胡凌啸:《构建有中国特色的农业社会化服务体系》,载《行政管理改革》2021 年第 10 期。

[109]张力、郑志峰:《推进农村土地承包权与经营权再分离的法制构造研究》,载《农业经济问题》2015 年第 1 期。

[110]张清:《习近平"法治国家、法治政府、法治社会一体建设"法治思想论要》,载《法学》2022 年第 8 期。

[111]张翔:《"共同富裕"作为宪法社会主义原则的规范内涵》,载《法律科学(西北政法大学学报)》2021 年第 6 期。

[112]张晓山:《推动城乡融合发展促进乡村全面振兴——学习〈乡村振兴促进法〉》,载《农业经济问题》2021 年第 11 期。

[113]张占斌、吴正海:《共同富裕的发展逻辑、科学内涵与实践进路》,载《新疆师范大学学报(哲学社会科学版)》2022 年第 1 期。

[114]赵德起、沈秋彤:《我国农村集体经济“产权—市场化—规模化—现代化”发展机制及实现路径》,载《经济学家》2021 年第 3 期。

[115]赵万一:《中国农民权利的制度重构及其实现途径》,载《中国法学》2012 年第 3 期。

[116]郑风田:《实施乡村振兴战略应注意的几个问题》,载《中国党政干部论坛》2018 年第 4 期。

[117]郑振源、蔡继明:《城乡融合发展的制度保障:集体土地与国有土地同权》,载《中国农村经济》2019 年第 11 期。

[118]钟晓萍等:《地权的阶级属性与农地“三权分置”:一个制度演化的分析框架》,载《农业经济问题》2020 年第 7 期。

[119]朱广新:《土地承包权与经营权分离的政策意蕴与法制完善》,载《法学》2015 年第 11 期。

[120]祝之舟:《〈农村土地承包法〉修改的制度要点与实施问题研究》,载《南京农业大学学报(社会科学版)》2019 年第 4 期。

后　　记

党的十九大报告提出实施乡村振兴战略,2018 年中央一号文件明确了新时代实施乡村振兴战略的重要意义和具体实施意见,承包地“三权分置”和“三块地”改革也几近尾声,处在实践经验立法转化的关键期。改革实践和理论研究表明,土地制度改革必须在乡村振兴战略背景下进一步协同联动向纵深发展,必须在法治轨道上促进农民农村共同富裕。为此,课题组以“乡村振兴战略实施的土地法制改革路径”为题申报司法部法治建设与法学理论研究部级科研项目,有幸得到评审专家的肯定,获批立项。

突如其来的新冠疫情打乱了研究计划,实证调研等工作举步维艰。乡村振兴战略实施进入新阶段,农业农村法治建设工作深入推进,对项目研究提出了新要求。课题组在研究内容上及时作了更新和优化,进一步聚焦重难点,并对课题组成员作了相应调整。在前期田野实证调研的基础上积极撰写研究报告,并探索在线调查方式以推进研究,顺利完成各项研究任务。最终成果《面向共同富裕振兴乡村的土地法制改革之路》,较为系统和全面地阐释了土地法制改革与乡村振兴和共同富裕的内在逻辑关联,论述了以土地法制改革实施乡村振兴战略的理念方案和具体路径。

本书是我主持的司法部法治建设与法学理论研究部级科研项目

(18SFB2033)的最终结项成果,也得到广东省教育厅普通高校科研创新团队“乡村振兴战略法治保障研究”(2018WCXTD)的经费支持,特此致谢。

本书是由我确定选题、设计研究思路、拟定提纲、提出主要观点,并完成书稿的主要部分;广东外语外贸大学法学院博士生王洪广同学提供了第二章和第七章第一、二节部分内容的初稿,并在书稿完成后还做了大量修改增订工作,协助我完成全书的统稿。此外,包括课题组成员在内的诸多师友也为本书作出了贡献:广东外语外贸大学土地法制研究院专职研究员周崇聪博士提供了第五章第二节部分内容的初稿;内蒙古大学法学院祝只舟教授提供了第三章第三节部分内容的初稿;广东外语外贸大学法学院硕士生朱梦瑜对全书作了校对。衷心感谢课题组成员和参与本书写作、统稿和编校的老师、同学。

衷心感谢陈小君教授、刘守英教授、高飞教授、高圣平教授、刘云生教授、刘长兴教授、冯珏研究员和黄忠教授等对本课题研究给予的热情关心和大力支持,增强了我前行的信心和力量!

衷心感谢法律出版社吴昉编辑和郑怡萍编辑对本书出版的大力支持和辛劳付出。

士不可以不弘毅,任重而道远。振兴乡村、促进农民农村共同富裕是一项长期的事业,持续关注、关心和研究“三农”,是研究者的本分和担当,自应不待扬鞭自奋蹄,投身于乡村振兴这一事关亿万国民福祉的伟大事业!

耿　卓

2022 年 12 月 10 日改定

2023 年 12 月再改